SOCIABILIDADE E AÇÕES COLETIVAS: PROCESSOS EDUCATIVOS EM CONTEXTOS ESCOLARES E NÃO ESCOLARES

Iza Rodrigues da Luz
Luiz Alberto Oliveira Gonçalves
(organizadores)

SOCIABILIDADE E AÇÕES COLETIVAS: PROCESSOS EDUCATIVOS EM CONTEXTOS ESCOLARES E NÃO ESCOLARES

MAZA
edições

Capa:
Túlio Oliveira

Diagramação:
Elizabeth Miranda

Revisão:
Bruno D'Abruzzo

Este livro foi publicado com recursos da Coordenadoria de Aperfeiçoamento de Pessoal de Nível Superior – Capes.

S678 Sociabilidade e ações coletivas: processos educativos em contextos escolares e não escolares / Iza Rodrigues da Luz, Luiz Alberto Oliveira Gonçalves: Organizadores. – Belo Horizonte : Mazza Edições, 2014.

272 p.

ISBN: 978-85-7160-650-0

1. Educação. 2. Processos educativos. I. Luz, Iza Rodrigues da. II. Gonçalves, Luiz Alberto Oliveira.

CDD: 370
CDU: 37

Mazza Edições Ltda.
Rua Bragança, 101 – Bairro Pompeia – Telefax: (31) 3481-0591
30280-410 Belo Horizonte – MG
e-mail: edmazza@uai.com.br edmazza@hotmail.com
www.mazzaedicoes.com.br

Sumário

APRESENTAÇÃO

A presente coletânea é mais um empreendimento da Linha de Pesquisa Educação, Cultura, Movimento Social e Ações Coletivas do Programa de Pós-Graduação "Conhecimento & Inclusão Social em Educação" da FaE/UFMG, dando continuidade a uma iniciativa de divulgação dos resultados de dissertações de mestrado e teses de doutorado que se mantém desde o ano de 2005.[1] Os onze artigos que a compõem fazem parte de trabalhos intensos de pesquisa em torno de alguns eixos comuns que já há algumas décadas têm sido discutidos na área de educação, em nível nacional e internacional. Os eixos a que nos referimos expressam, na sua maioria, preocupações conceituais, assim como fundamentações teóricas com amplos desdobramentos metodológicos.

Para se ter ideia da complexidade desses conceitos, um importante registro das discussões em torno desses eixos na produção acadêmica brasileira pode ser encontrado e consultado nos anais da Associação Nacional de Pesquisas de Educação (ANPEd), em especial em seu Grupo de Trabalho 3, que, em 1993, introduziu nas pesquisas educacionais o conceito de movimentos

[1] Títulos anteriores: SOARES, Leôncio; GIOVANETTI, Maria Amélia; GOMES, Nilma Lino (Orgs.). *Diálogos em educação de jovens e adultos*. Belo Horizonte: Autêntica, 2005; SOARES, Leôncio; SILVA, Isabel de Oliveira e (Orgs.). *Sujeitos da educação e processo de sociabilidade*: os sentidos da experiência. Belo Horizonte: Autêntica, 2009; SILVA, Isabel de Oliveira e; LEÃO, Geraldo (Orgs.). *Educação e seus atores*: experiências, sentidos e identidades. Belo Horizonte: Autêntica, 2011; EITERER, Carmem Lucia; CAMPOS, Rogério Cunha (Orgs.). *Sujeitos sociais, processos educativos e enfrentamentos da exclusão*. Belo Horizonte: Mazza, 2012; EITERER, Carmem Lucia; LUZ, Iza Rodrigues da (Orgs.). *Sujeitos da educação*: diversidade, direitos e participação política. Belo Horizonte: Mazza, 2013.

sociais. Tal conceito foi utilizado para estudar a educação, a princípio, nos movimentos do campo e, posteriormente, para analisar a educação dos trabalhadores de áreas urbanas, em atividades industriais, comerciais, da construção civil etc. O paradigma central, de certa forma mantido ainda hoje em alguns dos estudos, era de que o movimento social educava os indivíduos e, além de tudo, significava, para os seus defensores, uma educação coletiva pela razão de estar voltada para os interesses das classes trabalhadoras (GOHN, 1992; CALDART, 2000; FREIRE, 2000; ARROYO, 2000).

Entretanto, as transformações por que passavam o mundo e igualmente a sociedade brasileira, sobretudo na segunda metade da década de 1990, exigiam uma reconceituação do fenômeno que, até então, era chamado pelas ciências sociais de movimento social. Novas formas de luta surgem, na cena social, visando a mudanças sociais não apenas no campo econômico, mas também nas esferas política e cultural. Passam a requerer dos pesquisadores novos paradigmas teóricos que deem conta de explicar ou, mais precisamente, de compreender as ações sociais que nem sempre se adéquam completamente à lógica da ação dos movimentos de trabalhadores, tal como as teorias sociológicas naquele momento estavam habituadas a considerar.

Foi nesse impulso teórico que se passou a usar no âmbito das ciências sociais o adjetivo "novos" para designar os movimentos sociais que emergiam no final do século XX. Ainda que sob essa denominação "novos movimentos sociais" se abrigue um grande número de ações coletivas, há consenso entre os estudiosos de que, por meio desse conceito, é possível desvendar aspectos dos processos educacionais considerando a diversidade de sujeitos socioculturais que não se confundem com as classes sociais e menos ainda estão a elas subordinados (MELLUCCI, 1989; RUSCHEINSKY, 1999; TOURAINE, 2006; GIDDENS, 2003).

No início do século XXI, Marilia Pontes Sposito (2000) sugeriu, a partir da análise de uma parte da produção de pesquisa na área da educação, que havia fortes indícios que emergiam de estudos empíricos nos quais era possível identificar algumas relações (que ela denomina de hipóteses) entre atores sociais, movimentos sociais e educação. Esse prognóstico, a nosso ver, foi se confirmando ao longo dos primeiros anos do século XXI e isso se torna evidente quando se examina o grande crescimento do número de estudos sobre essas relações apresentados nas Reuniões da ANPEd, sobretudo no GT 3, mas também notável em outros GTs, como, por exemplo, o da Sociologia da Educação (GT 14) e o das Relações Étnico-Raciais (GT 21).

Essa mudança de paradigma, se assim se pode chamar, se deve, como os próprios estudos indicam, às transformações pelas quais passam a sociedade brasileira e as de outras partes do mundo. Vários atores sociais ganham a cena política a partir de seus próprios movimentos e protagonizam uma série de ações que ganham visibilidade política nacional, e, às vezes, até mundial.

Em consonância com essas transformações, as pesquisas no âmbito das ações coletivas buscaram contemplar a diversidade presente na sociedade brasileira. Assim, essas investigações absorveram outras experiências educacionais que abarcam os jovens, os sujeitos do campo e os indígenas, considerando-se, de um lado, as ações de educação não escolar, e, de outro, as ações de movimentos sociais que redundaram em práticas escolares (Escolas Famílias Agrícolas – EFA, escolas de assentamentos, e outras).

Como não poderia faltar, o tema da mulher está cada vez mais presente na linha de pesquisa. Os temas que surgem envolvendo esse sujeito social são diversos e abarcam questões de poder, que procuram desmascarar as relações de subalternidade a que as mulheres foram submetidas durante muito tempo.

Outro tema importante é o da juventude em diferentes ações coletivas. É a partir dele que se insere nas pesquisas de educação, o papel do protagonismo juvenil e o da militância dos jovens no atual contexto social. É por meio desse tema que se tem acolhido na presente linha de pesquisa estudos de avaliação das políticas públicas voltadas para jovens (Fica Vivo, ProJovem Urbano, ProJovem Prisional e outros).

Pode-se dizer que os dois atores acima citados (mulheres e jovens) evidenciaram para os investigadores dessa área de pesquisa a necessidade de se ter uma melhor precisão teórica do conceito de sociabilidade. Ele se torna ainda mais pujante quando se busca aplicá-lo nas pesquisas sobre a Educação Infantil. Assim, o estudo sobre esse tema na presente linha está associado a duas situações: a primeira envolve as ações coletivas conduzidas por mães e cuidadoras de criança na luta por creches, pela melhoria das condições de trabalho e formação das trabalhadoras dessas instituições; a segunda investiga a dimensão da agressividade na Educação Infantil, explorando a literatura do referido conceito e sua aplicação nas práticas pedagógicas em diferentes unidades que atendem crianças de 0 a 6 anos. A sociabilidade na Educação Infantil, talvez seja a noção que mais tem criado debates, neste campo de estudo, tendo em vista as tradições sociológicas pelas quais se buscou conceituar a forma como as sociedades se organizam para tornar seus membros (ou, se preferir, indivíduos) seres reconhecidamente sociais. Não se pode esquecer que o conceito sociabilidade articula indivíduo e sociedade.

Os estudos sobre os novos movimentos sociais, como destaca Marilia Pontes Sposito (2000), tornaram praticamente inadequado qualquer dualismo excludente entre os dois termos que compõem a sociabilidade: estrutura e sujeito ou indivíduo e sociedade. Entretanto, essa indissociabilidade não significa que não haja diferença na forma de abordá-los. Esse diferencial é crucial do ponto de vista metodológico, quando se busca responder: por meio de quais procedimentos investigamos as estruturas? Por meio de quais instrumentos investigamos a subjetividade? Por um longo período, as ciências sociais estudaram essas unidades separadamente. Isso não é um problema, desde que essa decisão aconteça de forma consciente por parte do pesquisador e que ele explicite a sua decisão de tratar a realidade dessa maneira (ALVES-MAZZOTTI; GEWANDSZNAJDER, 2002). No entanto, após a era dos novos movimentos sociais, as pesquisas têm buscado cada vez mais entender a relação entre indivíduo e estrutura social. E isso tem ocorrido com frequência na área da educação (SPOSITO, 2000).

Vale ainda ressaltar alguns aspectos que vão aparecer nos estudos que destacam o conceito de sujeito. Nas abordagens qualitativas, ele pode ter mais de uma conotação. Em primeiro lugar, é entendido como sujeito social,[2] mas tem sido trabalhada também a dimensão individual.[3] Sobre essa distinção, Sposito (2000, p. 74-76) identifica claramente nos estudos de movimentos feministas e nos movimentos étnico-raciais do final do século XX a preocupação de seus investigadores em mostrar como as ações desencadeadas por esses atores sociais tinham impacto no conjunto da sociedade. Vários estudos mostravam como muitas políticas públicas adotadas naquele período, e que se estenderam para o século XXI, surgiram da ação de sujeitos coletivos. Eram, assim, ações interpretadas no sentido de recuperar todos os processos e procedimentos utilizados pelos atores com o objetivo de dar visibilidade a seus interesses e, posteriormente, consolidar seus direitos constitucionais.

---

[2] Conceito caro às sociologias de Alain de Touraine (2006), Anthony Giddens (2003), Alberto Mellucci (1989) e outros.

[3] Apenas para registrar: MARTUCCELLI, D. *Gramáticas del individuo*. [2002]. Madrid: Losada, 2007; DUBET, F. *Sociologia da experiência*. Lisboa: Instituto Piaget, 1994; LAHIRE, B. *O homem plural*: os determinantes da ação. Petrópolis: Vozes, 2002.

Mas são encontrados também estudos que priorizam a dimensão subjetiva dos atores sociais. Foram acolhidos na nossa linha de pesquisa projetos que buscavam conhecer as trajetórias dos atores sociais. Há pesquisas realizadas com professores, alunos, profissionais de várias áreas de atuação, incluindo saúde, assistência social, segurança púbica, atendimento prisional etc., e estudos sobre medidas socioeducativas. Há outros, ainda, com jovens que atuam no campo da arte, do esporte, do lazer e que participam como monitores de projetos sociais. As abordagens se baseiam, de um lado, nos modelos que têm sido empregados nos estudos qualitativos, partindo-se da hipótese de que os indivíduos são capazes da dar sentido e significado às suas ações e ao mundo em que vivem. Parte dos estudos realizados dentro dessa linha de pesquisa é coerente com a Teoria Fundamentada (Grounded Theory).

Certos de termos explicitado os eixos que norteiam os trabalhos produzidos pela linha de pesquisa à qual vimos nos referindo, apresentamos a seguir os textos da presente coletânea, agrupados em duas seções: a) Sociabilidade; e b) Ações Coletivas.

Na primeira seção, intitulada **Sociabilidade,** encontram-se estudos que privilegiaram a escuta direta dos atores sociais sobre suas diversas experiências sociais e educativas. Em ***"Eu quero ser alguém na vida..."*: refletindo sobre projetos de futuro dos jovens trabalhadores da Cruz Vermelha na UFMG**, Symaira Poliana Nonato e Juarez Tarcísio Dayrell analisam como se configuram os projetos de futuro de jovens trabalhadores da Cruz Vermelha Brasileira (CVB), com idade entre 15 e 17 anos, que atuavam no campus da Universidade Federal de Minas Gerais (UFMG), buscando compreender as possíveis repercussões do trabalho nas suas vivências escolares e na construção de seus projetos de futuro.

Para a consecução desses objetivos foi desenvolvida uma pesquisa quantitativa articulada com técnicas próprias da pesquisa qualitativa, a partir da utilização de diferentes procedimentos de coleta de dados: levantamento de dados secundários sobre a CVB; consulta aos cadastros dos jovens no campus; observações do cotidiano desses jovens no campus Pampulha – incluindo observações de um projeto de extensão do qual participavam; e aplicação de questionário para 149 jovens, de um total de 150 deles que atuavam naquele momento na UFMG.

O conjunto dos dados possibilitou perceber que a configuração dos projetos dos jovens trabalhadores da CVB se relaciona em grande medida com a própria condição juvenil dos mesmos. A centralidade da construção dos projetos de futuro articulando a família, os estudos e o trabalho, dialoga com o contexto de vida dos jovens trabalhadores. Ou seja, jovens pobres, que vivenciam a relação de trabalho, dimensão sob a qual se amplia a possibilidade de vivenciar a condição juvenil, fazendo com que o trabalho seja ponto forte nos projetos; e, por último, aqueles que veem na escola oportunidades de melhoria de futuro. Os autores consideram que essas dimensões, que compõem uma tríade – jovem pobre, trabalhador e estudante – reforçam ainda mais a articulação dos projetos às singularidades da condição desses jovens. Enfatizam também a constatação da crença desses jovens na escola como um passaporte para ter melhores empregos e uma inserção futura no ensino superior. O projeto de futuro relaciona-se especialmente a "ser alguém na vida", que se alia ao reconhecimento da escola enquanto parte de um projeto de futuro, mas que não tem significado no presente para a maioria deles. Ficou evidente que o presente é apontado como um tempo possível para se projetar, mas o futuro é caracterizado especialmente pelas incertezas tão marcantes nas diferentes dimensões do projeto. A escolha é vista como algo individual, pois a maioria não percebe o campo de possibilidades enquanto algo que limita e/ou potencializa tais escolhas. Contudo, é importante dizer que os projetos de futuro estão presentes na vida da maioria deles, primordialmente como sonhos, expectativas e desejos a serem alcançados. Entretanto, os autores não perceberam nas perspectivas da maioria dos jovens uma dimensão "do que" e "do como" se fará para realizar tais desejos e afirmam acreditar que essa poderia ser uma grande contribuição da escola de Ensino Médio para as suas vidas.

No artigo **Sociabilidade e Juventudes: um olhar transversal sobre a condição juvenil a partir da relação dos jovens com o território**, de Ana Cláudia Bambirra Silveira e Geraldo Leão, os autores apresentam parte de um trabalho de dissertação de mestrado que teve como foco de investigação as relações de sociabilidade entre jovens moradores de um bairro de periferia da região leste de Belo Horizonte (MG), pretendendo contribuir com as pesquisas sobre a condição juvenil a partir do recorte territorial. A coleta de dados ocorreu durante sete meses mediante observação participante das atividades cotidianas de jovens no bairro, em locais mais significativos para eles em suas relações de sociabilidade. Depois desse primeiro momento, procurou-se um grupo representativo desses jovens de acordo com os seguintes critérios centrais: a) diferentes gêneros: grupo composto por sujeitos homens e mulheres; b) tempo de moradia no bairro inferior a cinco anos; c) jovens que se encontravam rotineiramente no bairro sem objetivos específicos. Selecionou-se, então, sete jovens, três do sexo feminino e quatro do sexo masculino, com idade entre 14 e 19 anos, com os quais foram realizadas entrevistas individuais e uma análise dos espaços de sociabilidade apontados através de imagens fotográficas produzidas por eles.

Ao analisarem as relações de sociabilidade entre os jovens moradores do bairro Chácara das Pedras, os autores perceberam que outras dimensões sociais constituintes da condição juvenil as atravessavam, dentre elas, as relações de gênero, o trabalho e a mobilidade urbana. Por sua vez, essas dimensões eram perpassadas pela dimensão territorial (o local onde moravam e o acesso e circulação dentro e fora do bairro). Constataram também que analisar as relações de sociabilidade entre jovens das camadas populares permite compreender o cotidiano deles, especialmente em relação ao uso e à apropriação dos espaços públicos que estão presentes dentro dos bairros e também na cidade onde moram. Os espaços públicos, próximos do local de moradia, revelaram-se importantes constituintes da condição juvenil, que permitiam que os jovens tecessem suas redes de relações sociais e compartilhassem experiências com os pares, sentindo-se pertencentes a um determinado grupo social. A precariedade de serviços públicos destinados ao lazer e à recreação dentro do bairro levava os jovens a se apropriarem dos espaços locais precários, dando, assim, novos sentidos aos espaços públicos em suas relações de sociabilidade, em que se pôde ver uma relação estreita entre as interações cotidianas e a organização do espaço, de modo que um serve de base para o outro. Eram nos espaços do bairro que os jovens experimentavam, não apenas a experiência da escassez dos espaços públicos, como também as de amizade e de sociabilidade, geradas nas situações cotidianas. Os autores ressaltam que o estudo também reforçou a falta de compromisso do Estado com as demandas desses jovens, o que pode se estender para outros contextos no Brasil. A falta de investimento em espaços destinados ao lazer e à recreação deixa lacunas na formação subjetiva e social dos jovens, além de transformar o tempo livre destes em um sofrimento e objeto de preocupação familiar e social. Ou seja, essa fragilidade de equipamentos locais favorece a formação de discursos sociais com base em preconceitos e estigmas, como se a simples presença de jovens pobres nas ruas representasse uma ameaça à sociedade. Assim, os autores acreditam que o estudo contribui para enriquecer a crescente reflexão sobre as juventudes urbanas, bem como para estimular a realização de trabalhos sobre uma matéria tão rica em significados – a condição juvenil a partir do recorte territorial.

Em **Educação integral e territórios educativos: a escola entre as fronteiras do bairro e da cidade**, os autores Paulo Felipe Lopes de Carvalho e Lúcia Helena Alvarez Leite discutem a relação entre escola e território, a partir da abertura da escola em direção ao bairro e à cidade, no âmbito do Programa Escola Integrada – PEI. As informações apresentadas no artigo são resultantes de uma pesquisa de mestrado que objetivou entender se o PEI tem possibilitado a constituição de territórios educativos e quais processos tangenciam esses territórios. Para tanto, os autores optaram pela metodologia qualitativa de inspiração etnográfica. O trabalho incluiu a observação participante em uma escola municipal do bairro Alto Vera Cruz, localizada na periferia de Belo Horizonte, bem como o acompanhamento de um grupo de adolescentes participantes da experiência. Além disso, foram realizadas entrevistas coletivas e individuais com alguns educadores e a confecção de mapas mentais pelos educandos.

A partir dos resultados da pesquisa, os autores destacam que é possível observar que o Programa Escola Integrada tem produzido um espaço geográfico educativo composto de fixos e fluxos. Os fixos sendo representados no contexto investigado pelos elementos físicos como a escola, a associação comunitária, o centro cultural, o comércio, as casas, a igreja, etc.; e os fluxos, as informações, conhecimentos, saberes que entre os fixos se processam. Conforme os autores observaram, os educandos, ao circularem pelo bairro, produzem e ramificam informações diversas pelo território, nas interações entre eles, na conversa com os moradores, no diálogo com os educadores, ou seja, criam relações particulares que se associam ao espaço. Evidencia-se, assim, uma interação constante entre os fixos e os fluxos. Afirmam também que o Programa Escola Integrada suscita a produção de um espaço geográfico educativo particular que ao ser apropriado pela escola, auxilia na construção da identidade e, no sentimento de pertença dos educandos com seu local de vivência, motiva novas ações coletivas em prol da melhoria do bairro, da vida das pessoas e potencializa aquelas já existentes, constituindo-se em território educativo para todos que dele fazem parte.

A experiência de educação em tempo integral do município de Belo Horizonte foi também objeto de investigação do artigo **A ampliação da jornada escolar para crianças de 6 a 8 anos: sentidos e significados atribuídos pelas famílias**. As autoras Kassiane dos Santos Oliveira, Isabel de Oliveira e Silva e Iza Rodrigues da Luz apresentam parte dos resultados de uma pesquisa de mestrado que focalizou os sentidos que levaram essas famílias a matricularem seus/as filhos/as no Programa Escola Integrada – PEI, desenvolvido pela Secretaria Municipal de Educação (SMED) de Belo Horizonte, e os sentidos construídos e/ou reconstruídos ao longo da própria participação dessas crianças. No desenvolvimento da investigação, foram utilizados diferentes métodos de coleta de dados no âmbito da metodologia qualitativa. A partir dessa perspectiva, a construção dos dados foi realizada por meio de pesquisa documental, de observação em campo, da aplicação de questionários e da realização de entrevistas semiestruturadas com familiares das crianças que frequentam o Programa. No artigo, as autoras apresentam as características do PEI na escola pesquisada, as configurações familiares das crianças de 6 a 8 anos nele inseridas, e, em especial, os sentidos e significados atribuídos pelas famílias ao mesmo.

Segundo as pesquisadoras, a possibilidade de ouvir as famílias das camadas populares que inseriram seus filhos de 6 a 8 anos no PEI de uma Escola Municipal da cidade de Belo Horizonte possibilitou compreender quão complexas são as condições dessas famílias e o esforço que fazem para assegurar a escolaridade de seus filhos. Auxiliou ainda a desfazer a ideia segundo a qual as famílias pobres atribuem reduzido valor à escola e à trajetória escolar dos seus filhos. As autoras evidenciaram que as famílias compreendem e valorizam a ampliação das experiências educativas de seus filhos, o que se expressa tanto nos esforços para a escolha da melhor escola, quanto nas reflexões que realizam sobre o Programa de ampliação da jornada escolar no que concerne à ampliação das experiências das crianças. Além disso, organizam-se no núcleo familiar de modo a favorecer a escolarização das crianças em condições adequadas. Puderam perceber ainda que, mesmo que as crianças não tenham sido ouvidas quando suas famílias decidiram matriculá-las no PEI, as reflexões realizadas pelos entrevistados indicam que as necessidades daquelas são compreendidas e consideradas por estas, que são as principais informantes sobre o que acontece no Programa. A partir dessas constatações, as autoras consideram que são necessários novos estudos que auxiliem a compreensão do protagonismo das crianças na transformação dos sentidos e significados atribuídos ao PEI pelas famílias. Sinalizam ainda a relevância das escolas possibilitarem uma maior participação das famílias em suas ações, pois a ausência de uma comunicação sistemática sobre as ações do Programa foi apontada por todas as famílias, deixando indícios de que a implementação da jornada ampliada em Belo Horizonte não tem conseguido possibilitar uma participação efetiva das famílias, algo dissonante numa proposta que tem em seu cerne a valorização das experiências educativas para além dos muros da escola.

No artigo **As representações sociais das famílias de crianças e adolescentes vítimas de abuso sexual: um estudo sobre os processos educativos no Centro de Referência Especializado de Assistência Social de Teixeira de Freitas, Bahia**, as autoras Quitéria Rodrigues Costa e Adla Betsaida Martins Teixeira discutem os resultados parciais de uma pesquisa de mestrado que teve como objetivo principal compreender as "representações sociais" que famílias de crianças e adolescentes vítimas de abuso sexual apresentam sobre os processos educativos desencadeados nas intervenções do Centro de Referência Especializado de Assistência Social (CREAS) do município de Teixeira de Freitas (BA). Analisou-se como estas famílias compreendem e se apropriam dos processos educativos do CREAS que se dão por meio das informações, orientações e conhecimentos presentes no acompanhamento psicossocial das vítimas do abuso sexual. A metodologia utilizada fundamentou-se numa abordagem qualitativa de pesquisa e na perspectiva teórico-metodológica das Representações Sociais. Os sujeitos participantes do estudo foram familiares das crianças e adolescentes vítimas de abuso sexual acompanhadas pelo CREAS. Como método de coleta dos dados, foram realizados grupos focais com a participação de treze famílias.

Segundo as autoras, a hipótese inicial da pesquisa sobre a existência de uma dimensão educativa no trabalho da instituição se confirmou, permitindo também uma melhor compreensão das representações das famílias e dos elementos que interferem e que caracterizam essa dimensão educativa. Observaram ainda a centralidade dos profissionais de psicologia e o suporte emocional como o tipo de apoio predominante nas representações das famílias sobre o trabalho do CREAS. As autoras afirmam que, ao resguardar direitos e contribuir para uma formação cidadã, o CREAS pode e tem uma ação de empoderamento de vários sujeitos que estão à margem da sociedade: crianças, adolescentes, famílias e mulheres. Indicam, nesse sentido, que a lentidão do sistema judiciário em responder aos apelos dos familiares por justiça, talvez possa ser superada com uma ação do CREAS em informar e formar estas famílias para que construam estratégias coletivas de pressão por respostas. Ação esta que pode auxiliar na compreensão do abuso sexual na infância não como um problema individual, de uma família, mas como um atraso e negligência do Estado em garantir segurança para todos os cidadãos.

Na segunda seção, denominada **Ações Coletivas,** são reunidos os estudos que tiveram como foco temáticas relacionadas a situações coletivas e nos quais a análise de documentos e/ou a escuta dos sujeitos se faz a partir do seu pertencimento a determinado grupo/instituição e/ou movimento social, com a finalidade de compreender as experiências sociais e educativas presentes nessas mesmas situações coletivas. No artigo **Raça, miscigenação e branquitude como elementos constitutivos da identidade nacional brasileira**, as autoras Ana Amélia de Paula Laborne e Nilma Lino Gomes, apresentam reflexões a partir da tese de doutorado de Ana Amélia, buscando analisar como a branquitude, juntamente com a mestiçagem e o ideal de branqueamento, faz parte de um discurso pouco explícito, e não por isso menos poderoso, que possibilitou a construção de uma identidade nacional. Conforme as autoras, no contexto brasileiro, a mestiçagem traz, de fato, maior complexidade para entender as relações raciais e de poder. Desse modo, o estudo busca investigar na literatura sociológica e antropológica dos séculos XX e XXI como a mestiçagem e a ideologia do branqueamento tiveram fortes implicações sociológicas no conceito de raça e, consequentemente, na maneira como se configuram as relações raciais no Brasil, realizando uma análise mais aprofundada de como essa categoria adquire sentido no contexto brasileiro.

As reflexões realizadas na pesquisa reforçam o argumento das autoras de que o interesse em analisar a branquitude pode lançar luz sobre as formas mais cordiais e menos explícitas do racismo brasileiro, não se restringindo apenas a traçar o perfil de um grupo até então ignorado, mas possibilitando entender como, há tanto tempo, não se prestou atenção aos valores que o definem. As autoras afirmam que a soma entre a naturalização das desigualdades raciais hoje existentes e o imaginário racista de subordinação racial ajudam a perpetuar representações negativas sobre negros (pretos e pardos) em nosso país. No conjunto dessas representações, entendem que as relações entre raça, branquitude e poder precisam ser mais bem compreendidas e sinalizam, dessa maneira, a necessidade de estudos mais aprofundados sobre essas relações para ampliar o conhecimento sobre as conexões entre raça, miscigenação e branquitude no contexto brasileiro.

A Educação de Jovens e Adultos está presente nos dois artigos seguintes. Em **Mulheres camponesas: modos de atuação e participação nas CEBs e nas culturas do escrito**, as autoras Sônia Maria Alves de Oliveira Reis e Carmem Lúcia Eiterer apresentam reflexões resultantes de um trabalho de doutorado. A pesquisa teve como finalidade analisar as condições e as instâncias formativas por meio das quais mulheres camponesas e líderes das Comunidades Eclesiais de Base (CEBs) da Diocese de Caetité (BA), que pouco ou nunca frequentaram a escola, construíram sua participação nas culturas do escrito. Por essa razão, as pesquisadoras traçaram e analisaram o perfil de um grupo de seis camponesas a partir dos seguintes dados: situação familiar, social e econômica; escolaridade; faixa etária; pertencimento religioso e étnico. Em seguida, reconstituíram, por meio da trajetória de vida delas, o processo de atuação e formação nas CEBs do campo, com destaque para os modos de participação nas culturas do escrito. No artigo aqui apresentado, as autoras fazem um breve relato dos eventos de letramento observados em campo; apresentam uma discussão sobre a oralidade construída com e a partir da escrita recorrente nos depoimentos das mulheres camponesas lideranças, procurando explicitar o quê, por que e como elas leem e escrevem; e quais as formas de acesso e apropriação de materiais escritos e os modos de ler e escrever nas CEBs; e, para finalizar, apontam diferentes formas de participação nas culturas do escrito dessas mulheres camponesas envolvidas nas CEBs.

As autoras constataram no grupo das mulheres pesquisadas várias práticas de leitura e escrita com usos e funções diferenciadas: interação social e lazer; busca de informações; divulgação de atividades, auxílio à memória; leitura de textos religiosos, literários e didáticos; produção de textos envolvendo: organização de documentos, elaboração de regimento, estatuto e edital das entidades, ata das reuniões, registro de dados financeiros, elaboração de balancetes; entre outros. Os modos de ler e escrever dessas mulheres foram percebidos por meio de práticas sociais de leitura e escrita, em espaços como o de atuação nas CEBs, a residência, a associação de trabalhadores rurais, o Movimento de Mulheres Camponesas, além de outros grupos sociais a que pertencem. A análise das entrevistas revelou como certas competências, preferências, comportamentos e modos de ler produzidos em outros âmbitos sociais são "ressignificados" e entrelaçam-se às práticas de ensino da leitura, ampliando, assim, o repertório das práticas sociais de uso da escrita. Ao conhecer os modos de participação nas culturas do escrito desses sujeitos sociais, as autoras concluíram que as Comunidades Eclesiais de Base são espaços de evento de letramento, circulação de textos e práticas de leitura e escrita. Já a família e a religião, o Movimento de Mulheres Camponesas, os sindicatos, o Movimento de Educação de Base e os programas de alfabetização de adultos são considerados como instâncias formativas; e a escola e a Igreja, como instâncias de difusão de textos e práticas de leitura e de escrita. Como contribuição desta pesquisa as autoras esperam que os processos de formação dessas mulheres possam ser *traduzidos* para práticas pedagógicas com a finalidade de formular políticas de Educação de Jovens e Adultos que incorporem, de um modo mais estruturante, experiências que esses sujeitos já construíram ao longo de suas trajetórias de vida em torno da leitura e da escrita. Isso porque, ao reconhecer as práticas de letramento locais, poderíamos ter melhores respostas às necessidades e às preocupações de uma determinada comunidade e, assim, garantir que essas práticas sejam preservadas.

No texto **Escola para jovens e adultos nas primeiras décadas do Brasil República: higiene, leitura e trabalho**, os autores Fernanda Rodrigues Silva e Leôncio Soares, apresentam parte das informações construídas na pesquisa de doutorado defendida por Fernanda Silva, que teve como foco a investigação histórica das propostas de educação para os públicos jovem e adulto nos anos de 1930. Segundo os autores, há no período questões interessantes como a coexistência dos termos *instruir* e *educar*, a indeterminação dos usos das terminologias *educação de adultos* e de *adultos e adolescentes*, a orientação pedagógica ora *elementar* e ora *ampliada*, dando mostras de que as ideias na área estavam em movimento. Afirmam ainda que o ápice dessas questões aparece nas iniciativas dirigidas por Paschoal Lemme, quando esteve com a pasta da educação de adultos na Diretoria de Instrução Pública do Distrito Federal (Rio de Janeiro) durante a direção de Anísio Teixeira. Esse caldo de ideias leva o período a se apresentar imbuído do conceito de instrução que, num breve intervalo, acabou se alargando para educação popular.

Para os pesquisadores, ainda que a história da educação de jovens e adultos pareça subsumida na história da educação brasileira, algumas experiências dão mostras da vitalidade das ideias na área em determinados períodos. Para eles, conhecer a história e localizar as experiências significa reconhecer nelas as ambiguidades, as dualidades, as mudanças e as permanências ao longo da história. Coerentes com esse princípio, elencam alguns exemplos constatados durante a pesquisa: a) os entendimentos e usos das expressões educação e instrução, que atravessa as propostas de educação de adultos na história. Sendo que, dependendo de qual conceito que se abraça, a associação com a preparação para o trabalho fica mais evidenciada; b) como se refere aos níveis de escolarização em se tratando de educação para adultos: elementar, primária, fundamental e de base; c) o vai e vem de ora ser educação de adultos ora ser para adolescentes e adultos; d) a flexibilidade curricular presente na proposta de Lemme ao abrir para a solicitação e o interesse dos sujeitos; constatado como, de fato, uma inovação; e) iniciativas públicas (oficiais) e demais iniciativas da sociedade civil como (empresas) particulares, partidos, associações (de classe), igrejas, etc.; f) a recorrência da oferta para adultos no turno da noite.

Em **Poder e Educação: laicismo e religião nas relações escolares**, os autores Lúcio Aparecido Moreira e Luiz Alberto Oliveira Gonçalves apresentam reflexões a partir da tese de doutorado do primeiro autor, que consistiu em um estudo de caso sobre o medo em uma escola no interior de Minas Gerais, nos idos de 1948, que fora construída sobre um terreno que abrigara, no passado, um cemitério. Em meio à investigação, os autores encontraram documentos do período de implantação da escola que revelavam informações importantes sobre as relações que se estabeleciam naquele contexto. No artigo ora apresentado, focalizam a presença efetiva da igreja católica nos rituais pedagógicos daquela escola pública do interior de Minas Gerais, que foi por eles denominada de Grupo Escolar ou simplesmente Grupo. Utilizando a metodologia da análise do discurso, os autores se concentraram nos dados institucionais contidos no Primeiro Livro de Atas de Reuniões Pedagógicas do Grupo Escolar, em que estão registradas as reuniões realizadas no período de março de 1949 (data de início das atividades da Escola) a janeiro de 1952. Para sustentar suas reflexões, os autores utilizam fragmentos dos textos transcritos literalmente, mantendo-se as normas ortográficas da época e os problemas de concordância, de regência e de pontuação identificados.

Segundo os pesquisadores, nos diferentes registros, o poder em tal Grupo Escolar era exercido sob a batuta da igreja católica: embora se tratasse de uma escola pública que deveria cumprir a tradição laica, uma parte significativa da educação, sobretudo no que se refere à dimensão da sociabilidade, era integralmente orientada pela igreja que tinha assento e voz nas reuniões pedagógicas da escola. Sinalizam ainda que as situações analisadas se passaram em um período de transição política, com fortes resquícios da ditadura Vargas, em que o plano de orientação da educação no país era disputado pelo pensamento cristão e pelo pensamento escolanovista. Sendo assim, afirmam a importância da reconstrução da história como uma possível "chave" para o futuro. Salientam que a educação para o espaço público, na maioria das vezes, tem na escola e nas igrejas sua sustentação e que o próprio educador deve dar sentido àquilo que faz para criar a representação social que se exprime no modo como os outros entendem e reconhecem a sua ação. Espera-se, desse modo, que o trabalho auxilie a entender as persistências e as mudanças nas escolas e na sociedade brasileira no início da segunda metade do século XX, para, assim, apreendermos o que dessas relações ainda continua no mundo contemporâneo e impacta na vida das pessoas.

No artigo intitulado **Aspectos históricos do protagonismo docente em Minas Gerais: da UTE ao Sind-UTE**, Wellington de Oliveira e Rogério Cunha Campos apresentam aspectos do protagonismo do movimento docente em Minas Gerais, que reúne professores da Educação Básica, vinculados ao setor público. Tal movimento se constitui e se projeta historicamente no cenário sociopolítico brasileiro, o que levou os autores a abordá-lo a partir de um recorte cronológico que vai do final dos anos 1970 até o início do século XXI. Para efeitos analíticos, foram selecionados dois marcos significativos: a) o momento da transformação do movimento social em associação profissional, com o estabelecimento da UTE (União dos Trabalhadores do Ensino) em 1979, até sua transformação em sindicato por força legal – Sindicato Único dos Trabalhadores em Educação (Sind-UTE) –, em 1990; e b) a atuação sindical, de 1990 ao início dos anos 2000.

Os autores identificaram que a trajetória do movimento docente de Minas Gerais é percorrida num contexto de transformações significativas na política e na cultura, tanto no Brasil como no mundo, marcado pelo processo de democratização interna no país e, com isso, pela reestruturação política nacional; já no contexto internacional, pela crise do chamado socialismo real e, mais adiante, pelos processos econômicos, sociais e políticos que conduziram à hegemonia do neoliberalismo. Ao analisarem a trajetória do movimento docente em Minas Gerais, nesse momento histórico hegemonizado pela mentalidade neoliberal, algumas questões se colocaram enquanto desafios. Os autores entendem que a possível rearticulação do movimento docente passa pela discussão sobre a retomada da função social do docente e da pedagogia como ferramenta de construção de um outro mundo possível. Para isso, afirmam que a participação da base social é fundamental, pois o processo de institucionalização reificou-se, ironicamente, enquanto "cupulista". Ironicamente, porque as críticas que se fazia ao sindicalismo herdado do varguismo pelo novo sindicalismo, dentre outras, diziam respeito ao fato de ser cupulista, e no caso do Sind-UTE, caudatário do novo sindicalismo, que se institucionaliza como um organismo cuja direção se afasta das bases, de modo que as virtualidades presentes na sua fundação – quando era evidente uma organização de horizontalidade, cujas lideranças e diretorias regionais e central eram expressão da densidade da categoria – se arrefecem ao longo do tempo. Para os autores, é evidente que as virtualidades podem ser recompostas, porque existem tradições e memórias que não se perdem ao longo da história. Mas sua probabilidade radica nas possibilidades dos novos movimentos e na recuperação crítica da história dos movimentos e de suas instituições, à qual pretende fazer parte o artigo dos pesquisadores. Como conclusão, afirmam: "Outra reflexão que se deve fazer é voltar-se para a discussão do trabalho docente, perceber que não basta a conquista do poder estatal para realizar as mudanças, pois foi nessa estratégia de ação política que os fundadores da UTE e, depois Sind-UTE, apostaram e, no entanto, quando cruzamos as entrevistas realizadas para a elaboração deste trabalho, concluímos, mesmo que parcialmente, que a relação existente entre núcleo dirigente/base social é de estranhamento."

No capítulo **A experiência do povo indígena xakriabá com projetos sociais nas associações: o que diz a nós educadores?**, as pesquisadoras Suzana Alves Escobar e Ana Maria R. Gomes apresentam reflexões oriundas da tese de doutorado defendida por Suzana, intitulada *Projetos sociais do povo indígena xakriabá: entre o desenho na mente, a tinta no papel e a mão na massa.* A pesquisa realizada teve como objetivo descrever e analisar as práticas de associativismo do povo indígena xakriabá, focalizando a participação dos sujeitos na elaboração, implantação e gestão dos projetos sociais, processo mediado também pelas práticas da oralidade e da linguagem escrita. A opção teórico-metodológica foi a pesquisa etnográfica, através da qual se buscou "revelar", durante a prática social, as formas de participação dos sujeitos envolvidos nos projetos sociais. O trabalho de campo foi realizado em aproximadamente 15 meses e, como procedimentos de coleta de dados, foram utilizadas a observação participante e entrevistas, com presença em diferentes momentos do processo de proposição e execução dos projetos, assim como em outros contextos da vida cotidiana nas aldeias xakriabá. Após contextualizar brevemente os xakriabá e seus projetos sociais, as autoras apresentam discussão teórica buscando pontos que podem se aproximar das discussões sobre a educação escolar.

O subtítulo da tese, *o desenho na mente, a tinta no papel e a mão na massa* é a interpretação dada pelo presidente da associação para o processo que envolve a elaboração e a gestão de um projeto social: a comunidade discute sobre suas necessidades e desejos e formata o projeto que passa a existir mentalmente; no momento em que surge um edital, passam à escrita, num complexo processo de transpor o que está na mente para o formato exigido no edital e, caso seja aprovado, aí sim, vem o fazer o desenho da mente se materializar. O projeto escrito, ou a tinta no papel, é considerado pelo presidente da associação como mediação entre o que está formatado na mente e a possibilidade de sua execução; *vale pela garantia da vinda do recurso.* A expressão *mão na massa*, por sua vez, implica em relações internas que se ligam diretamente à continuidade do povo xakriabá: o conceito de "bem viver", a *reunião* como estratégia local para encaminhamento das ações, as relações de poder... Tal processo coloca em outro lugar a escrita, a participação, a aprendizagem e a escolarização. Acompanhar e registrar essa lógica levou as autoras a algumas reflexões possíveis de serem estendidas para o campo da educação escolar em geral, e não somente da educação escolar indígena. Diferentemente da sociedade nacional, para os xakriabá em situação de elaboração e gestão de projetos sociais, a posse da leitura da escola ou a *leitura dos passarim* demarcam especificidades na participação. Nessas situações, são respeitadas regras relevantes para os atos de linguagem: o momento certo de falar, o que se deve falar, como se fala; e a posse da leitura da escola não se apresenta como definidora das posições e hierarquias sociais. O movimento é coletivo e se efetiva em função de uma meta estabelecida, tal seja, a promoção da vida e a sobrevivência do povo xakriabá. As práticas e as pessoas em seus próprios mundos são elementos que se constituem mutuamente na aprendizagem dos xakriabá – e o são também na aprendizagem escolar em contexto indígena e não indígena. *Aprender* se revela aqui como um processo complexo e coletivo, no qual todos os praticantes do cotidiano escolar são sujeitos de conhecimento e o conhecimento é o próprio processo. As autoras finalizam o texto com a afirmação de que a experiência dos xakriabá possibilitou o confronto com práticas e pessoas que lhes revelaram esses outros mundos possíveis, com os quais convivemos e com os quais ainda podemos muito aprender.

Finalizamos esta apresentação convidando o leitor a conhecer, então, estes ricos e diversos estudos da Linha de Pesquisa Educação, Cultura, Movimentos Sociais e Ações Coletivas do Programa de Pós-Graduação em Educação – Conhecimento e Inclusão Social da FaE/UFMG, presentes nesta coletânea, que espera contribuir para a socialização de conhecimentos construídos na Universidade em suas interações com diferentes sujeitos e práticas sociais. Esperamos, ainda, que estes estudos possam contribuir para a construção de conhecimentos e práticas educativas que respondam aos desafios presentes na articulação entre os conceitos de sociabilidade e ações coletivas de modo a contemplar as demandas de sujeitos e grupos ainda marginalizados em nosso país.

Referências

ALVES-MAZZOTTI, Alda Judith; GEWANDSZNAJDER, Fernando. *O Método nas Ciências Naturais e Sociais*: Pesquisa Quantitativa e Qualitativa. 2. ed. Rio de Janeiro: Thompson, 2002.

ARROYO, Miguel. As Relações entre Movimentos Sociais, a Escola e as Experiências não formais. In: REUNIÃO ANUAL DA ANPED, 23., 2000, Caxambu. *Anais*... Caxambu, 2000.

CALDART, Roseli Salete. *Pedagogia dos Sem Terra*: escola é mais do que escola. Petrópolis: Vozes, 2000.

FREIRE, Paulo. *Pedagogia da Indignação, cartas pedagógicas e outros escritos*. São Paulo: UNESP, 2000.

GIDDENS, Anthony. *A constituição da sociedade*. 2. ed. São Paulo: Martins Fontes, 2003.

GOHN, Maria da Glória Marcondes. *Movimentos Sociais e Educação*. São Paulo: Cortez. 1992.

MELLUCCI, Alberto. Um objetivo para os movimentos sociais? *Lua Nova*, São Paulo, n. 17, p. 49-66, 1998.

RUSCHEINSKY, Aloisio. *Atores Políticos e Lutas Sociais*: Movimentos Sociais e Partidos Políticos. Porto Alegre: EDIPUCRS, 1999.

SPOSITO, Marilia Pontes. Algumas hipóteses sobre as relações entre juventude, educação e movimentos sociais. *Revista Brasileira de Educação (ANPED)*. São Paulo, n. 13, p. 73-94, jan.-abr. 2000.

TOURAINE, Alain. Na Fronteira dos Movimentos Sociais, Brasília. *Sociedade e Estado*, Brasília, v. 21, n. 1, p 17-28, jan.-jun. 2006.

"Eu quero ser alguém na vida...": refletindo sobre projetos de futuro dos jovens trabalhadores da Cruz Vermelha na UFMG

Symaira Poliana Nonato
Juarez Tarcísio Dayrell

Propomos neste artigo analisar como se configuram os projetos de futuro dos jovens trabalhadores da Cruz Vermelha que atuam no *campus* da Universidade Federal de Minas Gerais (UFMG). É parte dos resultados da investigação "A condição juvenil dos jovens trabalhadores da Cruz Vermelha Brasileira no *campus* Pampulha da UFMG", que buscou compreender as possíveis repercussões do trabalho nas suas vivências escolares e a construção de seus projetos de futuro.

É importante lembrar que a Cruz Vermelha Brasileira (CVB), instituição presente no estado de Minas Gerais há 94 anos,[1] presta serviço de assistência comunitária, qualificação socioprofissional e segurança social. Podemos dizer que é uma instituição conhecida por promover o primeiro contato do estudante com o mundo do trabalho. Essa articulação se dá por meio do programa intitulado "Ação Jovem", no qual os jovens participam de um curso de capacitação para o trabalho com possibilidade de serem encaminhados para o mercado. A CVB estabelece convênios com algumas instituições, entre elas, a Universidade Federal de Minas Gerais, onde os jovens participam de um

[1] Dados do site da Cruz Vermelha (CRUZ VERMELHA BRASILEIRA, 2012) e análise de documentos.

processo interno de seleção para começarem a trabalhar nos seus diferentes setores.

Na universidade, os jovens são inseridos no Programa de Promoção e Orientação ao Trabalhador Adolescente (PORTA), que tem como objetivo aprimorar o trabalho de acompanhamento da sua trajetória profissional. Desenvolvem diversas atividades, dependendo do setor em que se inserem. A jornada é de oito horas diárias (em sua maioria das 8 às 17 horas) de segunda a sexta-feira, com contrato regido pela Consolidação das Leis Trabalhistas (CLT), recebendo um salário mínimo e com a função de mensageiro interno anotada na Carteira de Trabalho.

Em consonância com os objetivos da investigação, foi desenvolvida uma pesquisa quantitativa mesclada com técnicas próprias da pesquisa qualitativa, utilizando diferentes procedimentos de coleta de dados. Em um primeiro momento, foram levantados dados secundários sobre a CVB, por meio de uma breve pesquisa sobre sua concepção e, especialmente, as formas de trabalho com os jovens trabalhadores. Em seguida, consultamos os cadastros dos jovens no *campus*, principalmente seus nomes e em quais unidades/faculdades/departamentos trabalhavam. A fim de conhecer melhor os sujeitos da pesquisa e tentar estabelecer relações com os mesmos, foram realizadas observações do seu cotidiano no *campus* Pampulha, como parte de um estudo exploratório.

Após dois meses de observações pontuais do cotidiano dos pesquisados, da realização dos pré-testes e da sistematização dos cadastros, iniciamos a aplicação do questionário que seria a base da pesquisa, sendo aplicado em 149 entrevistados, de um total de 150 que atuavam naquele momento na UFMG.

Ao mesmo tempo, realizamos observações do projeto InterAgindo,[2] uma ação de extensão do programa Observatório da Juventude da UFMG que atuava junto a 40 jovens da CVB. Essa observação foi mais pontual e aconteceu durante um ano, uma vez por semana.

[2] Cabe ressaltar que a observação a esse projeto aconteceu antes da aplicação dos questionários, e só depois da aplicação deste é que ocorreu de forma mais frequente, pois não gostaríamos que a observação ao grupo enviesasse as possíveis respostas aos questionários.

Juventude no plural: um perfil dos jovens trabalhadores da Cruz Vermelha na UFMG

Os 149 jovens participantes da pesquisa têm idade média de 16 e 17 anos, o que está relacionado à exigência, para participar de algum processo seletivo via CVB, de idade mínima de 15 e máxima de 17 anos no ato da inscrição. Até serem chamados, podem já ter alcançado os 16 anos e três meses. Quando completa 18 anos, ele é desligado do local de trabalho, com exceção se for contratado pela empresa em que presta serviço.

O número total de jovens no Brasil entre 15 e 17 anos de idade tem caído desde 1999, como aponta a PNAD (IPEA, 2011), mas eles representam ainda 5,4% da população total do país. Nessa faixa etária, podem haver diferenças significativas nas formas de vivenciar a condição juvenil, e diversos fatores contribuem para marcar a singularidade desses indivíduos, tais como a relação familiar, acesso a diferentes espaços, leis de proteção, entre outros.

Outro elemento relevante é o gênero. Os sujeitos desta pesquisa são representados majoritariamente por homens (65%) e sub-representados pelas mulheres (35%). Tal fato talvez possa ser creditado ao processo de recrutamento, no qual a UFMG parece priorizar o sexo masculino.[3] Não obstante, tal dado reflete as estatísticas gerais de inserção das mulheres no mercado de trabalho, especialmente jovens mulheres, já que essas taxas ainda são inferiores às dos homens. No âmbito geral, pode-se observar um aumento da participação das mulheres em trabalhos formais entre os anos de 1999 a 2009, sendo que, em 2009, a proporção de homens em emprego formal atingia 53,2%, enquanto a de mulheres, 48,8%. Porém, ao focalizar a análise para as mulheres de 16 a 24 anos de idade, 69,2% estão em trabalhos informais e apenas 30,8% em trabalhos formais (IBGE, 2011). Outro fator que pode contribuir para essa diferença diz respeito ao tipo de trabalho exercido, pois existe um estereótipo de que certas atividades sejam próprias para homens e outras, para mulheres.

Em relação à autoclassificação racial, 53,69% dos jovens declararam-se pardos e 28,29% pretos, e um pequeno número se autodeclarou branco

[3] Não podemos confirmar, mas escutamos de vários jovens esta afirmação de prioridade, o que remete a um imaginário construído de que algumas funções são para homens e outras para mulheres.

(14,77%) e amarelo (3,36%). Assim, um número significativo, 81,88% (somando-se pretos e pardos), refere-se a negros.[4] A junção das categorias pardos e pretos se justifica pela similaridade no que tange a questões sociais, culturais e, especialmente, econômicas.

Percebemos que a autodeclaração dos jovens como pretos se pautava muito no fenótipo, ou seja, traços físicos, sem muita relação com a concepção de origem negra. Isso porque, entre as características que parecem alicerçar a autodeclaração, a cor de pele ganhava destaque. Da mesma forma que constatado em outras pesquisas, como a de Vasconcellos (2011), também aqui, durante a aplicação do questionário, alguns olhavam para sua cor e respondiam. Assim, os jovens marcados pelos traços considerados predominantes da ascendência africana pareciam não apresentar tanta insegurança e flexibilidade diante da autodeclaração, como ocorreu com os jovens considerados pardos, já que aqueles eram negros e, mais do que isso, eram pretos (VASCONCELLOS, 2011).

Ao serem indagados sobre a sua religião, os jovens, em sua maioria, responderam que eram evangélicos (51,6%), seguidos dos católicos (35,5%) e um baixo percentual (12,7%) que não apresentava nenhuma religião. De acordo com o Censo (2010), observa-se no Brasil uma redução no número de católicos (tendência já percebida no Censo 2000) e um aumento da população evangélica. Os adeptos da religião evangélica passaram de 15,4% para 22,2% em 2010.

O estado civil dos jovens também é uma dimensão importante para falarmos da condição juvenil. Ao serem questionados, todos se afirmaram solteiros. Essa dimensão significa especialmente um "afastamento" do mundo adulto, visto que, em grande medida, ter uma união estável ou ser casado configura-se como um dos ritos de passagem para a vida adulta.

O contexto social, econômico e cultural em que esses jovens estão inseridos também é essencial para compreendermos ainda melhor quem são.

Um primeiro ponto que nos permite indicar o lugar sociocultural dos trabalhadores da CVB diz respeito à escolaridade e ocupação dos pais. Ao analisarmos a escolaridade dos pais e das mães dos jovens, concluímos que,

[4] O uso da categoria "negro" é discutido por diferentes autores: PAIXÃO, Marcelo; CARVANO; Luiz (Orgs.). *Relatório Anual das Desigualdades Raciais no Brasil, 2007-2008*. Rio de Janeiro: Garamond, 2008; MUNANGA, Kabengele; GOMES, Nilma Lino. *O negro no Brasil hoje*. São Paulo: Global, 2006; GOMES, Nilma Lino. *Um olhar além das fronteiras educação e relações raciais*. Belo Horizonte: Autêntica, 2007.

em sua maioria, era menor que a dos seus filhos. Somando os percentuais de pais que não alcançaram o Ensino Médio, temos 51,68%, já no caso das mães, o número era ainda maior, 66,44%. Tomamos como base o Ensino Médio porque a grande maioria dos pesquisados estava cursando esse nível de ensino. O índice de pais e mães com Ensino Médio incompleto e completo é bem próximo. Com Ensino Médio incompleto, temos 8,72% das mães e 10,07% dos pais; com Ensino Médio completo, temos 16,78% das mães e 15,44% dos pais. Chama a atenção o baixo número de pais e mães que estavam cursando ou cursaram ensino superior. Apenas 2,01% das mães têm ensino superior incompleto e não há nenhum pai nessa condição. Com ensino superior completo ou mais, temos 1,34% das mães e 0,67% de pais. Fica muito evidente que esses jovens representam, para a grande parte das famílias, a primeira geração a alcançar esse nível de ensino, o que revela uma relação entre a baixa escolarização e o contexto de desigualdade social, que gera, entre outros efeitos, a exclusão do acesso à educação formal. Esse dado também pode estar relacionado ao processo de expansão da escolarização ocorrido nas últimas décadas, bem como às tentativas de universalização do Ensino Médio, por exemplo.

Outro indicador do lugar social dos jovens diz respeito às profissões ocupadas pelas mães e pais. Os pais, em sua maioria, estavam inseridos em atividades tais como: borracheiro, cobrador de ônibus, encarregado de obra, lanterneiro, *motoboy*, pintor etc. Quanto às mães, temos: ajudante de cabeleireira, atendente de bar, auxiliar de serviços gerais, babá, costureira, cozinheira, lavadeira etc. Nota-se que a grande maioria se encontra no setor de serviços considerados desqualificados, de baixo prestígio social e com baixos salários.

A fim de aprofundarmos na questão do contexto familiar, averiguamos qual era a renda familiar.[5] Somados os percentuais, a maioria (64,43%) situava-se entre um e três salários mínimos[6] contando com o salário do próprio jovem.

O local de moradia também é um elemento que consideramos importante para situar o lugar social dos entrevistados. A grande maioria morava em

[5] Ressaltamos que estamos cientes das dificuldades de precisão quanto à renda familiar, mas consideramos que ela assume um lugar importante diante dos elementos já apontados que, articulados, retratam marcas de uma juventude pobre.

[6] O salário mínimo à época era de R$ 622,00.

casa própria já quitada (69,14%), em seguida aparecem aqueles que moravam em casas cedidas (25,68%), especialmente por avós maternos e paternos, e ainda um pequeno número (6,08%) que morava de aluguel. Os jovens da cidade de Belo Horizonte moram em bairros de regiões consideradas de periferia, em sua maioria nos bairros da região de Venda Nova, seguidos da região nordeste, norte e bairros periféricos da região da Pampulha. Apesar de não podermos afirmar imperativamente, ao fazermos a categorização dos bairros por regiões de Belo Horizonte e região metropolitana, foi possível perceber que, na maioria dos casos, os bairros citados pelos entrevistados pertenciam a vilas, conjuntos habitacionais e favelas, o que foi omitido pela maioria deles. Parece que o local de moradia deixa de ser marca somente das diferenças econômicas, mas expressa diferenças sociais e culturais, especialmente no que tange ao acesso a determinados bens e serviços. Regina Novaes pontua o quanto o local de moradia faz a diferença:

> O endereço faz toda diferença, "abona ou desabona, amplia ou restringe acessos". Para as gerações passadas, esse critério poderia ser apenas uma expressão de estratificação social, um indicador de renda ou de pertencimento de classe. Hoje, certos endereços também trazem consigo estigma das áreas urbanas subjugadas pela violência e a corrupção dos traficantes e da polícia – chamadas de favelas, subúrbios, vilas, periferias, conjuntos habitacionais, comunidades. (NOVAES, 2006, p. 106)

Diante do exposto, salientamos que estamos falando de jovens pobres, o que interfere na sua condição juvenil e na construção de seus projetos de futuro.

Diferentes autores[7] enfatizam a importância de percebermos as múltiplas condições da vida juvenil. Assim, há uma diversidade de situações sociais, econômicas, culturais, geográficas, entre outros aspectos, que cada jovem vivencia. Como menciona Dayrell "na realidade, não há tanto uma juventude e sim jovens enquanto sujeitos que se experimentam e sentem segundo determinado contexto sociocultural onde se inserem" (DAYRELL, 2007, p. 4).

---

[7] Dayrell (2005); Abramo (2005) e Sposito (2009).

Os jovens trabalhadores e as configurações de seus projetos de futuro

Antes de começarmos a dialogar sobre as configurações dos projetos de futuro dos jovens trabalhadores, torna-se importante salientar o que estamos chamando de projeto de futuro. Não deve ser entendido como resultado de um cálculo matemático, ou um processo linear, como muitas vezes se pensa. O projeto de futuro difere dos demais projetos, tais como arquitetônicos, políticos, educativos, visto que não é escrito formalmente, com objetivos, metodologias e cronograma a serem cumpridos. O projeto de futuro diz de um plano que remete, como diz o próprio nome, a uma ação que o indivíduo projeta realizar em algum momento futuro, em um arco temporal mais ou menos largo. Sendo assim, o projeto de futuro pode ser entendido como:

> uma ação do indivíduo de escolher um, dentre os futuros possíveis, transformando os desejos e as fantasias que lhe dão substâncias em objetivos passíveis de serem perseguidos, representando, assim, uma orientação, um rumo de vida. (DAYRELL; LEÃO; REIS, 2011, p. 67)

Como afirma Velho (1987), a noção de que os indivíduos escolhem ou podem escolher é que dá base para se pensar em projetos. Porém, é importante relativizar a questão da escolha e do projeto individual. A ideia central é que, primeiramente, deve-se reconhecer que não existe um projeto individual ou "puro", sem referência ao outro ou ao social. Ainda segundo o autor, "os projetos são elaborados e construídos em função de experiências socioculturais, de um código, de vivências e interações interpretadas". Concordamos com ele quando pontua,

> [...] o projeto não é um fenômeno puramente interno, subjetivo. Formula-se e é elaborado dentro de um campo de possibilidades, circunscrito histórico e culturalmente, tanto em termos da própria noção de indivíduo como dos temas, prioridades e paradigmas existentes. (VELHO, 1987, p. 27)

Essa visão ratifica que os projetos de futuro dependem sempre do campo de possibilidades, ou seja, dependem do contexto socioeconômico e cultural no qual o jovem está inserido, o que por sua vez limita ou potencializa suas possibilidades de experiências e aponta os limites e/ou as alternativas possíveis de serem sonhadas e desejadas, individual ou coletivamente. Assim, podemos dizer que os projetos de futuro nascem e se desenvolvem tendo como referência o tempo presente, mas não deixando de estar diretamente relacionados com o passado e o futuro; as escolhas e as decisões que foram e que serão feitas irão compor esses projetos.

Diante do conceito supracitado, podemos dizer, de uma maneira geral, que os projetos de futuro apontados pelos jovens centraram-se basicamente em torno da família de origem, dos estudos e do trabalho. A Tabela 1 mostra os aspectos que eles elencaram como centrais na elaboração de seus projetos de futuro.

Tabela 1. Quais os aspectos que mais se relacionam com os seus projetos de futuro em 1 º, 2º, 3º, 4º, 5º lugar (%)

	Aspecto que relaciona com os projetos de futuro (%)				
	1º Lugar	2º Lugar	3º Lugar	4º Lugar	5º Lugar
Família	**48,63**	12,33	**33,56**	5,52	0,00
Estudos	30,14	36,30	26,03	6,21	1,57
Trabalho	18,49	**47,95**	**26,71**	6,90	0,00
Lazer	1,37	2,74	12,33	**75,86**	8,66
Igreja	0,68	0,00	0,00	0,00	0,00
Outros	0,68	0,68	1,37	5,52	89,76
TOTAL	100	100	100	100	100
	146	146	146	145	127

Fonte: Elaborada pelos autores.

Em primeiro lugar aparece a família com 48,63%. Esse resultado evidencia a importância que atribuem à sua família, o que contraria um falso estereótipo de que o jovem, de uma maneira geral, não se importa com ela. Em segundo lugar, o trabalho aparece com 47,95%. Para muitos, o trabalho é visto como o espaço das possibilidades para terem acesso a outras "coisas", por exemplo, poder estudar, dar um futuro melhor para a família e ter acesso ao lazer. Em terceiro lugar, aparece novamente a família, com 33,56%, seguida do trabalho com 26,71%.

Em quarto lugar, temos o lazer com 75,86%. É interessante constatar que muitos jovens, durante a ordenação das palavras, colocavam o lazer em segundo ou terceiro lugar, por exemplo, mas posteriormente o reordenavam para depois da família, trabalho e estudo. O lazer parece não ter um aspecto de prioridade, pois, para muitos deles, primeiro viriam as "obrigações" e depois o divertimento. Salientamos, porém, que a posição do lazer é construída socialmente e é especialmente um reflexo da condição socioeconômica desses jovens.

Embora tenhamos elaborado tal questão e a considerado como essencial para entender a construção de projetos de futuro dos jovens trabalhadores da CVB, destacamos que os projetos são dinâmicos e não lineares. Como afirma Velho, "os projetos, como as pessoas, mudam. Ou as pessoas mudam através de seus projetos. A transformação individual se dá ao longo do tempo e contextualização" (2003, p. 48).

A relação com o tempo e as repercussões nos projetos de futuro

O projeto de futuro se alicerça numa articulação entre passado, presente e futuro, embora o foco esteja no futuro, que pode ser medido em horas, dias ou anos. O modo que construímos nossos projetos de futuro é invariavelmente afetado pelo modo como lidamos com a dimensão temporal. Nesse sentido, a relação que os jovens trabalhadores da CBV estabeleceram com o tempo retrata, em grande medida, elementos importantes para a análise dos projetos de futuro deles.

Foi praticamente unânime a resposta daqueles que mencionaram que pensavam no futuro (98,66%). Por outro lado, 1,34% dos jovens afirmaram que não pensavam. É importante ressaltar que não definimos um arco temporal, significa que pensar no futuro pode remeter a um futuro em curto ou em longo prazo.

Dentre a maioria que ressaltou pensar no futuro, destacamos um dos jovens que expressa:

> Futuro? Penso nele todos os dias e às vezes faço planos. Mas penso no hoje também, pois o futuro é o que fazemos hoje também. Para construir meu futuro, tenho que construir a base que é o hoje. Estou fazendo hoje para ver o que terei no futuro. Mas tenho medo. O que será que vai acontecer? (Homem, 17 anos, Questionário 92)

O depoimento acima está diretamente ligado à concepção de um tempo linear que se estrutura a partir da nova organização do trabalho. Essa visão diante do tempo confirma os apontamentos que Leccardi (2005) faz em relação à dimensão temporal, em que o projeto passa a se configurar tendo como referência um antes e um depois, assim o presente é colocado como um espaço de projeção que "ditará as regras" do que será no futuro. A autora também destaca que é nesse contexto que a ideia de projeto de futuro alia-se à dimensão de um "adiamento das recompensas", ainda muito presente nos dias atuais, em que se adia para um tempo futuro as possíveis recompensas do hoje. Logo, o presente não seria somente uma ponte entre passado e futuro, mas um tempo de "preparação" para esse futuro.

Não obstante, destacamos também o que ressalta a jovem ao dizer que não pensa no futuro:

> Não penso no futuro. Não gosto muito de fazer o futuro. Atrapalha ter as coisas muito planejadas. É mais prático ir testando do que planejar tudo e não ter tempo de fazer nada. (Mulher, 17 anos, Questionário 123)

O depoimento reforça a ideia de não pensar no futuro, mas especialmente o fato de que a mesma não gosta de "fazer o futuro". Para ela, pensar no futuro remete à dimensão de planejar, o que é colocado como algo que atrapalha. Além disso, menciona a dimensão temporal, afinal poderia não dar tempo de se fazer o que foi planejado. O depoimento traz ainda uma concepção que comumente ouvimos, de que os jovens são imediatistas, pensam no hoje e não planejam o amanhã. Porém, essa dimensão ganha outro sentido diante da discussão realizada por Dayrell, Leão e Reis, que se refere à fluidez do tempo na contemporaneidade, na qual se inauguram formas de temporalização: "a lógica linear que articulava passado, presente e futuro como espaços temporais encadeados [...] é colocada em questão" (DAYRELL; LEÃO; REIS, 2011, p. 72). Assim, a busca de sentidos tende a ser colocada no tempo presente, num eixo temporal que talvez possibilitasse um controle. Diante da relação que jovens estabelecem com o tempo, Leccardi (2005) traz a dimensão do "presente estendido", que consideramos significativa para entender a relação dos pesquisados com o tempo. Refere-se a um espaço temporal que bordeja o presente, sendo passível de controle e de projeção.

Um dos aspectos mais fortes que identificamos na relação dos pesquisados com os projetos de futuro refere-se à dimensão da incerteza, que expressa uma determinada relação com o tempo, especialmente o tempo futuro. No depoimento acima, embora pareça existir uma noção importante da articulação entre presente e futuro na construção de projetos de futuro, a incerteza é posta na relação temporal com o futuro, ao se questionar "o que será que vai acontecer?". Outro depoimento também denota essa incerteza:

> O problema é o futuro que não podemos saber o que vai acontecer. Como vou fazer planos? Se fosse juntar o que aconteceu e agora aí rolava, mas não tem como saber não. Aí eu vou fazendo e vendo o que é que dá. Eu sonho né, mas vai saber o que vai pegar, só Deus sabe, você não acha? (Mulher, 16 anos, Questionário 41)

O depoimento traz a dimensão da incerteza, novamente relacionando--a à dimensão temporal do futuro, pois seria um tempo que não é possível controlar, dificultando assim a formulação de projetos.

Essas considerações nos levam a pensar em uma lógica presente na elaboração dos projetos por parte dos jovens. Dayrell, Leão e Reis (2011), ao analisarem os projetos de vida de jovens do Pará, apontam para a ideia de *bricoleur*, o que também consideramos pertinente diante da postura dos jovens trabalhadores da CVB. Para Lévi-Strauss (1989), o *bricoleur* é aquele que executa o trabalho por si só, utilizando-se de materiais disponíveis e adaptando-os, quando necessário, para construir passo a passo o equipamento necessário. Não existe um planejamento *a priori*, o equipamento vai sendo construído

> ao sabor do momento, lançando mão de peças disponíveis no momento e que não têm nenhum emprego predeterminado. Os resultados do trabalho construído são, portanto, contingentes, podendo inclusive ser diferentes da intenção inicial. (DAYRELL; LEÃO; REIS, 2011, p. 76)

A imagem do *bricoleur* assemelha-se à forma de construção dos projetos de futuro de alguns jovens trabalhadores da CVB. Foi possível identificar, pelos dados e depoimentos, que a incerteza atravessa os projetos de grande parte deles. Dessa forma, parece-nos que a construção desses projetos se desenvolvia em meio à experimentação e à continuidade ou não do desejo inicial, que variava de acordo com os acontecimentos ou mesmo ao acaso. Tal postura fica clara no fragmento do depoimento supracitado: "Aí eu vou fazendo e vendo o que é que dá", e na fala de outra entrevistada que explicita: "[...] é mais prático ir testando do que planejar tudo e não ter tempo para fazer nada" (Mulher, 16 anos, Conversa de campo).

Outro elemento marcante dos projetos de futuro dos jovens trata-se da dimensão da escolha. Podemos analisar tal dimensão a partir de duas perspectivas.

A primeira dialoga com uma ampliação das possibilidades de escolha, uma das características das juventudes contemporâneas, como aponta uma jovem:

> "[...] Não sei o que vou fazer da minha vida, **é tanta coisa para escolher**. Alguns dão palpites...falam, faz isso...outros falam, faz aquilo. A gente **fica meio louca**. (Mulher, 17 anos, Questionário 74)

O depoimento tende a reforçar a dimensão dos terrenos labirínticos ressaltada por Pais (2001). Segundo o autor, na modernidade, as possibilidades de escolhas são tantas que dificultam tomar decisões, saber o que escolher. Por outro lado, trazemos o depoimento abaixo para refletirmos sobre a segunda perspectiva de análise, ou seja, a dimensão da escolha como algo dado:

> Não tenho certo o que vou fazer, nem sei o caminho, mas já decidi e **escolhi**, então vai dar tudo certo. (Homem, 17 anos, Projeto Interagindo, 2012)

O depoimento tende a reforçar a dimensão da escolha como algo individual, desconsiderando que "as escolhas" são circunscritas pelo campo de possibilidades, que pode limitar e/ou potencializar tais "escolhas".

Jovens trabalhadores e campo de possibilidades

Levar em conta o campo de possibilidades implica considerar a interferência do contexto socioeconômico e cultural nas escolhas dos jovens. Significa dizer que, em uma sociedade desigual como a brasileira, as possibilidades de escolha não são iguais para aqueles de diferentes classes sociais, raça/etnia, gênero, entre outras variáveis, como afirma Velho (2003):

> Para lidar com o possível viés racionalista, com ênfase na consciência individual, auxilia-nos a noção de campo de possibilidades como dimensão sociocultural, espaço para formação e implementação de projetos [...]. (VELHO, 2003, p. 40)

Nesse sentido, consideramos que os jovens escolhem, mas sempre no contexto do campo de possibilidades nos quais se encontram inseridos. Ter consciência desse campo de possibilidades é um recurso importante para a elaboração dos projetos de futuro, o que nem sempre acontece, como veremos adiante.

Diante da paulatina construção dos projetos de futuro, que se constitui diante de incertezas dos jovens trabalhadores, buscamos entender que suportes eles poderiam utilizar para tentar alcançar seus desejos. A noção de suporte aqui utilizada refere-se aos meios necessários para que os indivíduos se sustentem, ou seja, são os alicerces para se alcançar algo. Os suportes não dizem respeito somente à realidade em que o indivíduo está inserido, eles são mais amplos do que isso, sendo um conjunto pelo qual o indivíduo é sustentado.

Dentro desse contexto, interrogamos os jovens o que seria mais importante para que eles alcançassem seus desejos. Para a maioria (76,87%), o esforço pessoal é o mais importante para atingir os desejos:

> Para realizar os meus objetivos, esforço pessoal é o mais importante. Esperar dos outros não consegue nada. (Mulher, 17 anos, Questionário 135)

Parece existir um consenso entre os pesquisados de que cada um individualmente faz seus projetos de futuro e a conquista destes depende praticamente deles mesmos. Os resultados nos fazem indagar: em que medida os jovens dispõem de uma leitura crítica acerca do que chamamos de campo de possibilidades? Velho (2003) ressalta a importância da dimensão do campo de possibilidades para não sermos deterministas e acreditarmos que o indivíduo sozinho decide seu projeto, ressaltando que, "se o indivíduo é percebido como tendo uma dimensão fabricada culturalmente, [...] há que se relativizar a noção de projeto individual" (VELHO, 1987, p. 26).

Ao mesmo tempo, a dimensão do mérito tende a estar muito presente entre eles, que parecem acreditar que o esforço pessoal seria o único determinante para a conquista de um determinado projeto. E o seu contrário: o fracasso do mesmo seria responsabilidade única e exclusiva do próprio sujeito.

Não podemos deixar de corroborar a ideia de que o esforço pessoal, juntamente com o mérito, é um ponto importante para conquistarmos os projetos de futuro. Não obstante, a ideologia da meritocracia, que se fundamenta no mérito pessoal, pressupõe que o esforço pessoal seja elemento primordial nas conquistas dos sujeitos, não levando em conta a existência das desigualdades de oportunidades, cedendo lugar exclusivamente para "as capacidades pessoais de cada sujeito", reforçando, assim, a lógica social excludente.

Por outro lado, alguns jovens enfatizaram que precisavam mais do que somente o esforço para conquistar seus projetos de futuro, apontando a dimensão socioeconômica e familiar como elementos também importantes na elaboração dos projetos de futuro. Esses jovens conseguem perceber que os projetos não dialogam somente com o esforço pessoal, compreendendo as repercussões do campo de possibilidades enquanto potencializador e/ou limitador dos projetos de futuro.

Corroboramos essa visão com Carneiro (2008), que pondera que essa tendência do jovem de contar com o esforço pessoal pode ser decorrência do contexto de carência material a que a maioria está submetida: a renda, situação de moradia e escolaridade baixa dos pais. Não obstante, a dimensão da meritocracia é para nós o ponto-chave no que tange ao fator limitador do campo de possibilidades dos jovens trabalhadores da CVB, pois expressa o contexto ideológico da sociedade capitalista que tende a colocar o indivíduo como único responsável por seu destino.

"Eu tenho que retribuir tudo que minha família fez...": os projetos de futuro e a relação com a família

A centralidade da família diante dos projetos de futuro dos jovens trabalhadores da Cruz Vermelha é perceptível, tendo em vista especialmente duas características. A primeira refere-se a um desejo de retribuição à família por tudo o que esta já lhe fez. Para a grande maioria, a família está em primeiro lugar diante dos projetos de futuro. A "necessidade" de retribuir à família não se torna secundária em nenhum momento, só não fica unanimemente em primeiro lugar porque para alguns é necessário primeiro obter um trabalho "bom", que lhes garanta determinada estabilidade, ou continuar estudando para conseguirem melhores empregos e, assim, poder retribuir. Parecem expressar o que Mauss (1974) afirmava em torno da moral da reciprocidade, ou seja, necessidade de "dar, receber e retribuir" que constituem as relações sociais humanas. No caso dos jovens desta pesquisa, a figura da mãe aparece com maior ênfase no depoimento da maioria:

> Minha família vem sempre em primeiro lugar quando se trata dos meus projetos de futuro, mas principalmente minha mãe. Ela é tudo para mim. (Homem, 16 anos, Questionário 93)

Dayrell, Leão e Reis, ao realizarem discussão sobre projeto de futuro com jovens no Pará, ratificam os "achados" desta pesquisa ao destacarem "[...]

a importância da mãe no estabelecimento e reforço de suas redes de relações, na transmissão de valores morais do grupo, constituindo-se uma referência importante nos processos de socialização" (DAYRELL; LEÃO; REIS, 2011, p. 79). Ressaltamos que o lugar de centralidade das mães é reiterado por todos os jovens desta pesquisa. Mesmo aqueles que moravam com pai e mãe ressaltaram em seus depoimentos de maneira bem explícita que pensavam especialmente na mãe quando falavam de retribuição.

A segunda característica diz respeito ao reconhecimento da família enquanto instituição que mais interfere na construção desses projetos, ou seja, quem os jovens "mais escutavam" diante de seus projetos. Os pais ou responsáveis representam 72,48% das respostas – a mãe foi citada por 70 deles como sendo a pessoa que mais ouvem. Em seguida, temos outros familiares, com 8,72%. Ao somarmos pais ou responsáveis e outros membros da família, temos um percentual de 81,2%, reforçando mais uma vez o lugar central da família na construção do projeto de futuro dos jovens.

Por fim, explicitamos o quanto a relação juventude, família e projeto de futuro merece ser mais bem compreendida, pois, se os jovens não contam com a família em termos financeiros, por exemplo, devido às carências materiais, o apoio afetivo traz significados variados. Entretanto, quando se fala em recompensar a família por tudo que já foi realizado, é uma retribuição "material" que aparece com mais frequência, ou seja, uma necessidade de dar uma casa, contribuir para a família melhorar de vida, proporcionar aquilo que não se teve. Essa postura parece transpor o caráter afetivo para o caráter moral presente em sua educação, ressignificando-o assim, pois, para a maioria dos jovens, "ser alguém na vida" será percebido pela família por meio da materialização de suas conquistas.

"E depois do Ensino Médio..." sonhos, desejos e as dimensões de um projeto em construção

A continuidade dos estudos é cogitada pela maioria dos jovens como projetos de futuro pós-Ensino Médio, a partir da perspectiva de "garantia de um futuro melhor". Mais da metade (53,02%) pretendia fazer Enem para tentar uma "longevidade escolar" (VIANA, 2000), entendida aqui como a permanência no sistema escolar até o ensino superior.

Ainda dialogando sobre a continuidade dos estudos, 14,77% dos jovens afirmaram que depois do Ensino Médio iriam fazer um curso técnico. A busca por cursos técnicos, como informado pelos próprios jovens que fizeram essa opção, alicerça-se numa expectativa muito grande em conseguir uma inserção melhor no mercado de trabalho em menos tempo – tendo em vista que tais cursos seriam mais rápidos – e, depois de alcançar um possível bom emprego, ter condições para entrar na universidade. Ou seja, o curso técnico tende a aparecer como uma estratégia para se chegar ao objetivo maior, que seria o curso superior.

Além da continuidade de estudos, os dados apontam elementos que se relacionam com a dimensão do trabalho, qual seja, o desejo de fazer concurso público. Assim, 11,41% dos jovens pretendiam fazer concurso público ao terminarem o Ensino Médio. Por último, nos resultados, chama a atenção o percentual de 15,44% dos jovens que não sabem o que irão fazer ao terminarem o Ensino Médio.

Concluímos que os projetos de futuro dos jovens trabalhadores são fortemente marcados pelo desejo de continuidade dos estudos e a grande maioria (65,77%) acredita nessa continuidade como possibilidade de ter um futuro melhor. Em segundo lugar (29,08%), afirmam que quando se pensa num futuro melhor, é necessário trabalhar para conseguir estudar. Dessa forma, enfatizamos que a escola é vista por todos eles como algo que permitirá "ser alguém na vida", o que abrange ter uma vida melhor em termos sociais, culturais e econômicos.

Buscando entender melhor sobre a continuidade de estudos, especialmente relacionada à "longevidade escolar", percebemos que os sujeitos desta pesquisa apontaram um desejo grande de estudar na UFMG (79,26%). Ao mesmo tempo expressam diferentes obstáculos para tal conquista, que vão desde a dificuldade do acesso, por serem oriundos de escola pública, a questões ligadas à permanência:

> Quero terminar o Ensino Médio e tentar Enem, mas não sei se passo, pois minha escola é muito fraca, nem eu esforçando para estudar. Se eu não passar, vou fazer cursinho. (Mulher, 17 anos, Questionário 55)

O depoimento acima traz a consciência da precariedade da escola pública, especialmente enquanto momento de preparação para a inserção numa universidade pública. Chama a atenção também a baixa autoestima da jovem trabalhadora, fazendo com que ela não acredite em si mesmo, quando se fala de inserção na UFMG, o que também pode ser entendido como um princípio de realidade, já que reconhece a precariedade da escola a que tem acesso e faz crítica a ela. É interessante que, aqui, a dimensão do esforço pessoal como ponto mais importante para alcançar os objetivos parece "cair por terra", pois, nesse caso, não adiantaria muito se esforçar, já que a escola é "fraca", "um lixo", como afirmaram vários deles.

Voltando aos resultados, um número menor de jovens (8,89%) relatou que qualquer universidade pública federal em que ingressasse estaria bom e o principal argumento era de não ter que pagar mensalidade. Percebemos que parece não existir uma preocupação desses jovens diante da qualidade da universidade/faculdade, mas um objetivo de ter o diploma do ensino superior, especialmente se for "de graça", como explicitou uma jovem.

Por último, 5,93% dos jovens disseram que queriam estudar numa universidade/faculdade particular, como relata um deles: "pretendo estudar na PUC, devido ao tempo para estudar. Preciso trabalhar e não sei como funciona ao entrar aqui na UFMG" (Homem, 17 anos, Questionário 144). O "querer" estudar numa universidade/faculdade particular, nesse caso, se relaciona com os limites percebidos para se estudar numa universidade como a UFMG, por exemplo.

Os jovens trabalhadores da CVB parecem entender o limite de inserção no ensino superior, tomando como referência a precariedade das escolas públicas de Ensino Médio que frequentam. Para a grande maioria, a escola pública não consegue "ser a base" para a inserção no ensino superior, expressando de forma muito clara como a escola pública é um espaço de reprodução de desigualdades.

Os projetos de futuro dos jovens trabalhadores e sua relação com o trabalho

Existem duas dimensões que o trabalho ocupa nos projetos de futuro dos jovens trabalhadores da Cruz Vermelha. A primeira diz respeito ao trabalho como espaço que possibilita "pensar/conquistar" os projetos de futuro, o que é verdade para praticamente todos os jovens (98,66%), conforme ilustrado pelo depoimento abaixo:

> O trabalho me ajuda a pensar nos meus projetos de futuro, pois abre a cabeça da gente para muita coisa. (Homem, 16 anos, Questionário 38)

O depoimento aponta uma dimensão de mudança de percepção diante dos projetos de futuro que o espaço de trabalho pode ajudar a proporcionar. A expressão "abrir a mente e/ou abrir a cabeça" diz respeito à possibilidade de visualizar outras trajetórias que talvez não fossem colocadas no horizonte dos jovens. Alguns diziam que antes eram "bobinhos" e não percebiam sequer a multiplicidade de caminhos que poderiam "escolher". Ressaltamos ainda que o espaço de trabalho dos pesquisados se configura como parte da construção de projeto de futuro da maioria, ou seja, a universidade, que é o desejo de inserção da grande maioria. Dessa forma, podemos dizer que a universidade como o espaço de trabalho se perfaz para eles como um "passaporte" para conseguirem chegar à universidade como alunos no futuro.

A segunda dimensão do trabalho na visão dos jovens é como parte dos seus próprios projetos de futuro. Inferimos que o trabalho abrange uma centralidade que é também fruto da sociedade na qual estão inseridos, ou seja, o trabalho na sua dimensão moral, como algo que dignifica o homem, assim como algo que deva estar nos projetos de todos, especialmente dos jovens pobres.

Entre os projetos ligados ao trabalho, 42,28% deles planejam trabalhar e estudar, ou seja, pretendem manter a mesma rotina que vivenciam hoje, mesmo que alguns apontem que é complicado fazer as duas coisas. Por outro lado, 17,45% dos jovens disseram que almejam só estudar, alguns ressaltam que vão pegar o dinheiro do seguro-desemprego para custear suas despesas e ficar só estudando por um tempo. Em seguida, temos 16,78% deles que dizem não saber ainda o que farão, reforçando novamente a dimensão da incerteza já salientada. Depois, aparecem os "outros", com 10,07%. Um fator interessante é um desejo de parte desses jovens de tirar carteira de motorista, afirmando que irão fazer isso com o dinheiro que receberem do "acerto" e com o seguro-desemprego, o que parece apontar para a tendência, nesse caso, de eles pensarem o projeto em um arco temporal curto.

Considerações Finais

Percebemos que a configuração dos projetos dos jovens trabalhadores da CVB se relaciona em grande medida com a própria condição juvenil dos mesmos. A elaboração dos projetos, a relação com o tempo e a percepção do campo de possibilidade estão diretamente articuladas às suas vivências no contexto do campo de possibilidades nos quais se inserem.

A centralidade da construção dos projetos de futuro articulando a família, os estudos e o trabalho dialoga com o contexto de vida dos jovens trabalhadores. Ou seja, jovens pobres que vivenciam a relação de trabalho, dimensão sob a qual se amplia a possibilidade de vivenciar a condição juvenil, fazendo com que este seja ponto forte nos seus projetos; e aqueles que veem na escola oportunidades de melhoria de futuro. Consideramos que essas dimensões, que compõem uma tríade – jovem pobre, trabalhador e estudante – reforçam ainda mais a articulação dos projetos às singularidades da condição desses jovens.

Enfatizamos a constatação da crença desses jovens na escola como um passaporte para ter melhores empregos e uma inserção futura no ensino superior. O projeto de futuro relaciona-se especialmente a "ser alguém na vida", que se alia ao reconhecimento da escola enquanto parte de um projeto de futuro, mas que não tem significado no presente para a maioria deles. Ou seja, tendem a acreditar no discurso socialmente construído que pode ser assim resumido: "estude e assim você será alguém na vida; alguém que tenha renda e que possa, enfim, consumir como todos os outros 'alguéns'" (DAYRELL; JESUS, 2013, p. 92).

Ficou evidente que o presente é apontado como um tempo possível para se projetar, mas o futuro é caracterizado especialmente pelas incertezas tão marcantes nas diferentes dimensões do projeto. A escolha é vista como algo individual, pois a maioria não percebe o campo de possibilidades enquanto algo que limita e/ou potencializa tais escolhas. Assim, enfatizamos que se confirma em grande medida a metáfora do *bricoleur*, apontada anteriormente; embora alguns jovens sequer pensem no futuro e, imersos no presente, não tenham clareza nenhuma de quais possibilidades gostariam de buscar. Contudo, é importante dizer que os projetos de futuro estão presentes na vida da maioria deles, primordialmente como sonhos, expectativas e desejos a serem alcançados. Mas não percebemos na maioria destes jovens uma dimensão "do que" e "do como" se fará para realizar tais desejos. Acreditamos que essa poderia ser uma grande contribuição da escola de Ensino Médio para as suas vidas!

Referências

ABRAMO, Helena Wendel. Condição juvenil no Brasil contemporâneo. In: ABRAMO, Helena Wendel; BRANCO, Pedro Paulo Martoni (Orgs.). *Retratos da juventude brasileira* – Análise de uma pesquisa nacional. São Paulo: Fundação Perseu Abramo, 2005.

CARNEIRO, Maria José. Juventude rural: projetos e valores. In: ABRAMO, Helena Wendel; BRANCO, Pedro Paulo Martoni (Orgs.). *Retratos da juventude brasileira* – Análise de uma pesquisa nacional. São Paulo: Fundação Perseu Abramo, 2008. (p. 243-263.

CRUZ VERMELHA BRASILEIRA. Filial do Estado de Minas Gerais. Minas Gerais: 2009. Disponível em: <http://cvbmg.org.br/>. Acesso em: 12 jan. 2012.

DAYRELL, Juarez Tarcísio. *A música entra em cena:* o rap e o funk na socialização da juventude. Belo Horizonte: Editora UFMG, 2005.

_______. A escola faz as juventudes? Reflexões em torno da socialização juvenil. *Educação & Sociedade*, Campinas, v. 28, n. 100, out. 2007.

DAYRELL, Juarez Tarcísio; LEÃO, Geraldo; REIS, Juliana Batista dos. Juventude, pobreza e ações educativas no Brasil. In: SPOSITO, Marilia Pontes. *Espaços públicos e tempos juvenis*: um estudo de ações de poder público em cidades de região metropolitana brasileira. São Paulo: Global, 2011. p. 51-77.

DAYRELL, Juarez Tarcísio; JESUS, Rodrigo Ednilson de *et al. A exclusão de jovens de 15 e 17 anos no Ensino Médio no Brasil*: desafios e perspectivas. Belo Horizonte: Observatório da Juventude da UFMG, 2013. 97 p. Relatório de Pesquisa. Disponível em: <http://observatoriodajuventude.ufmg.br/publication/pesquisa-unicef-a-exclusao-de-jovens-de-15-a-17-anos-no-ensino-medio-no-brasil/wppa_open>. Acesso em: 10 out. 2014.

IPEA. INSTITUTO DE PESQUISA ECONÔMICA APLICADA. PNAD 2011. Comentários indicadores do período de 2009 e 2010. Disponível em: http://www.ibge.gov.br/home/presidencia/noticias/noticia_visualiza.php?id_noticia=2222&id_pagina=1>.

LECCARDI, Carmen. Por um novo significado do futuro: mudança social, jovens e tempo. *Tempo Social*, São Paulo, v. 17, n. 2, nov. 2005.

LÉVI-STRAUSS, Claude. *O pensamento selvagem*. Campinas: Papirus, 1989.

MAUSS, Marcel. Ensaio sobre a dádiva. Forma e razão da troca nas sociedades arcaicas. In: MAUSS, M. *Sociologia e Antropologia*. v. 2. São Paulo: EDUSP, 1974. p. 37-184.

NOVAES, Regina. Os jovens de hoje: contextos, diferenças e trajetórias. In: ALMEIDA, Maria Isabel Mendes de; EUGENIO, Fernanda (Orgs.). *Culturas jovens* – novos mapas do afeto. Rio de Janeiro: Jorge Zahar, 2006. p. 105-121.

PAIS, José Machado. *Ganchos, tachos e biscates*: jovens, trabalho e futuro. Porto: AMBAR, 2001.

SPOSITO, Marilia Pontes (Coord.). *O Estado da Arte sobre juventude na pós-graduação brasileira*: Educação, Ciências e Serviço Social (1999-2006). Volume 1. Belo Horizonte: Argvmentvm, 2009.

VASCONCELLOS, Fernanda Dias. *"Sem querer você mostra seu preconceito!": um estudo sobre as relações raciais entre estudantes de uma escola de Ensino Médio.* 2011. Dissertação (Mestrado em Educação) – Faculdade de Educação, Universidade Federal de Minas Gerais, Belo Horizonte, 2011.

VELHO, Gilberto. *Individualismo e Cultura* – Notas para uma Antropologia da Sociedade Contemporânea. Rio de Janeiro: Jorge Zahar, 1987.

______. *Projeto e Metamorfose* – Antropologia das Sociedades Complexas. Rio de Janeiro: Jorge Zahar, 2003.

VIANA, Maria José. Longevidade escolar em famílias de camadas populares – algumas condições de possibilidade. In: NOGUEIRA, Maria Alice; ROMANELLI, Geraldo; NADIR, Zago (Orgs.). *Família & Escola* – trajetórias de escolarização em camadas médias e populares. Petrópolis: Vozes, 2000. p. 45-60.

Sociabilidade e Juventudes: um olhar transversal sobre a condição juvenil a partir da relação dos jovens com o território

Ana Cláudia Bambirra Silveira
Geraldo Leão

As reflexões que ora apresentamos é parte do trabalho de dissertação de mestrado realizado no período de 2011 a 2013, no Programa de Pós-graduação em Educação, Conhecimento e Inclusão Social, da Faculdade de Educação da Universidade Federal de Minas Gerais. Esse estudo teve como foco de investigação as relações de sociabilidade entre jovens moradores de um bairro de periferia da região leste de Belo Horizonte formado por conjuntos habitacionais, e pretendeu contribuir com as pesquisas sobre a condição juvenil a partir deste recorte territorial.

O bairro escolhido para a realização do estudo foi o Chácara das Pedras,[1] um local destinado à implantação de conjuntos habitacionais com o objetivo de assegurar o *direito à moradia*[2] às camadas populares. O primeiro conjunto

---

[1] *Por questões éticas*, decidimos não divulgar o nome real deste, bem como dos demais bairros investigados. Os nomes usados são fictícios.

[2] O direito à moradia digna se tornou um direito humano universal, aceito e aplicável em todas as partes do mundo como um dos direitos fundamentais para a vida das pessoas, no ano de 1948, com a Declaração Universal de Direitos Humanos. Após esse marco, vários tratados internacionais expressaram que os Estados têm a obrigação de promover e proteger esse direito.

habitacional no Chácara das Pedras foi inaugurado em 1997, construído com recursos públicos e destinado a receber cidadãos provenientes de ocupações urbanas de Belo Horizonte. Desde então, o bairro já recebeu mais de 5.000 moradores de diferentes regiões da capital.

A construção, por parte do Estado, de bairros formados por conjuntos habitacionais populares, como o Chácara das Pedras, de fato, é de extrema importância. Entretanto, também se faz imprescindível analisar os efeitos sociais desse tipo de reassentamento. A formação do bairro mostra-se bastante complexa, pois promove mudanças na vida de vários jovens e familiares, alterando de forma significativa as relações sociais dos reassentados. Tais políticas de habitação implicam em retirar as famílias de seus antigos bairros e reassentá-las em conjuntos habitacionais verticais em um novo bairro, mudando, desse modo, o espaço em que viviam, além de alterar as relações de vizinhança.

A coleta de dados para nossa pesquisa ocorreu durante sete meses mediante observação participante das atividades cotidianas de jovens, moradores do bairro Chácara das Pedras, nos locais mais significativos para eles em suas relações de sociabilidade. À medida que adentramos no bairro, conhecemos jovens que vivenciavam distintas experiências juvenis, o que nos permitiu construir um olhar panorâmico das juventudes no contexto do bairro. Posteriormente a esse primeiro momento, buscamos grupos representativos de acordo com os seguintes critérios centrais: a) diferentes gêneros: grupo composto por sujeitos homens e mulheres; b) tempo de moradia no bairro inferior a cinco anos; c) jovens que se encontravam rotineiramente no bairro, sem objetivos específicos.

Além do registro em diário de campo, realizamos entrevistas individuais e empreendemos, também, uma análise dos espaços de sociabilidade apontados pelos jovens através de imagens fotográficas produzidas por eles. Esse processo foi realizado em duas etapas. Num primeiro momento, a máquina fotográfica ficava restrita apenas aos dias em que íamos juntos a campo. Após percebermos que tal procedimento restringia a captação de imagens àquele tempo e espaço da observação, o método foi modificado. A máquina fotográfica foi, então, deixada com eles por um período de cinco meses, quando os jovens fotografaram em seu cotidiano diferentes espaços utilizados em suas relações de sociabilidade.

Segundo Corção e Queluz, "a fotografia é uma diferente maneira de se expressar, que permite o uso de uma linguagem pessoal e, ao mesmo tempo, o uso dos olhares construídos pelos filtros culturais, pelas histórias de vida, sensibilidade, subjetividades e experiências visuais" (2011, p. 554). Assim, o uso das máquinas pelos jovens se mostrou um importante instrumento de pesquisa que nos forneceu um rico material empírico para compreender os sentidos atribuídos pelos sujeitos investigados às experiências e práticas socioculturais observadas em seus cotidianos durante a pesquisa de campo.

Por fim, realizamos uma roda de conversa com os jovens pesquisados e solicitamos que cada um escolhesse de 05 a 07 imagens que para eles representasse a questão "Minha vida no Chácara das Pedras". As fotografias escolhidas foram enumeradas por eles, seguindo o critério de descrever como era o cotidiano no bairro, a partir dos lugares mais significativos. Posteriormente, os jovens escreveram individualmente um breve comentário sobre cada foto escolhida, uma espécie de legenda.

O grupo investigado era composto por sete jovens, três do sexo feminino e quatro do masculino, com idade entre 14 e 19 anos e moradores do bairro Chácara das Pedras. À exceção de Sofia (aqui, como em todos os demais, também optamos por usar um nome fictício), que era branca, todos os outros eram negros ou pardos. A maioria vivia em famílias cujo modelo de organização não era o conjugal nuclear, ou seja, composta por pai, mãe e filhos. Eram famílias preponderantemente reconstituídas (compostas por casal e filhos com pelo menos um filho natural de somente um dos cônjuges), ou monoparentais femininas (formada pela mãe e seus descendentes). Apenas um entre os entrevistados não residia com a mãe, já falecida, morando com o pai e a madrasta. Em todos os casos, os jovens moravam com membros da família, revelando fortes laços familiares.

Quadro 01 - Breve perfil dos jovens pesquisados

Nome fictício	Idade (anos)	Sexo	Cor	Escolaridade	Mora com
Luciana	17 anos	Fem.	Preta	Cursando Ensino Médio	Mãe e 01 irmã
Francesca	16 anos	Fem.	Preta	Cursando Ensino Médio	Mãe, padrasto e 06 irmãos
Pedro	16 anos	Masc.	Preta	Cursando 9º ano Fundamental	Mãe, padrasto e 01 irmã
Sofia	14 anos	Fem.	Branca	Cursando 7º ano Fundamental	Mãe e 02 irmãos
Breno	17 anos	Masc.	Preta	Parou no 1º ano Ensino Médio	Mãe, padrasto e 03 irmãos
Yuri	17 anos	Masc.	Parda	Cursando Fundamental em escola especial	Pai, madrasta e 02 irmãos
Gustavo	19 anos	Masc.	Preta	Parou no 6º ano Fundamental	Mãe, padrasto e 06 irmãos

Fonte: Dados da Pesquisa

O território do bairro como instância de sociabilidade

O interesse em investigar os jovens moradores do Chácara das Pedras evidenciou-se entre os anos de 2007 e 2008, durante a experiência de trabalho de Ana Cláudia Bambirra Silveira no Núcleo de Prevenção à Criminalidade (NPC).[3] À época, sua função era de técnica social de Psicologia, e tinha, den-

[3] A Secretaria de Estado de Defesa Social tem uma política de defesa social que atua no controle da criminalidade. Com isso, criou-se a Superintendência de Prevenção à Criminalidade que é o órgão no estado de Minas Gerais que responde pelo planejamento, coordenação e execução da política de prevenção social à violência e criminalidade. Este órgão estrutura-se com quatro programas: Programa de Acompanhamento e Monitoramento de Penas Alternativas (CEAPA), Programa de Reintegração Social do Egresso do Sistema Prisional, Programa de Controle de Homicídios (Fica Vivo!), e Programa Mediação de Conflitos. Para efetivar as ações e projetos desenvolvidos por estes programas, implantou-se um espaço físico nos municípios e regiões identificadas, espaço este denominado Núcleo de Prevenção à Criminalidade.

tre seus objetivos, a expansão dos programas "Mediação de Conflitos"[4] e "Fica Vivo!"[5] para o bairro Chácara das Pedras, região do entorno do bairro Capim Flecha, este já atendido por tais programas desde 2004. Por essa razão, Silveira teve a oportunidade de visitar vários conjuntos habitacionais no bairro Chácara das Pedras, bem como estar em contato com os jovens que ali residiam, sendo possível observar que muitos deles atribuíam uma grande importância às ruas para a promoção de suas relações de sociabilidade.

Há ainda outro ponto importante relacionado à escolha do bairro para a realização desse estudo: a pouca ou quase nenhuma oferta de equipamentos públicos destinados ao lazer e recreação. A área do bairro foi desapropriada para fins de programas habitacionais, mas não se priorizou a construção de uma infraestrutura pública de lazer e recreação para atender os moradores em seus tempos livres, como praças, parques urbanos, quadras de esporte etc.

Por outro lado, apesar da dura realidade encontrada, um importante e decisivo fator pesou na escolha pelo Chácara das Pedras: o encontro com diversos grupos juvenis nas ruas do bairro, que, mesmo com a precariedade da rede de lazer e recreação local, muitas vezes se (re)apropriavam desse espaço de uma forma criativa. Em uma visita, anterior ao início da investigação, deparamo-nos com diversos jovens que se encontravam para práticas culturais e de lazer ou apenas caminhavam ("dando um rolé") pelas ruas e/ou conversavam sentados nos passeios do bairro. Diante de tal cenário, inúmeras questões emergiram: como se configuram as relações de sociabilidade entre os jovens moradores do Chácara das Pedras? Há relação entre a precariedade dos equipamentos públicos de lazer e as relações de sociabilidade entre os jovens no Chácara das Pedras?

A partir de tais questões, buscamos estudos que discutem a sociabilidade na vida dos jovens e que revelam a importância do bairro na constituição dessa dimensão, dentre os quais podemos destacar: Sposito (1993, 2009),

---

[4] O Programa Mediação de Conflitos visa empreender ações efetivas de articulação comunitária para prevenir potenciais conflitos e/ou concretos, partindo da compreensão de mediação, a partir de uma perspectiva de diálogo, de intercompreensão, de autonomia e de participação dos próprios envolvidos na busca de soluções pacíficas de conflitos.

[5] O Fica Vivo! é um programa do governo de Minas dirigido a jovens de 12 a 24 anos residentes em áreas com altos índices de criminalidade violenta no estado. Desenvolve ações de intervenção estratégica, de proteção social, além da inclusão dos jovens em atividades culturais, esportivas, educacionais e de inclusão produtiva.

Pais (1993), Dayrell (2005, 2010), Urresti (2011) e Magnani (1984, 2000 e 2007). De acordo com esses autores, o bairro tem um importante papel na convivência e na sociabilidade dos jovens em seu cotidiano, pois permite que eles vivenciem o mesmo espaço e, assim, troquem experiências, conhecimentos e percebam que a situação vivida por cada um deles pode ser compartilhada com os demais. Ao mesmo tempo, é uma oportunidade de partilhar os seus pensamentos, os gostos, as afinidades e as angústias. Além do convívio cotidiano, tais autores destacam que o bairro também é um espaço favorável para o encontro dos jovens com os seus pares. É nele que os jovens podem construir sua independência do ambiente familiar, com menor controle parental, além de suas preferências, interesses e gostos, por meio dos encontros e das trocas com os seus pares.

Assim, os grupos de pares constituídos no bairro são identificados como fundamentais para o exercício da sociabilidade, cujo aspecto principal é a convivência com o outro e para o outro, o prazer de estar junto e de compartilhar momentos. Para Urresti: "[...] son los grupos de amigos y amigas más cercanos que se reúnen a pasar el tiempo, a escuchar música, compartir largas charlas, hacer deportes, planear salidas o recorrer espacios desconocidos" (2011, p. 47).

Quando se trata de jovens pobres, a dimensão da sociabilidade nos espaços comuns do bairro pode estar ainda mais presente. Na pesquisa intitulada *Jovens e a cidade: um estudo em Juiz de Fora* (2011),[6] elaborada por Cassab e Mendes, foi identificado que a rua e os espaços públicos do bairro são um dos principais lugares onde os jovens pobres estabelecem suas redes de relações sociais, reconhecendo-se com e no outro, sentindo-se pertencentes a um determinado grupo social. Já para os jovens de classe média e alta, Cassab e Mendes (2011) destacam que as ruas e as praças de seus bairros não se caracterizaram como lugares de encontro dos pares, configurando-se muitas vezes apenas como lugar de passagem. Para as autoras, um dos motivos que diferencia o uso e a apropriação dos espaços públicos do bairro são as ofertas e oportunidades de espaços de sociabilidade encontradas pelos jovens.

[6] Pesquisa realizada pelo grupo Núcleo de Pesquisa Geografia, Espaço e Ação, da Universidade Federal de Juiz de Fora, ano 2011. Responsáveis pela realização da pesquisa: professoras Clarice Cassab (DEGEO/UFJF) e Juliana Mendes (UFF/PPUC), coordenadoras da pesquisa, e os alunos, Mariana Vilhena, Givanildo Guimarães, Ingrid Helena, Lucas Pereira. Site: <www.ufjf.br/nugea>.

Na classe média e alta, os jovens podem contar com equipamentos privados, como clubes, academias, boates, cinemas etc. Logo, os espaços públicos do bairro configuram-se apenas como local de transição entre o espaço privado da casa com os outros espaços privados de sociabilidade. Os jovens pobres, muitas vezes, não têm condições financeiras de frequentar espaços pagos de sociabilidade, contando apenas com os equipamentos públicos de seus bairros.

De acordo com Sposito (1993), para os moradores das regiões periféricas essa fragilidade do cenário de equipamentos públicos de lazer nos bairros pobres provoca o destaque da rua no cotidiano juvenil como território apropriado para práticas coletivas e relações de sociabilidade, onde os grupos de jovens utilizam-se da criatividade e da reinvenção dos espaços por parte deles mesmos. Assim, as ruas adquirem um papel fundamental para a dimensão da sociabilidade na vida deles, constituindo-se como ponto de encontro dos grupos de pares, e, também, como sendo um universo socializador com inúmeras possibilidades de significados e uso. Nas palavras de Sposito:

> As novas formas de sociabilidade que se gestam entre os jovens, moradores dos bairros periféricos das grandes cidades, nascem principalmente da socialização no mundo da rua, suas esquinas e pontos de encontro, onde desenvolvem relações de amizade e lazer. (1993, p. 161)

No entanto, a sociabilidade juvenil nas ruas também é atravessada pela violência que atinge principalmente os jovens. Segundo Sposito, a rua também se caracteriza como "local de enfrentamento juvenil da violência urbana e na luta pela sobrevivência, o confronto diário com os aparelhos repressivos" (1993, p. 161). A autora ainda reforça:

> Não é possível desconhecer as alterações no padrão das relações sociais que ocorrem nas ruas e bairros da cidade, quando o pano de fundo é a agudização da crise social, o crescimento do crime e do tráfico de drogas, ao lado da conivência e da corrupção do sistema policial. (Sposito, 1993, p. 167)

Com base nessas observações, podemos considerar que as ruas urbanas revelam distintos significados. A rua caracteriza-se como um espaço de contrastes, das diferenças, e não pode ser definida apenas como local de encontro social, mas também como local das violências, confrontos e arranjos diversos.

> Ruas e praças da cidade são ocupadas pela presença de incontáveis agrupamentos coletivos juvenis, estruturados a partir de galeras, bandos, gangues,

grupos de orientação étnica, racista, musical, religiosa ou as agressivas torcidas de futebol. Muitas vezes, a violência sem significação aparente surge como parceira inseparável dessas manifestações, que ora se exprimem nos bairros periféricos, ora se deslocam para o centro da cidade. Percebe-se uma nova apropriação do espaço urbano, que desafia o entendimento e exige uma aproximação mais sistemática para sua compreensão. (Sposito, 1993, p. 162)

Trata-se, assim, de não tomar a rua como unidade definida *a priori*, mas de pensar o seu entendimento a partir do cenário observado, construído de perto, com atenção aos modos como os jovens efetivamente ocupam tal espaço, e como eventualmente dão novos significados a ela. Nesse sentido, a rua contempla arranjos diversos e diferentes modalidades de apropriação juvenil, não se esgotando em um sentido único, podendo ter diferentes possibilidades de uso e apropriação. Ainda nas palavras de Sposito, "ruas e esquinas de um mesmo bairro ou em relação aos espaços do centro traduzem diversas formas de viver, conceber e imaginar o tecido social e o uso do espaço" (1993, p. 167).

Além de destacar as formas de sociabilidade que se gestam entre os jovens pobres no mundo da rua, Sposito (1993), indica que nos bairros periféricos e nos grandes conjuntos habitacionais, parte do tempo livre dos jovens, entre a escola e o trabalho, é gasta em uma área na rua que se torna o "pedaço". Ao utilizar-se do termo "pedaço", proposto por Magnani (2003), Sposito aponta uma nova forma de sociabilidade juvenil, intermediada entre os espaços públicos, a rua, e os espaços privados, as residências.

A categoria "pedaço",[7] proposta por Magnani (2003; 2007), sugere uma sociabilidade que não é típica do mundo da casa e não espelha o anonimato do espaço público ou da rua. Ou seja, o "pedaço" define-se como o espaço intermediário entre a rua e a casa.

> Aquele espaço intermediário entre o privado (a residência) e o público, onde se desenvolve uma sociabilidade básica, mais ampla que a fundamentada nos laços familiares, porém mais densa, significativa e estável que as relações formais e individualizadas impostas pela sociedade. (MAGNANI, 2007, p. 20)

[7] Com o intuito de ampliar o olhar sobre espaços urbanos e em busca de recorrências, ordenamentos e padrões das interações dos jovens com a cidade, Magnani (2007) optou pela utilização de uma nova família de categorias analíticas que incluem o *circuito*, a *mancha* e o *trajeto*. Uma compreensão mais detalhada dessa abordagem pode ser encontrada em Magnani & Souza, 2007, que reúne textos sobre o tema dos jovens e suas práticas culturais, de lazer e sociabilidade na cidade de São Paulo.

Há ainda outro ponto destacado por Magnani (2003) em relação à importância do "pedaço" na dimensão relacional de seus moradores. Para ele, o "pedaço" é um espaço de reconhecimento, onde os sujeitos se identificam e se reconhecem no outro a partir do uso e da circulação cotidiana de seus moradores, nas ruas e nos espaços públicos do bairro.

Pierre Mayol *et al.* (2011), também destaca em seus estudos essa modalidade de sociabilidade que se constitui entre a rua e a residência. Para Mayol (2011), pelo fato do uso habitual do bairro, as práticas cotidianas caracterizam-se numa relação entre aquilo que é mais íntimo (o espaço da residência) e o que é mais desconhecido (o conjunto da cidade ou mesmo os espaços de uso público do bairro). De acordo com o autor:

> O bairro constitui o termo médio de uma dialética existencial entre o dentro e o fora. E é na tensão entre esses dois termos, um dentro e um fora, que vai aos poucos se tornando o prolongamento de um dentro, que se efetua a apropriação do espaço [...]. O limite público/privado, que parece ser a estrutura fundadora do bairro para a prática de um usuário, não é apenas uma separação, mas constitui uma separação que une. O público e o privado não são remetidos um de costas para o outro, como dois elementos exógenos, embora, coexistentes; são muito mais, são sempre interdependentes um do outro, porque, no bairro, um não tem nenhuma significação sem o outro. (MAYOL *et al.*, 2011, p. 43).

Castro (2009), reforça os apontamentos de Mayol, em seu estudo sobre dois bairros de Belo Horizonte. Para ela, os espaços privados em bairros populares ganham novos sentidos e significados, em que o âmbito doméstico se abre para todos. A autora ilustra bem essa afirmativa ao descrever as missas que eram celebradas com frequência em uma das casas do bairro. Ela ressalta que nesses momentos, à casa, um espaço privado por excelência, era dado um novo significado, transformando-se, nesse sentido, numa capela aberta a quem quisesse participar.

Segundo Mayol *et al.* (2011), o bairro só se torna espaço do reconhecimento porque seus moradores se apropriam dos espaços públicos do local, dando novos sentidos e significados a esses espaços que perdem o seu caráter público, passando a ser de uso privado no cotidiano dos seus moradores. Assim, o bairro passa a ser uma extensão dos espaços privados, de uso particular de seus moradores, o que favorece as relações de sociabilidade entre os pares, com a vizinhança e com o comércio local.

> Aí se acham reunidas todas as condições para favorecer esse exercício: conhecimento dos lugares, trajetos cotidianos, relações de vizinhança (política), relações com os comerciantes (economia), sentimentos difusos de estar no próprio território (etologia), tudo isso como indícios cuja acumulação e combinação produzem, e mais tarde organizam, o dispositivo social e cultural segundo o qual o espaço urbano se torna não somente o objeto de um conhecimento, mas o lugar de um reconhecimento. (MAYOL *et al.*, 2011, p. 45)

Em suma, o bairro é um importante e favorável espaço de sociabilidade, principalmente para os jovens pobres. Ele caracteriza-se por ser uma porta de entrada dos sujeitos para o mundo social, podendo ser a primeira instância, fora da casa e da escola, onde podem se relacionar e se reconhecer entre si, vivenciando o direito de apropriar-se dos espaços públicos.

Na pesquisa desenvolvida, procuramos compreender onde e como as relações de sociabilidade eram constituídas no Chácara das Pedras. Como os sujeitos pesquisados moravam no bairro há menos de cinco anos, nem todos os moradores se conheciam, ou muito menos sabiam quem eram os seus vizinhos, de onde vieram, do que gostavam e do que se podia ou não fazer. Assim, o bairro caracterizava-se, principalmente, pela constituição de novas relações de vizinhança atravessadas pela precariedade local de equipamentos e serviços destinados ao lazer e à recreação.

As experiências dos jovens pesquisados a partir da dimensão territorial

Os nossos encontros e as conversas com os jovens aconteceram quase que integralmente em seus espaços de sociabilidade dentro do conjunto habitacional onde moravam, denominado São Paulo, inaugurado em 2008, no âmbito do programa do Governo Federal "Moradia para Todos".

O conjunto São Paulo era composto por 128 unidades habitacionais e havia um espaço importante de convivência, que consistia numa pequena quadra e uma arquibancada ao redor, diferentemente dos outros conjuntos do bairro que não contavam com nenhum espaço comum de encontro e lazer. Esse espaço era muito utilizado pelos jovens moradores do conjunto, onde se encontravam diariamente. Essa possibilidade mostrou-se muito importante para fortalecer os nossos vínculos com esses sujeitos, que além de estarem à vontade em seus próprios ambientes, nos abriu a possibilidade de conhecer a dinâmica das suas relações de sociabilidade em cada espaço do conjunto, e também de nos encontrarmos diariamente com todos eles.

Como dissemos anteriormente, além dos encontros cotidianos, a fotografia foi um instrumento extremamente significativo ao nos possibilitar identificar os espaços frequentados pelos jovens no bairro, ou até mesmo fora dele, longe dos nossos olhos de pesquisadores. Os jovens ficaram com a câmera fotográfica por cinco meses, apenas com a recomendação de que poderiam utilizá-la nas suas atividades cotidianas e em seus passeios dentro ou fora do Chácara das Pedras. Foi proposto um rodízio da máquina entre eles: cada jovem ficou de duas a três semanas com o equipamento. Assim, o número total de fotografias captadas por eles foi de 505.

Uma rápida análise das fotografias evidencia como os espaços dentro do conjunto São Paulo e do bairro Chácara das Pedras eram centrais nas vidas dos jovens pesquisados. Dentre os 505 retratos, 319 foram tirados dentro do conjunto, representando 63% (arredondado) do total das imagens. Outros espaços presentes nas fotografias localizavam-se no entorno do conjunto e/ou fora do bairro, onde identificamos 186 unidades, equivalendo a 37% das imagens, sendo 18% nos espaços próximos ao conjunto e 19% em locais exteriores ao bairro.

Definimos os termos "entre os muros do São Paulo", "entorno do São Paulo" e "fora do bairro" como sendo as três categorias centrais de análise das fotografias. Na categoria "entre os muros", identificamos 319 imagens nos seguintes espaços: dentro dos apartamentos, onde foram captadas 65 unidades (20%), nos espaços comuns (escadas, no jardim e a garagem) foram 144 fotografias (45%) e na quadra e arquibancada 110 registros (35%).

Das 65 fotografias tiradas "dentro dos apartamentos", 41 foram captadas pelos jovens homens, equivalente a 63%, e 24 pelas mulheres, correspondendo a 37%. Podemos observar que o número de fotografias tiradas pelos homens "dentro dos apartamentos" é quase o dobro das captadas pelas mulheres. Porém, temos que considerar que esta pesquisa contou com a participação de quatro jovens homens e de três mulheres, mas uma delas não participou ativamente do processo das fotografias. Logo, o número de imagens dentro dos apartamentos é igual entre os homens e as mulheres, com média de dez imagens por jovem. Entretanto, no segundo momento das entrevistas, em que cada jovem escolheu e legendou de cinco a sete fotografias mais significativas para ele, nove imagens tiradas no interior dos apartamentos foram selecionadas pelas jovens mulheres e apenas duas pelos homens, sendo que as fotos das mulheres contavam com a presença de seus familiares, enquanto as dos homens eram imagens deles sozinhos em casa.

Essa relevância dada ao espaço doméstico pelas mulheres nas fotografias revela um processo de identificação que não pode ser analisada isoladamente, mas como fruto da associação socio-histórica da figura feminina ao espaço privado. A construção do feminino foi sendo formada a partir da ideia de que o espaço doméstico era destinado exclusivamente à mulher, por ela ser o "sexo frágil" e que necessita ser protegida no lar. Tal construção socio-histórica do lugar social da mulher em nossa sociedade tem impactos importantes no processo de socialização das novas gerações.

Apesar dos avanços, ainda encontramos imagens associadas às mulheres que remetem ao espaço doméstico, basta observar as propagandas que são feitas acerca do papel feminino na família e na sociedade. A mídia divulga uma imagem da mulher como aquela que sabe, dentre outras coisas, escolher a melhor comida e o melhor sabão. Essa forma de se falar da mulher está impregnada de um saber que vem sendo construído há algum tempo, associando a mesma a uma domesticidade difícil de ser modificada ou desconstruída. Apesar dessas heranças socio-históricas, atualmente a mulher vem ganhando espaço na esfera pública e aumentando as conquistas femininas, rumo à emancipação. Elas, cada vez mais, estão saindo do âmbito privado para estudar, ter uma formação profissional e, acima de tudo, trabalhar.

As três jovens mulheres pesquisadas circulavam na esfera pública, estudavam, e duas delas trabalhavam fora de casa. Luciana trabalhava como atendente de um mercado no Chácara das Pedras e Sofia fazia *freelancer* como modelo. Além disso, frequentavam diariamente os espaços comuns e públicos do bairro. Mesmo com esta marcante presença na esfera pública, observamos heranças socio-históricas na construção subjetiva da figura feminina entre as pesquisadas, mesmo que, cada vez mais, elas estejam ocupando novas funções e dimensões no espaço público.

Há de se considerar também a condição feminina das jovens das camadas populares. O ambiente da casa é tido como um espaço protegido pelas paredes da casa, adequado ao trabalho das mulheres. Dentro das casas, as jovens podem exercer atividades consideradas próprias das mulheres, naturalizadas ao longo dos anos. Duas dessas atividades são: cuidar dos irmãos mais novos e realizar as tarefas domésticas. Entre o grupo pesquisado, as tarefas domésticas eram exercidas exclusivamente pelas mulheres. Era comum encontrá-las no cotidiano do bairro desenvolvendo tarefas de casa como passar, lavar e cozinhar.

Em contraposição à escolha do espaço doméstico pelas mulheres, as imagens fotografadas nos espaços comuns e públicos do São Paulo, são mais referenciadas pelos homens. Dos 144 retratos, 88 são imagens com a presença somente dos jovens homens, equivalente a 61%, e apenas 20, têm a presença exclusiva das mulheres, correspondendo a 14%. As outras 36 imagens contam com a presença dos homens e das mulheres. Esse dado vai ao encontro dos apontamentos sobre a herança socio-histórica do papel feminino associado ao espaço privado, e o masculino como figura pública, realidade ainda muito presente na atualidade.

Nesse sentido, Castro (2004) afirma que para as mulheres jovens a conquista da rua parece ser mais difícil. Segundo a autora, há uma ambivalência na forma como elas representam o espaço da rua, onde a atração e o perigo se mesclam de forma intensa e angustiante. O espaço da rua, ora propicia descobertas, ora ciladas. Já os homens, são vistos como potencialmente agressores e detentores da força e de um poder para agir nas ruas, enquanto as mulheres não se veem capazes de se contrapor a essa violência ou a seus possíveis agressores. Ainda assim, apesar das diferenças dos sentidos da rua para os homens e para as mulheres, Castro (2004) afirma que, atualmente, as ruas representam o espaço de todos, onde independe o sexo para o uso e ocupação das mesmas, já que são, por excelência, espaços públicos.

Embora concordemos com esse apontamento de Castro (2004), faz-se necessário relativizar a afirmativa da autora. Embora seja um espaço onde se encontram homens e mulheres, a rua ainda não é um espaço de aceitação e acolhimento das diferenças, pois o seu uso e apropriação ainda são marcados por diferenças de gênero e por diferenças econômicas e sociais, como vimos anteriormente.

Voltando à análise da dimensão espacial das fotografias, ainda dentro da categoria "entre os muros do São Paulo", podemos afirmar que, certamente, os espaços do conjunto São Paulo eram importantes instâncias para a constituição da condição juvenil dos pesquisados. Por meio dos encontros cotidianos e das relações de sociabilidade entre os muros do conjunto, os jovens constituíam-se enquanto sujeitos sociais, uma vez que os encontros com os seus pares em tais espaços lhes permitiam construir os seus modos de ser, os seus gostos, afinidades e identidades.

Os espaços do conjunto habitacional São Paulo constituíam-se importantes locais de sociabilidade juvenil, onde os jovens se relacionavam com os pares, fora do controle parental das famílias e das regras institucionais presentes nas escolas e nos lares. Neles os jovens se encontravam simplesmente por desejarem estar juntos. Eram momentos livres das regras familiares e escolares, em que elegiam as suas próprias normas, relações e dinâmicas. Dessa forma, a convivência era simplesmente movida pelo desejo de se relacionar com os outros numa relação entre iguais. Eram nos encontros cotidianos nos espaços do São Paulo que os jovens pesquisados e seus pares passavam o tempo livre convivendo entre si, conversando e praticando esportes. A seguir, alguns trechos das entrevistas que reforçam esse apontamento.

> Gosto de ficar sentada aqui (quadra do Conjunto São Paulo) pra ver os meninos jogando bola. De vez em quando, eu jogo queimada. A gente fica conversando ali na arquibancada da quadra. (Francesca, 17 anos)

> Ali... ali, em frente à casa do Breno ali, ó. Na escada ali. Eu gosto de ficar ali conversando com os meninos, ou então, lá, o fundo lá, lá na garagem lá do fundo, lá. (Yuri, 17 anos)

> A quadra, sem ela eu não vivo! (Breno, 17 anos)

> Fico aqui fora. Jogando bola o dia inteiro aí. Sentado na arquibancada e na quadra. Jogando conversa fora. Conversando negócio de jogo. (Gustavo, 19 anos)

> O que eu gosto de fazer é escutar música, assistir filme, DVD, conversar, eu gosto de conversar com os meus amigos por telefone, ou de noite eu vou na casa deles. Assim, vou na casa dos meus colegas. (Luciana, 17 anos)

Observamos várias dessas situações no São Paulo durante a pesquisa de campo. Era comum encontrá-los sentados "à toa" nos espaços do conjunto aos finais da tarde, mesmo durante o período letivo. Agrupavam-se nas escadas, na arquibancada, na garagem e conversavam até anoitecer. Nem sempre as conversas eram exclusivas de jovens. As crianças também estavam presentes nesses momentos, muitas vezes, sendo cuidadas pelas jovens mulheres, corroborando nossos apontamentos anteriores sobre a presença marcante das tarefas domésticas no cotidiano e na condição juvenil das mulheres investigadas. A participação das crianças era limitada, elas compartilhavam o mesmo espaço com os jovens, mas não eram ativas nas conversas. Já a participação dos adultos nas conversas foi raramente observada.

Observando, então, as 95 fotografias tiradas no "entorno do São Paulo", encontramos 74 imagens na rua principal que dá acesso ao conjunto (78%); cinco no supermercado, em frente à entrada principal (5%); oito no ponto de ônibus (8,5%) e oito nas oficinas do Programa Escola Aberta (8,5%), que aconteciam na escola, ao lado do conjunto. A partir da análise das imagens nessa categoria, percebemos que os jovens tinham uma limitada circulação pelos outros espaços do bairro, visto que todas as imagens foram captadas no entorno muito próximo do conjunto, não havendo fotografias em outros espaços mais distantes do bairro.

Para eles, as poucas saídas do Chácara das Pedras justificavam-se principalmente pelo fato de suas escolas já se localizarem fora do bairro e pela ida semanal à igreja evangélica, no Elevado Novo Mundo. Tais apontamentos vão ao encontro do que foi representado nas fotografias, visto que a escola e a igreja foram os únicos espaços fotografados por eles "fora do bairro". No total, somam-se 91 imagens tiradas "fora do bairro", sendo 62 (68%) registros feitos no trajeto do bairro à igreja evangélica, no bairro Elevado Novo Mundo; cinco (6%) imagens na porta da igreja; 22 (24%) fotos na barraca de cachorro quente, em frente à mesma igreja; e apenas duas (2%) fotografias na escola de uma das jovens.

Diante desse cenário, ficou evidente que os jovens pesquisados, em suas vivências, contavam com os espaços da vizinhança do próprio bairro onde moravam. Eles localizavam seu lazer e encontros com os pares no entorno de sua moradia, no próprio bairro, através de atividades como conversar e praticar esportes na quadra, ouvir música, ver televisão com amigos em casa ou na casa de vizinhos, entre outras. Idas ao teatro, cinema e shows não foram citadas, pois pressupõem não só o dispêndio de recursos financeiros, considerados por eles altos, como também o deslocamento do bairro, já que o Chácara das Pedras é afastado dos lugares onde essas atividades são oferecidas, o que trazia maiores dificuldades. Diferentemente dos jovens de bairros de classe média e alta, em que as pessoas possuem outras oportunidades, ou mesmo têm condições de frequentar espaços privados dentro ou fora de seus bairros, os jovens pobres têm poucas oportunidades de mobilidade na cidade em busca de acesso aos bens culturais. Conforme destacado por Castro:

> A mobilidade pela cidade põe em cena relações de poder, uma vez que para as crianças pobres a guetificação nos seus locais de moradia restringe duramente seu acesso aos equipamentos de lazer e cultura da cidade que estão concentrados nas áreas mais ricas da cidade. (2004, p. 72)

A falta de recursos, no entanto, fazia com que os jovens não acessassem os bens culturais que a cidade oferecia. Eles contavam apenas com os serviços e espaços públicos dentro do próprio bairro. Assim, a distância dos equipamentos públicos da cidade restringia as possibilidades de ampliar os seus horizontes educacionais e culturais. Ao mesmo tempo, o cenário de equipamentos, no conjunto, destinados ao lazer, recreação e cultura do bairro, era reduzido e precário.

Tal cenário evidencia a falta de eficácia das políticas habitacionais do Estado, que não cumpriu com os condicionantes previstos no plano diretor Chácara das Pedras, que previa a obrigatoriedade da construção de áreas de lazer e integração nas ruas do bairro, para a criação dos conjuntos habitacionais. Sobretudo, a preocupação do poder municipal parece ter se concentrado somente na oferta da moradia, ignorando o direito dos moradores de usufruir de lazer e recreação. Os espaços com os quais os jovens do Chácara das Pedras podiam contar eram marcados pela precariedade e descaso das políticas sociais e de habitação, que pouco se preocuparam com a importância de se projetar espaços de sociabilidade para os moradores. Mesmo com todo o esforço dos jovens, ainda assim esses eram vistos por outros moradores como pessoas ociosas, sem iniciativas, marcadas por estigmas depreciativos.

Apesar desse cenário, os jovens, experimentavam a materialidade do espaço recriando-o e dando-lhe novos sentidos através de suas próprias ações, buscando espaços propícios para o encontro com os pares e alternativas de lazer e recreação, apesar de suas carências estruturais.

O evento intitulado "Encontro de Mc's", que aconteceu no Chácara das Pedras em fevereiro de 2012, ilustra bem esse aspecto. Mesmo sem o apoio financeiro e de infraestrutura do município, o Encontro aconteceu e contou com público de aproximadamente 200 pessoas. Para a realização desse evento, os jovens utilizaram-se de estratégias de invenção e reinvenção dos espaços e dos equipamentos disponíveis. A caçamba de um caminhão foi utilizada como palco e o som era dos próprios jovens. Além disso, o evento não contou com banheiros químicos, mas isso não foi problema, pois os banheiros das casas dos jovens organizadores transformaram-se, naquele momento, em "banheiros públicos".

Entre os jovens pesquisados, identificamos também estratégias de como lidar com a precariedade dos espaços públicos e comuns do São Paulo. As escadas que interligavam os apartamentos do conjunto, por exemplo, recebiam novos sentidos no uso e na sua apropriação cotidiana, adquirindo nova funcionalidade: os jovens permaneciam ali sentados nos degraus por horas seguidas, conversando com os seus pares.

Mesmo diante de tais estratégias juvenis, os jovens do Chácara das Pedras eram vistos como pessoas sem iniciativa. Muitos sentiam a necessidade de se inserir o mais cedo possível no mercado de trabalho, inclusive porque isso daria a eles outra reputação no bairro. Eles deixariam de representar uma "ameaça" ao bem-estar social, já que, trabalhando, não teriam tempo livre para "ficarem à toa" nos espaços comuns e públicos do bairro, passando a ser minimamente "respeitados" dentro do Chácara das Pedras.

Em relação à dimensão do trabalho, os jovens apontaram diferentes sentidos e motivações, não havendo um senso igualitário entre eles. Os jovens homens atribuíram ao trabalho o sentido de possibilitar o reconhecimento social perante os vizinhos e familiares, enquanto ativos e participativos nas despesas financeiras de suas casas e também no consumo de materiais de uso próprio, como roupas, tênis etc.

Já entre as mulheres, identificamos sentidos distintos. Sofia frequentava um curso de modelo em uma agência no bairro Barro Preto (região central de Belo Horizonte), o que a possibilitava circular por outros espaços fora do Chácara das Pedras, além de proporcionar a ampliação das redes de amizades com jovens de diferentes classes sociais que moravam em outros bairros da cidade. A jovem Luciana trabalhava em um mercado dentro do bairro, em frente do conjunto habitacional onde morava. Nesse caso, mesmo sendo numa esfera pública, ainda assim apresentava características marcantes da esfera privada. Os olhares vigilantes dos parentes e vizinhos eram presentes no cotidiano da jovem em seu trabalho. E, por fim, a jovem Francesca, que fazia serviços domésticos em sua própria casa, não compreendia como sendo este um tipo de trabalho. Para ela, trabalhar somente era reconhecido enquanto tal se acontecesse fora do espaço doméstico.

Um ponto comum encontrado nas entrevistas das três jovens refere-se à relação com o trabalho doméstico que, segundo elas, eram de sua responsabilidade. Nas entrevistas elas não apesentaram questionamentos sobre o porquê de assumirem tais tarefas, apesar de demonstrarem incômodo diante do não reconhecimento do trabalho doméstico no âmbito familiar. De acordo com as três jovens, elas exerciam atividades consideradas "próprias" das mulheres, tidas como de sua responsabilidade.

Portanto, era nesse cenário atravessado por relações de gênero, precário e limitado de recursos e espaços públicos, destinados ao lazer e à recreação, que os jovens criavam e recriavam os sentidos dos espaços por meio de suas próprias ações. Os jovens tinham possibilidades limitadas de acesso e circulação por outros espaços da cidade, e muitas vezes só podiam contar com os espaços precários do "entre os muros" e do "entorno" do São Paulo. O que lhes restava, na maioria das vezes, era criar e recriar os sentidos e significados dos espaços para que pudessem vivenciar a sociabilidade como uma das dimensões centrais da condição juvenil.

Considerações finais

Ao analisarmos as relações de sociabilidade entre os jovens moradores do bairro Chácara das Pedras, percebemos que era atravessada por outras dimensões sociais constituintes da condição juvenil, dentre essas, as relações de gênero, o trabalho e a mobilidade urbana. Por sua vez, essas dimensões eram perpassadas pela dimensão territorial (o local onde moravam e o acesso e circulação dentro e fora do bairro).

Vimos também que analisar as relações de sociabilidade entre jovens das camadas populares nos permite compreender o cotidiano deles, especialmente em relação ao uso e à apropriação dos espaços públicos que estão presentes dentro dos bairros e também na cidade onde moram. Os espaços públicos, próximos do local de moradia, revelaram-se importantes constituintes da condição juvenil, que permitiam que os jovens tecessem suas redes de relações sociais e compartilhassem experiências com os pares, sentindo-se pertencentes a um determinado grupo social.

A precariedade de serviços públicos destinados ao lazer e à recreação dentro do bairro levava os jovens a se apropriarem dos espaços locais precários, dando, assim, novos sentidos aos espaços públicos em suas relações de sociabilidade, em que se pôde ver uma relação estreita entre as interações cotidianas e a organização do espaço, de modo que um serve de base para o outro.

É assim que a concepção de espaço mais se aproxima dos conceitos de *lugar praticado* ou *território usado*, conforme proposto por Michel Certeau (1994) e Milton Santos (1994). Nesses dois conceitos residem os sentidos de copresença, horizontalidade, contiguidade, vizinhança e interação. Elementos encontrados nas relações de sociabilidade dos jovens pesquisados. Eram nos espaços do bairro que os jovens experimentavam não apenas a experiência da escassez dos espaços públicos, como também as de amizade e de sociabilidade, geradas nas situações cotidianas.

Mas, se de um lado o estudo apontou para essa direção, de outro, reforçou a falta de compromisso do Estado com as demandas desses jovens, o que se pode estender para outros contextos no Brasil. Essa falta de investimento em espaços destinados ao lazer e à recreação deixa lacunas na formação subjetiva e social dos jovens, além de transformar o tempo livre destes em um sofrimento e objeto de preocupação familiar e social. Ou seja, essa fragilidade de equipamentos locais favorece a formação de discursos sociais com base em preconceitos e estigmas, como se a simples presença de jovens pobres nas ruas representasse uma ameaça à sociedade.

Enfim, apesar desses e outros desafios identificados ao longo deste estudo, acreditamos que este trabalho contribui para enriquecer a crescente reflexão sobre as juventudes urbanas, bem como para estimular a realização de trabalhos sobre uma matéria tão rica em significados: a condição juvenil a partir de um recorte territorial.

Referências

CASSAB, Clarice; MENDES, Juliana T. Nazareno. Jovens e cidade: um estudo comparativo em cidades médias. In: CONGRESSO DA ASSOCIAÇÃO LATINO-AMERICANA DE SOCIOLOGIA, XXVIII, 2011, Recife. *Anais...* Recife. Disponível em: <http://xiisimpurb2011.com.br/gt05/clarice_juliana.pdf>. Acesso em: 12 jun. 2013.

CASSAB, Maria Aparecida Tardin; REIS, Joseana Rodrigues. Juventude e cidade: um debate sobre regulação do território. *Revista PRAIA VERMELHA*, Rio de Janeiro, v. 19 n. 2, p. 143-154, jul.-dez. 2009.

CASTRO, Andréa Matos Rodrigues Menezes. *Pompeia de Belo Horizonte*: o espelho de um cosmo provinciano ou de uma província cosmopolita? 2009. 168 f. Dissertação (Mestrado em Ciências Sociais) – Programa Pós-graduação em Ciências Sociais, Pontifícia Universidade Católica de Minas Gerais, Belo Horizonte, 2009.

CASTRO, Cláudio Márcio Letro. *Trajetórias de deslocamentos*: experiências e narrativas de moradores da 'Rua do Buraco' no espaço urbano de Ipatinga. 2006. 261 f. Dissertação (Mestrado em Ciências Sociais) – Programa de Pós-graduação em Ciências Sociais, Pontifícia Universidade Católica de Minas Gerais, Belo Horizonte, 2006.

CERTEAU, Michel. *A invenção do cotidiano*: 1. Artes do fazer. 10. ed. Petrópolis: Vozes, 1994.

CERTEAU, Michel; GIARD, Luce; MAYOL, Pierre (Orgs.). *A invenção do cotidiano:* 2. Morar, cozinhar. 10. ed. Petrópolis: Vozes, 2011.

CORÇÃO, Carolina; QUELUZ, Marilda. Uso da linguagem fotográfica na interação entre jovens e o meio. ENCONTRO NACIONAL DE ESTUDOS DA IMAGEM, III, 03 a 06 de maio de 2011, Londrina. *Anais: Caderno de resumos.* Londrina, 2011.

MAGNANI, José Guilherme Cantor; MANTESE, Bruna (Orgs.). *Jovens na Metrópole:* etnografias de circuitos de lazer, encontro e sociabilidade. 1. ed. São Paulo: Terceiro Nome, 2007. v. 1. 280 p.

MAGNANI, Jose Guilherme Cantor. *Festa no Pedaço:* cultura popular e lazer na cidade. 2. ed. São Paulo: Editora Unesp/Hucitec, 2003. v. 1.

MAGNANI, José Guilherme Cantor; TORRES, L. L. (Orgs.). *Na metrópole:* textos de antropologia urbana. 2. ed. São Paulo: EDUSP/FAPESP, 2000. v. 1.

SANTOS, Milton. Os pobres na cidade. In: SANTOS, M. *A Natureza do espaço*: técnica e tempo, razão e emoção. São Paulo: Editora Hucitec,1997.

_____. *Técnica, espaço tempo*. Hucitec: São Paulo, 1994.

_____. *O Espaço do cidadão*. São Paulo: Nobel, 1993.

SANTOS, Milton; SOUZA, Maria Adélia de; SILVEIRA, Maria Laura (Orgs.). *Território, globalização e fragmentação*. São Paulo: Hucitec, 1994.

SPOSITO, Marilia Pontes. (Coord.). *Estado da arte sobre juventude na pós-graduação brasileira:* educação, ciências sociais e serviço social (1999-2006).Belo Horizonte: Argvmentvm, 2009.

_____. *A sociabilidade juvenil e a rua: novos conflitos e ação coletiva na cidade*. Tempo Social. Rev. Sociol, São Paulo, n. 5, v. 1-2, p. 161-178, 1993.

Educação integral e territórios educativos: a escola entre as fronteiras do bairro e da cidade

Paulo Felipe Lopes de Carvalho
Lúcia Helena Alvarez Leite

1. Introdução

Este artigo se desdobra de uma pesquisa que teve como objetos de estudo o Programa Escola Integrada (PEI) da Secretaria Municipal de Educação de Belo Horizonte (SMED-BH) e os processos de formação de territórios educativos propiciados a partir da implementação do Programa no município. Partiremos do pressuposto de que muitas experiências, políticas, programas e projetos contemporâneos de educação integral em tempo integral estão se dedicando a articular as dinâmicas e processos formativos vivenciados na escola com aqueles vivenciados nos territórios do bairro e da cidade (BRASIL, 2009). Desse modo, tomaremos como premissa as concepções trazidas por Brandão (1985) que relaciona a educação a diversos processos de ensinar e aprender experienciados não somente na escola, mas também em outras instâncias e espaços sociais, entremeando a vida com a educação. Assim, o centro de nossa discussão será os processos e dinâmicas educativas orientados pela escola, mas dispostos para além do espaço escolar, na espacialidade da rua, do bairro e da cidade.

Essa perspectiva leva-nos a entender a educação integral em suas articulações com o território, categoria cada vez mais presente nos estudos sobre educação. Tais articulações tomam centralidade quando pensamos na relação da educação com o território. Historicamente, as sociedades acumularam saberes que lhes permitiram resistir, sobreviver, criar identidades e novas formas de relações sociais. Os saberes produzidos na rua, na praça, na família, ou seja, em outros espaços educativos, dentre outras instâncias sociais que não a escola, envolvem diversas formas de cuidar, de se expressar e até mesmo de se relacionar com o mundo.

Assim, o território emerge como importante aliado nas práticas em educação integral, e, nessa perspectiva, o território não é apenas chão e propriedade, é **relação social**. Como afirma Saquet, o território "é natureza e sociedade simultaneamente, é economia, política e cultura, é local e global é singular e universal concomitantemente, terra, formas espaciais e **relações de poder**" (2005, p. 144 – grifos nossos).

Nesse contexto, discute-se a educação integral, a partir do binômio escola-território, como elemento de mudança das centralidades, uma vez que se considera que a educação integral pode ser capaz de subverter a (in)visibilidade de crianças, jovens e educadores, assim como de ruas, favelas, bairros e da própria cidade que, num campo de forças, cria espacialidades e territorialidades marcadas por ações coletivas desencadeadas por sujeitos e instituições várias. Estas se relacionam, por exemplo, com as dimensões e relações de poder também fortes e presentes no território educativo. Entendemos, assim, que a educação integral pode criar processos formativos que, a partir de deslocamentos via escola e de seu encontro com o bairro e a cidade, instiga questionamentos sobre a reprodução do saber, do conhecimento e quiçá da vida nos diversos espaços sociais da contemporaneidade.

2. Educação Integral e o Programa Escola Integrada: a centralidade do território nos processos educativos

A partir da leitura de autores como Arroyo (2000, 2011, 2012, 2012b), Moll (2008, 2012) e Guará (2009), diversas proposições têm nos auxiliado no entendimento conceitual da educação integral e da expressão territórios educativos. Assim, assumimos aqui uma concepção de educação integral que vai além da expansão da jornada escolar. Pressupõe-se que a questão do tempo estendido esteja aliada à ampliação das possibilidades formativas dos sujeitos. Aponta-se, assim, para uma compreensão de educação integral que seja capaz de desenvolver uma formação de crianças e jovens que tangencie os campos da cultura, da relação com a comunidade e com a família e do diálogo com o território.

Nessa perspectiva, a cidade é entendida como um grande espaço educador que contém diversos espaços educativos capazes de promover um aprendizado mais amplo, além de agregar novas formas e espaços provedores de conhecimento.

Diante dessa realidade, emerge como necessidade da escola contemporânea o papel de pensar e repensar novas abordagens e organizações educacionais.

Entendemos, assim, que a educação escolar pode se enriquecer de significados no processo de apropriação de novos espaços e territórios, desde que a dimensão do tempo e de sua ampliação, que toma forma a partir do aumento da jornada escolar, aconteça sempre conectada à ideia de que o horário integral também leva a uma expansão de oportunidades para os sujeitos.

Do ponto de vista da educação integral para as classes populares que aqui estamos discutindo, Arroyo (2012), ao debater a educação de tempo integral, radicaliza afirmando que se oferecermos mais escola na mesma lógica da cultura escolar hegemônica, estaremos perdendo o significado político desses programas:

> Se um turno já é tão pesado para tantos milhões de crianças e adolescentes condenados a opressivas reprovações, repetências, evasões, e para tão extensos deveres de casa, mais uma dose do mesmo será insuportável. (ARROYO, 2012, p. 33)

Ainda vale dizer que ao discorrermos sobre a educação integral, seus entendimentos e concepções contemporâneas centralizam as possíveis configurações que as infâncias e adolescências populares tomam, uma vez que se submetem a mais tempo de escola. Assim, concordamos com Arroyo (2012) quando propõe a superação de visões preconceituosas em relação a esses sujeitos. Isto é, a promoção da educação integral deve vislumbrar também a aniquilação de representações sociais de jovens e crianças muitas vezes ligadas à marginalização. No debate, o autor coloca a necessidade de reforçar a luta pelo protagonismo das presenças afirmativas das infâncias e juventudes populares contemporâneas. Assim:

> Todo programa que em sua interpretação reforce essa visão positiva, esse protagonismo afirmativo, estará contribuindo para se contrapor à histórica cultu-

ra política segregadora e inferiorizante dos setores populares. Toda atenção é pouca, nada será inocente, nem a boa vontade pedagógica quando a disputa é política. (ARROYO, 2012, p. 38)

Focalizamos aqui a importância do papel do território na discussão sobre educação integral, uma vez que a ampliação da jornada escolar que objetive a ampliação da formação dos educandos deve estar conectada com o território e com a comunidade local. Além disso, ao encontro das concepções que aqui apresentamos, o território também assume um caráter popular, assim como entendido na discussão trazida por Santos (*apud* KOGA, 2003) . Segundo o autor, o território se estabelece a partir da utilização a ele atribuída e das relações sociais que o compõem, atribuindo um caráter dinâmico à categoria. Com essa prerrogativa do que é território, emerge um sentido não estático que se relaciona ao espaço vivido, onde se produzem relações. Nas palavras do autor:

> O povo como sujeito é também o povo como objeto, sobretudo ao considerarmos o povo e o território como realidades indissoluvelmente relacionadas. Daí a necessidade de revalorizar o dado local e revalorizar o cotidiano [...]. (SANTOS, *apud* KOGA, 2003, p. 35-36)

2.1. O Programa Escola Integrada de Belo Horizonte

No cerne de diversos programas de educação em tempo integral vigentes atualmente, o Programa Escola Integrada (PEI), objeto desta pesquisa, tem se destacado no cenário nacional e se tornado referência na discussão sobre a ampliação da jornada escolar e a integralidade da formação dos sujeitos. Isso ocorre, dentre vários motivos, também pela emergência das dimensões da cidade e do uso de espaços extraescolares nas práticas propiciadas pelo programa. O PEI está intrinsecamente ligado à história da Rede Municipal de Educação de Belo Horizonte, uma vez que muitos de seus princípios são frutos das concepções e práticas que tangenciaram a experiência do Programa Escola Plural vigente no município na década de 1990.[1]

---

[1] O Programa Escola Plural surgiu em meados da década de 1990 como resultado de inúmeros movimentos de renovação pedagógica existentes à época. Com isso, algumas propostas

O PEI almeja desenvolver uma educação integral e integrada de seus estudantes a partir da extensão da jornada escolar em cinco horas diárias, além das quatro horas tradicionalmente verificadas na disposição do tempo escolar, totalizando uma jornada de nove horas por dia.

O Programa é organizado na dinâmica de oficinas, que são desenvolvidas no contra turno escolar, ou seja, no horário oposto ao dedicado às disciplinas regulares e a entrada é feita por adesão das famílias. O PEI incorpora novos educadores e saberes na escola, sendo esses educadores agentes culturais da comunidade, além de estudantes universitários, provenientes das universidades parceiras do projeto. Ainda quanto aos educadores, a experiência do PEI conta com a figura do professor comunitário, que no âmbito da experiência tem a função de coordenar o programa nas escolas e estreitar os laços da escola com o bairro. Assim, intrínseca a suas atribuições, estão ações como buscar instituições parceiras, a aproximação da escola com as famílias e comunidade, a conquista e negociação por espaços no bairro destinado às atividades educativas e o planejamento de atividades na cidade, como as aulas-passeio e excursões pedagógicas, por exemplo.

A respeito das parcerias, o PEI é desenvolvido com o apoio de diversos espaços sociais e instituições como ONGs, associações comunitárias, centros de cultura, parques, clubes, igrejas, universidades, dentre outras. Essas instituições contribuem de maneiras diversas, para o desenvolvimento do programa, principalmente cedendo espaços para a realização das oficinas. Nesse sentido, ressalta-se que o Programa prioriza o desenvolvimento de atividades para além dos muros da escola, nos espaços do bairro e da cidade. Há, assim, a proposta de aliar e integrar a escola com o espaço social e cultural nos quais os alunos vivem. Ademais, existe uma perspectiva de estreitar a relação entre escola e comunidade, uma vez que os espaços dispostos nas adjacências da escola possam ser utilizados para as práticas realizadas no âmbito do PEI.

do campo da educação objetivavam a reorganização dos tempos e espaços escolares, adotando os ciclos de formação nos processos educativos. A concepção de uma escola plural baseava-se no discurso da necessidade de se construir uma escola que promovesse direitos, com foco no sujeito educando, visando sua formação integral em diálogo com as famílias e comunidade escolar.

2.2. O PEI no contexto investigado

O lócus de nossa investigação foi uma escola municipal de Belo Horizonte localizada no bairro Alto Vera Cruz, ou "Alto", como é mais conhecido pela comunidade local, bairro da periferia belo horizontina localizado na regional leste da capital mineira. O Programa Escola Integrada foi implantado no cotidiano da Escola Municipal Admirável (EMA)[2] em 2008, e atualmente funciona nos dois turnos, manhã e tarde, com aproximadamente 400 alunos no primeiro turno, divididos em 8 turmas diferenciadas por cores, e aproximadamente 360 alunos no turno da tarde, divididos em 9 turmas. A média de alunos por turma é 25. Ressalta-se que as turmas não são as mesmas do turno regular, mas sim mescladas.

Quanto às oficinas, a escola oferece as atividades de artesanato, skate, produção de jornal, culinária, dança, teatro e circo, informática, acompanhamento pedagógico, pré-Cefet, esportes, polo aquático, pintura nos muros e horta. E os espaços utilizados para o desenvolvimento das oficinas são: CEVAE (Centro de Vivência Agroecológica), praça Padre Marcelo, Associação Comunitária Alto Vera Cruz, clube Santa Cruz e esporadicamente o Centro Cultural Alto Vera Cruz.

O deslocamento para os espaços extraescolares[3] elencados acima, na maioria das vezes é realizado a pé, com exceção do clube Santa Cruz que é mais longe e em determinados períodos do ano, de acordo com a verba, a escola conta com um ônibus para o trajeto. Os outros espaços elencados são bem próximos à escola e existem poucos problemas no que tange ao deslocamento. Contudo, a circulação dos sujeitos no bairro desencadeia processos de territorialização.

---

[2] Nome fictício conferido à escola no contexto da pesquisa.

[3] Consideramos como espaços extraescolares aqueles que se localizam no exterior da escola. Em monografia de conclusão de curso em Geografia defendida no Instituto de Geociências da UFMG, Carvalho (2011) evidenciou a importância desses espaços além dos muros da escola, uma vez que os sujeitos que os apropriam podem criar laços de pertencimento com tais espaços, elemento que pode contribuir para a melhoria do aprendizado e fortalecer os processos educativos desencadeados em contextos de educação integral. Ressalta-se que o termo "extraescolares" não é o melhor a ser utilizado, pois o bairro é composto de elementos que vão além da presença ou ausência de espaços. Mas no meio acadêmico o termo vem sendo amplamente utilizado, como já sinalizado, para fazer menção a espaços educativos no exterior da escola.

Ainda no que concerne à circulação, a dimensão da cidade na experiência da EMA corrobora a concepção de cidade educadora assumida pelo PEI, uma vez que no âmbito da escola são organizadas e realizadas diversas excursões pedagógicas e aulas-passeio durante o ano letivo. Essa característica dá oportunidade aos estudantes de conhecer outros espaços educativos na cidade e até mesmo outros estados. Podemos citar alguns lugares que foram visitados por educandos do PEI, como a cidade do Rio de Janeiro, o Museu Imperial de Petrópolis, o Museu Casa de Santos Dumont em Petrópolis, Museu do Inhotim, Serra do Caraça, dentre outros.

3. Delineamento metodológico: buscando olhares de perto e de longe

No âmbito de nossa investigação, considerou-se que a abordagem etnográfica dentro do grande campo das pesquisas qualitativas responderia melhor aos anseios do pesquisador visando o alcance dos objetivos propostos. Isso porque o trabalho de campo, na perspectiva etnográfica, deve ser realizado de maneira contínua com comprometimento e por um período de tempo longo,[4] assim como discute Corsaro (1985) que denomina este processo como *sustained and engaged* (*engajado e sustentado*). Nessa mesma linha, a etnografia pode ser entendida como "o tipo de esforço intelectual que ela representa: um risco elaborado para uma *descrição densa*" (GEERTZ, 1989, p. 17), posição assumida em todo o percurso realizado pelo investigador ao longo do processo empírico.

É essa "descrição densa" que, no contexto pesquisado, também pode auxiliar na compreensão da produção de significados que os grupos sociais imprimem ao território. É válido considerar que para além da descrição, a postura de alteridade perante o desfilamento dos dados provenientes da pesquisa etnográfica, quando relacionada às percepções do investigador, corroboram imensamente as descrições realizadas. Assim, com base na perspectiva etnográfica, é possível buscar um entendimento das dinâmicas territoriais engendradas pelo Programa Escola Integrada. Portanto, essas subjetividades e

[4] Este elemento, embora discutido por diversos autores considerados etnográficos, não apresenta um consenso na discussão do tema, mas é importante o considerarmos aqui, devido às múltiplas discussões presentes em torno dele e por ter sido algo inerente ao processo empírico de realização da pesquisa.

sutilezas presentes no problema de pesquisa podem ser melhor analisadas a partir da continuidade e comprometimento propostos pela pesquisa de abordagem etnográfica.

No contexto do campo metodológico que estamos colocando em diálogo, há também uma preocupação que reside na relação da cidade com a Etnografia, na perspectiva de compreender como o método etnográfico pode auxiliar nos estudos sobre a cidade. Para encontrar possíveis respostas e caminhos em relação a essa indagação, nos reportamos aos estudos de Magnani (2002). O autor, ao propor uma etnografia urbana, ou seja, no ambiente das cidades, preocupa-se em entender culturalmente as diversas maneiras como as pessoas se sociabilizam nas grandes cidades. Preocupação que também assumimos nesta pesquisa, considerando o seu lócus: o Alto Vera Cruz em Belo Horizonte.

Nessa perspectiva, como abordado por Magnani, há uma preocupação eminente na literatura sobre o urbano que discute as características e as relações existentes nas cidades. Segundo o autor (2002), os estudiosos que se dedicam à referida discussão tomam como base sobretudo aspectos econômicos sobre o espaço e o território urbano. Nesse sentido, é estabelecido, em sua ótica, uma dualidade na análise das cidades e seus fenômenos, o que podemos entender como um confronto entre duas lógicas de ver e perceber o urbano e suas relações, *o olhar de longe e o olhar de perto.*

Assim, o *olhar de perto* se relaciona intimamente ao campo da antropologia. Esse modo de olhar as cidades permite perceber dimensões mais subjetivas no ambiente urbano. Estas dimensões, estabelecidas em menor escala, seriam as redes de sociabilidades, a circulação de pessoas na cidade, os modos de deslocamento, os conflitos e disputas, dentre outras características. Dessa maneira, *o olhar de dentro* permite dar mais visibilidade aos sujeitos que ocupam as cidades. Nesse sentido, Magnani (2002) coloca questões que sugerem outro olhar sobre as cidades, para além do quadro caótico, geralmente exposto pelos autores que discutem o tema. No âmbito desta pesquisa, o esforço para se ter um *olhar de perto*, sem deixar de fazer conexões com a totalidade da cidade, foi atitude intrínseca ao pesquisador, gerando dificuldades e alguns desconfortos no processo de realização do trabalho de campo.

Dentro de todo o contexto metodológico abordado, acompanhamos uma turma do terceiro ciclo do Ensino Fundamental durante um semestre letivo. Nesse acompanhamento, foram realizadas observações cotidianas da dinâmica da turma, diversos diálogos com os estudantes que a compõe. Ainda realizamos entrevistas individuais e coletivas com os educadores – oficineiros do PEI e com a professora comunitária. Outra ação importante, responsável, dentre outras contribuições, por desvelar como os adolescentes percebem o Alto Vera Cruz, foi a realização de uma oficina de confecção de mapas mentais, desenhos no qual o sujeito que o produz expõe sua relação com determinado espaço. Podemos considerar os mapas mentais como uma metodologia para a interpretação do lugar. Utiliza-se, assim, a abordagem que considera as representações do vivido uma expressão das pessoas com os lugares experimentados por elas. Assim, os mapas mentais podem *revelar como o lugar é vivido e compreendido pelas pessoas que o habitam.*

4. A escola entre as fronteiras do bairro e da cidade

Ao adentrarmos o Alto Vera Cruz e a Escola Municipal Admirável para entendermos a constituição de territórios educativos, potencialmente criados pela experiência de educação integral investigada, mais do que descobrirmos as potencialidades educativas daquele espaço, bem como seus desafios para a promoção da ação educativa via escola, o que emergiu como elemento importante foi o entendimento do processo de formação desses territórios. Em uma análise inicial, podemos dizer que eles estão longe de serem estáticos, apresentando uma dinamicidade própria que se relaciona com o diálogo que a escola estabelece com o bairro e também com a cidade. Dinamicidade que evidencia a necessidade de conhecimento desses processos, tanto pelos profissionais que atuam em contextos de educação integral e educação social, quanto para gestores das secretarias de educação.

Faz-se necessário, assim, descrevermos e analisarmos sucintamente os modos de circulação dos sujeitos pelo espaço, propiciados a partir da dinâmica do PEI no bairro. Quando olhamos para o bairro, com todas as suas singularidades, e ao atentarmos para os espaços parceiros da escola, emerge a noção de *territórios-redes* que são capazes, dentre outras contribuições, de aperfeiçoar os fluxos de informações entre os diversos espaços educativos. Além disso, considera-se aqui a noção de espaço que, além de ter uma dimensão educativa, conforme pode ser verificado na literatura especializada (VIÑAO FRAGO, 2000, 2001) , vem antes do território, já que, de acordo com Raffestin,

> O território se forma a partir do espaço, é o resultado de uma ação conduzida por um ator sintagmático (ator que realiza determinadas ações) em qualquer nível. Ao se apropriar de um espaço, concreta ou abstratamente [...], o ator "territorializa" o espaço. (1993, p. 43).

A utilização e apropriação dos espaços educativos do bairro para fins de desenvolvimento das oficinas são resultados de intensos processos de negociação da escola com os representantes de tais espaços, isto é, com moradores da comunidade, com organizações não governamentais e até mesmo com a própria secretaria de educação.

A professora comunitária é uma profissional estratégica na garantia de espaços no entorno escolar. Em interação com o pesquisador, a professora comunitária citou o clube Santa Cruz, parceiro do PEI, que, embora atualmente receba um aluguel da escola, teve, durante bastante tempo, como uma das contrapartidas oferecidas, materiais para a sua limpeza. Outra negociação exposta pela educadora foi em relação a uma praça utilizada pelo PEI. Ela disse ainda que houve momentos nos quais os educandos tiveram que se retirar da praça por causa do uso da mesma pelos traficantes de drogas da região. Mas com a intenção de retornar o movimento dos alunos nesta praça, foi realizada, pela professora comunitária, uma notificação para tentar retirar os traficantes e o PEI, assim, apropriar-se do espaço no período de desenvolvimento das atividades, o que foi realizado com sucesso. Com negociações de cunho diferente, com relações mais próximas, segundo a professora comunitária, a associação da comunidade do bairro cedeu o espaço a partir de uma conversa informal, numa negociação "boca a boca".

A partir desses fatos, algumas dificuldades nas negociações por espaços também foram relatadas pela professora comunitária. Em diálogo com o pesquisador, ela expôs que o sucesso obtido na conquista por espaços educativos no bairro, mesmo com todas as dificuldades e limites colocados, se dava, dentre outros fatores, pelo vínculo e intimidade que a escola tem com a comunidade desde o início de seu funcionamento. Quando questionada em relação aos espaços do bairro, suas negociações e desdobramentos, ela dá o seguinte relato:

> **Prof. Comunitária:** É bem complicado né, porque o que mais incomoda os pais é a questão do deslocamento, as saídas da escola. Quando a gente vê que é uma vantagem muito grande, né, a gente sai ocupando as ruas, a gente sai ocupando o bairro. Mas as famílias não gostam muito, preferem os meninos aqui. Porque cansa também, né. Não é todo dia que eles saem, cada dia é uma tur-

ma. Tem aluno que gosta, tem aluno que não. Aí tem oficinas que funcionam aqui, culinária, jogos matemáticos, a horta. Aí tem o clube, a gente utiliza o CEVAE (Centro de Vivência Agroecológica). Então lá eles têm hortas, dá pra fazer caminhadas, tem riacho, dá pra fazer um trabalho de educação ambiental com eles lá. Agora a gente tá usando também a Associação Comunitária e utilizamos também o Centro Cultural.

Pesquisador: O PEI tem alguma articulação pedagógica com o pessoal que gerencia esses espaços, ou a relação se limita apenas à utilização do espaço?

Prof. Comunitária: Não só os espaços. Antes tínhamos contrato de comodato, agora pagamos aluguel mesmo.

Pesquisador: E a associação?

Prof. Comunitária: A associação é boca a boca mesmo. É uma parceria, nem contrato tem. E o clube agora, estamos pagando aluguel. A gente pagava material de limpeza. Mas temos uma relação super tranquila lá. A minha relação com a comunidade é maravilha, sem problemas.

Pesquisador: E tem outros espaços?

Prof. Comunitária: Tem a praça, a gente pode até ir lá, é aqui pertinho, tem o posto de saúde do lado. Então a Praça, a associação, o campo de futebol. Os meninos jogam bola lá.

Pesquisador: Como é a relação com o posto de saúde?

Prof. Comunitária: Com o posto, é a escola como um todo, não é só a integrada não. Com o Programa Saúde na Escola. Mas no início quando não tinha o PSE (Programa Saúde na Escola) a gente (do PEI) tinha parceria lá com a parte de odontologia. Eles davam escova de dente, pasta de dente. Agora hoje, tá bem mais fácil né. Mas eu acho assim com os pais, com a família, o que é complicado que eu acho, é a forma como eles veem a Escola Integrada. Eles acham que a Escola Integrada é um lugar para eles ficarem, uma creche onde os meninos ficam para eles irem trabalhar. O que a gente vai tentar agora é fazer boletim, mandar justificativas pra eles, de vez em quando mandar um informativo. Porque a gente tem um boletim mensal, mas o foco é mostrar o que está acontecendo na Escola Integrada como um todo. Porque a ideia que eles têm é que os meninos ficam só brincando mesmo, ocupando o espaço e o tempo deles.

(Arquivos de campo – fevereiro de 2013)

Como podemos perceber no relato da professora comunitária, angariar espaços na comunidade para as práticas em educação integral não é fácil, há dificuldades que se estabelecem desde a falta de confiança dos próprios pais em deixar os filhos transitarem pelo bairro, até questões administrativas, ligadas, por exemplo, à falta de verbas. Porém, a relação histórica que a escola tem com a comunidade, que se desdobra na relação do PEI com o bairro, foi um dos facilitadores que, juntamente à ação dialógica da professora comunitária, garantiu a conquista e permanência de alguns espaços educativos no bairro.

Esse dado remete-nos a diversos debates que atualmente tangenciam as discussões sobre espaços e territórios na educação integral, tanto no âmbito acadêmico, como no âmbito das diversas experiências que hoje se desenvolvem, já que uma queixa comum, principalmente dos educadores, é a falta de espaço para o desenvolvimento das atividades educativas. Isso, consequentemente, já se coloca como um entrave para que as escolas organizem o trabalho objetivando a constituição de territórios educativos.

Assim, a falta de espaços nas escolas ou em suas adjacências é considerada como um limite para a saída dos educandos da escola; limite quase sempre sustentado pelo medo do perigo urbano e pelo discurso muito corriqueiro da necessidade de tirar as crianças e jovens da rua. Dentro dessa lógica, o tempo escolar dos educandos restringe-se às atividades escolares intramuros, algo que não é percebido na experiência aqui analisada. Como disse a professora comunitária, ela própria, muitas vezes, tenta convencer os pais da importância de se extrapolar os muros da escola, em uma ação constante para romper os limites colocados, que não são poucos, conforme observado.

Nesse sentido, a experiência da EMA deixou claro que conquistar espaços para práticas educativas extramuros não é fácil, principalmente em territórios de alta vulnerabilidade social. Entretanto, algo que se verificou na experiência da Escola Municipal Admirável no Alto Vera Cruz foi a capacidade de lidar com essas dificuldades na conquista de espaços do bairro pela escola. Fato tornado possível graças à competência de articulação social e negociação da professora comunitária, que foi ao encontro do já existente histórico de estreitamento da escola com a comunidade. Assim, o que muitas vezes se impunha como limite físico e simbólico para utilização e apropriação dos espaços, na experiência em questão colocou-se como *fronteira.*

A esse respeito, os limites que muitas vezes separam os territórios carregam consigo as fronteiras, que subjetivamente se colocam como espaços de abertura para o mundo exterior, o *front* (HISSA, 2006). Assim, as fronteiras são capazes de interrogar os limites e ao mesmo tempo borrá-los, fazendo com que se transformem em territórios de contato. A fronteira, em nosso caso, se dá no limiar das dimensões educativas existentes entre o território escolar e os territórios do bairro e da cidade. Desse modo:

> Fronteiras e limites, em princípio, fornecem imagens conceituais equivalentes. Entretanto, aproximações e distanciamentos podem ser percebidos entre fronteiras e limites. Focaliza-se o limite: ele parece consistir de uma linha abstrata, fina o suficiente para ser incorporada pela fronteira. A fronteira, por sua vez, parece ser feita de um espaço abstrato, areal, por onde passa o limite. O marco de fronteira, reivindicando o caráter de símbolo visual do limite, define por onde passa a linha imaginária que divide territórios. Fronteiras e limites ainda parecem dar-se as costas. A fronteira coloca-se à frente (*front*), como se ousasse representar o começo de tudo onde exatamente parece terminar; o limite, de outra parte, parece significar o fim do que estabelece a coesão do território. O limite visto do território está *voltado para dentro*, enquanto a fronteira, imaginada do mesmo lugar, *está voltada para fora* como se pretendesse a expansão daquilo que lhe deu origem. O limite estimula a ideia sobre a distância e a separação, enquanto a fronteira movimenta a reflexão sobre o contato e a integração. (HISSA, 2006, p. 34)

Assim, a ação da professora comunitária introduz a escola nas fronteiras existentes entre os espaços do território do Alto Vera Cruz, fazendo com que a educação integral, na experiência em questão, envolva-se com a dimensão da transdisciplinaridade, uma vez que, ao oportunizar aos educandos o trânsito por espaços do bairro, na experiência escolar, permite-lhes entrar em contato com saberes diferenciados do saber acadêmico, aqui representado pela escola. Nesse sentido, retomando as considerações de Hissa (2006), o saber acadêmico é transdisciplinar e feito de fronteiras, zonas de contato e ambiências de transição, elementos que podem se expandir e crescer diante da oportunidade de se efetivar diálogos externos. Processo esse, que na experiência investigada, tem se desenvolvido a partir da negociação por espaços e da possibilidade de saída de crianças e jovens do espaço físico da escola, ao encontro do entorno escolar e sua espacialidade.

Com isso, em nosso contexto, subjetivamente ao deixar de ser limite, afirmando-se como fronteira, a escola auxilia na criação de

> mobilidades transgressoras, que subvertem o conhecimento para, permanentemente, fazê-lo buscar o saber. Assim, os territórios disciplinares, a despeito do discurso conservador que fortalece limites, tendem ao movimento, à plas-

ticidade e, no que interessa, à reflexão, à constituição e extensão das zonas de contato entre os saberes. Tais espaços fronteiriços, portanto, são constantemente povoados por conflitos e por diálogos que fazem *saberes moventes*. (HISSA, 2007, p. 2)

Com isso, ao considerar os espaços do bairro e da cidade e o movimento de expansão da escola ao encontro desses espaços e sua espacialidade, percebe-se que são propiciadas dinâmicas de circulação que possibilitam a emergência dos processos de constituição de territórios educativos que, como mencionado, são tangenciados pela circulação dos sujeitos da escola no bairro e na cidade. Atentemo-nos, então, para esses processos, focalizando as interações entre os espaços, as pessoas, as instituições que o apropriam e as relações sociais e educacionais que daí derivam e se remodelam.

4.1. Movimentos: a educação integral entre os fixos e fluxos do espaço geográfico

É importante que analisemos aqui a circulação dos sujeitos inseridos no Programa Escola Integrada, pois a utilização do termo território educativo, potencializou-se notoriamente nos últimos anos. Isso devido ao fato da educação integral contemporânea valorizar cada vez mais o desenvolvimento de atividades em espaços exteriores à escola, observando-se também as ações e relações dispostas nesses espaços. Além disso, valoriza-se amplamente a relação da escola com os saberes que se descortinam no cotidiano do bairro e da cidade, bem como as parcerias com outros órgãos e instituições dispostas na espacialidade que aqui consideramos. Nesse sentido, se faz necessário visualizar quais os espaços por onde andam os jovens no cotidiano do PEI e como estes espaços têm se articulado com a escola, atentando-se sempre para os desdobramentos desses processos.

No período de acompanhamento da dinâmica do PEI na escola, foram observadas algumas atividades nos espaços do bairro e da cidade. É importante ressaltar que em sua organização o PEI também oferece oficinas que acontecem nos intramuros da escola, como as de informática e culinária, por exemplo. Percebi, nesse contexto, a seguinte dinâmica descrita a seguir.

No contra turno, neste caso acompanhado no período vespertino, logo após o almoço, os grupos se organizam na quadra para, assim, dirigirem-

-se aos espaços de desenvolvimento das oficinas. No exterior da escola, no período investigado, observamos a utilização rotineira dos seguintes espaços do bairro: a Associação Comunitária do Bairro, onde se desenvolve a oficina de música; o Centro de Vivência Agroecológica (CEVAE), onde há o cultivo de uma horta e o desenvolvimento de oficinas ligadas à questão ambiental; o clube Santa Cruz, onde são ministradas as oficinas de esportes, teatro e circo; a praça Padre Marcelo onde acontece a oficina de skate. Além desses espaços, esporadicamente são utilizados o Centro Cultural Alto Vera Cruz e o campo de futebol do bairro. É importante frisar que as turmas não utilizam todos os espaços citados. Por exemplo, a turma que acompanhamos utilizava, sobretudo, a Associação Comunitária e o clube Santa Cruz.

Como explicitado anteriormente, na maioria das situações, o deslocamento para esses espaços é feito a pé. É interessante perceber que durante o período de deslocamento, há constantes interações dos educandos com os moradores do bairro. Não raro, eles param, conversam, riem. Os adultos que estão na rua, caso necessário, chamam a atenção dos estudantes. Mas o que se percebe facilmente é que a presença dos jovens do PEI nas ruas do Alto Vera Cruz já se coloca como algo natural na dinâmica daquele território, havendo trocas de informações e situações de sociabilidade constantes entre os educandos, os moradores do bairro e os educadores. Situações permeadas pela presença e apropriação da escola no espaço do bairro.

Tais situações já sinalizam para a possibilidade de formação de um território educativo, pois a escola oportuniza a apropriação do espaço do bairro pelas crianças e jovens. Nesse sentido, entendemos a formação do território educativo, analisando-o também dentro da perspectiva culturalista de Haesbaert (1997) , que entende o território como produto da apropriação que resulta do imaginário e da identidade social sobre o espaço.

Um dos resultados a se observar a partir da dinâmica exposta, reside na visualização de um espaço geográfico educativo composto de *fixos* e *fluxos* que se interagem (SANTOS, 2009). Esse espaço, particular pela presença do PEI no bairro, tem influência central no desenvolvimento do território educativo, pois é o palco onde as relações humanas acontecem. Aqui, essas relações são tecidas a partir da experiência de educação integral articuladas às vivências espaciais dos moradores do Alto Vera Cruz. Nesse contexto, a configuração do território educativo tem relação íntima com o sistema de fixos e fluxos que compõe o espaço geográfico, palco dos processos de territorialização que constituem o território educativo. Para Santos (2009), os fixos são elementos que se relacionam à estrutura física do espaço, como estradas, pontes, construções, barragens. Já os fluxos são os movimentos condicionados pelas ações desenvolvidas no espaço, havendo assim uma forte interação entre esses elementos. Tal interação é capaz de construir e reconstruir o espaço; nesse sentido, são os fixos que produzem fluxos e os fluxos levam à (re)produção e (re)apropriação de fixos e vice-versa.

No âmbito de nossa investigação, podemos dizer que os elementos fixos do espaço geográfico educativo proporcionado pelo PEI são compostos pelas instituições parceiras da escola no bairro e na cidade como: ONGs, centros de cultura, espaços de lazer públicos e privados. Ao atentar especificamente para a experiência desenvolvida no Alto Vera Cruz, os principais elementos fixos do espaço geográfico educativo, como supracitado, são: a própria escola, o clube Santa Cruz, o CEVAE e a Associação Comunitária do Bairro, espaços onde são desenvolvidas as oficinas. No bairro, ainda existem outras instituições parceiras do PEI, que esporadicamente desenvolvem atividades em articulação com o Programa e recebem também a escola em seus espaços em determinadas ocasiões e eventos escolares que ali acontecem. Como exemplo, podemos citar os espaços do Centro Cultural Alto Vera Cruz e a organização CIAME, aqui também considerados como elementos fixos. No que concerne à dimensão da cidade, os fixos são representados principalmente pelos espaços que recebem os estudantes para atividades relacionadas às aulas-passeio e excursões pedagógicas. Estas são propiciadas pelo PEI para atividades didáticas e de lazer, além de serem corriqueiras a partir de idas a cinemas, teatros, festivais culturais, museus, parques, dentre outros.

Os fluxos, no contexto aqui esboçado, são representados pelos movimentos condicionados pelas ações (individuais ou coletivas) desenvolvidas pelos sujeitos entre os elementos fixos. Em nosso caso, os fluxos são representados pela circulação das crianças e jovens pelo bairro e pela cidade, pelas negociações necessárias para usufruto e apropriação desses espaços, pela circulação de ideias geradas pelos educandos em circulação no bairro, pelo compartilhamento de suas histórias de vida. Além disso, esses elementos produzem saberes no âmbito da constante relação estabelecida com os elementos fixos.

Nessa perspectiva, o espaço é entendido como "um conjunto indissociável, solidário e também contraditório de um sistema de objetos e sistema de ações, não considerados isoladamente, mas como o quadro único no qual a história se dá" (SANTOS, 2009). Nesse sentido, como vimos, os espaços físicos e as ações da escola e seus sujeitos, entre deslocamentos e interações, tornam-se partes indissociáveis que formam o espaço geográfico educativo, onde ambos interagem entre si. Assim,

> de um lado o sistema de objetos condicionam a forma como se dão as ações e, de outro lado , o sistema de ações leva à criação de objetos novos ou se realiza sobre os objetos preexistentes. É assim que o espaço encontra a sua dinâmica e se transforma. (SANTOS, 2009, p. 63)

Com isso, o espaço escolar pode se expandir física e simbolicamente, pois ao ser apropriado pela presença da escola, seu grupo de educadores e educandos, os espaços da comunidade tornam-se terreno fértil para a construção de territórios educativos. Isso, na medida em que a apropriação da escola no bairro transforma o espaço através das relações que estabelece com as dinâmicas da cidade e do bairro, principalmente. A esse respeito, e sobre o deslocamento, a professora comunitária profere o seguinte relato:

> Eles saíam daqui pra ir pro clube, o trajeto é bem maior né. Aí chegavam lá embaixo, porque desce o morro aqui, aí tinham umas três casas ali, e eles iam cantando era uma alegria só. Aí o pessoal ficava lá vendo eles passarem, como se fosse uma recepção. Aí depois foi acostumando, tanto os meninos, quanto o pessoal das casas. Aí hoje eles passam nem cantam mais. Mas é o máximo mesmo né, eles criarem esse hábito de sair. Tem menino que vai pra casa, tem menino que fica pra trás. Se colocasse mais mil monitores não ia adiantar, quem quer, vai, quem não quer...
>
> (Arquivos de campo – fevereiro de 2013)

Assim, a escola cria e recria relações e territorialidades no âmbito do território onde se localiza. Nesse sentido, ressalvando as relações de disputa e os conflitos inerentes ao território, sua formação também "dá às pessoas que nele habitam a consciência de sua participação, provocando o sentido da territorialidade que, de forma subjetiva, cria uma consciência de confraternização entre elas" (ANDRADE, 1995, p. 20).

A partir dessa acepção, entendemos que, no contexto da educação integral, a escola aqui considerada como um ator sintagmático coletivo se potencializa enquanto vetor de territorialização no bairro e na cidade, na medida em que as crianças e jovens passam mais tempo sob sua responsabilidade, além de transitarem e se deslocarem pelo bairro, modificando suas vivências naquele território e até mesmo alguns espaços físicos do bairro. Dessa maneira, é importante pensarmos que a ação da escola no espaço geográfico promovido pelo PEI possibilita a construção de um território educativo, tecido pelos processos que decorrem do encontro da *escola com o bairro*.

Nessa perspectiva, a escola também se redefine, na medida em que agrega um sentido territorializado, ligado ao contexto social do seu entorno, aproximando-se assim das vivências cotidianas dos educandos. Essas se imbricam aos processos educativos desencadeados pela escola no âmbito do PEI. O mapa mental a seguir,[5] construído por um aluno participante do PEI, evidencia, na perspectiva do educando, como a escola se insere no cotidiano do bairro.

Figura: Mapa Mental: a escola e seu entorno.
Autor: Educando – Programa Escola Integrada.

[5] Como citado, a confecção de mapas mentais foi uma importante ação desta pesquisa, pois eles possibilitam que visualizemos esquematicamente a relação do sujeito que o construiu com o espaço representado. Portanto, os desenhos (mapas mentais) aqui apresentados foram construídos por educandos da turma acompanhada, orientados dentro dos parâmetros metodológicos a representarem suas experiências com o PEI no bairro onde vivem.

Como podemos perceber na representação acima, a escola está inserida em um território composto por espaços de socialização como a rua, o bar, a padaria, o campo de futebol. Além disso, o autor do mapa mental representa as crianças fora do espaço físico escolar, mas próximos à escola, o que sinaliza uma compreensão da experiência no PEI ligada às suas vivências territoriais naquele bairro.

A partir do exposto, percebemos que o PEI está sendo responsável por expandir o espaço educativo para além dos muros da escola. Espaço este que se torna palco para as ações e processos simbólicos, culturais e sociais, transformando-se em território educativo. Assim, visualiza-se uma rede que também propicia a formação de territórios educativos. No caso do espaço geográfico produzido pelo PEI, a rede se forma pelos pontos fixos no espaço e as circulações materiais e informacionais entre esses pontos.

Assim, no tocante ao espaço apresentado, composto de fixos e fluxos, os atores sintagmáticos agem e interagem sobre ele, formando o território a partir de sua apropriação. Consequentemente, os sujeitos que o apropriam (atores sintagmáticos) objetivam relações de influência, controle, afastamento, proximidade e, assim, criam redes entre si (RAFFESTIN, 1993). A rede, nessa perspectiva, pode ser abstrata ou concreta, visível ou invisível. Assim sendo, as redes asseguram o controle *do* e *no* espaço geográfico através da circulação material, bem como de informações. As redes, em suas diversas manifestações, são capazes de proporcionar condição e meio de reprodução social e são muito importantes no desenvolvimento do território.

> Cada território, assim, deve ser pensado em rede, articulado a outros territórios, em interação, em complementaridade, pois o território brasileiro resulta da interação de temporalidades e de uma pluralidade de territórios, cada qual com especificidades políticas, econômicas e culturais. (SAQUET, 2003, p. 222)

Essa concepção de rede toma centralidade nesta pesquisa, uma vez que no Alto Vera Cruz, em sua relação estabelecida com a Escola Municipal Admirável, várias dimensões sociais estão inscritas no espaço. Tais dimensões geram ações e relações várias, coletivas e individuais, como as manifestações culturais, a circulação de pessoas, as atividades educacionais, a presença da escola em uma rede. Além disso, a gestão do Programa Escola Integrada, embora seja responsabilidade da escola, é também compartilhada quando as crianças experienciam espaços educativos diversos. Essa multiplicidade de dimensões marca a emergência de uma rede no espaço, propícia para o desenvolvimento do território educativo e suas relações no bairro e no espaço educativo da cidade.

5. Considerar as ações, afinal...

Ao nos debruçarmos sobre a relação entre escola e território no contexto do PEI de Belo Horizonte objetivamos compreender os processos de constituição de territórios educativos. Buscamos articular as proposições do PEI, que dão centralidade ao território e são ligadas ao movimento das cidades educadoras, com a dinâmica educativa que o Programa vem gerando nas escolas.

Nessa perspectiva, quando imergimos no território do "Alto", como é chamado por muitos de seus moradores, para além dos episódios de violência, com morte de muitos jovens, a maioria negros, uso e venda de drogas etc. – elementos que agregam de maneira geral os territórios de alta vulnerabilidade social –, visualizamos também um bairro onde o sentido da vizinhança é altamente presente. As ações coletivas desenvolvidas por esses sujeitos, para além das conquistas efetivas para o território, conformaram uma lógica de comunidade para o Alto Vera Cruz. Percebemos assim, consonâncias e dissonâncias de uma grande sinfonia regida pela reprodução do espaço urbano, muitas vezes excludente, mas que encontra naquele lugar resistências que se dão a partir da ação de grupos sociais que no território lutam por dignidade e afirmação de suas identidades.

Ainda no bairro, adentramos a Escola Municipal Admirável, instituição de bastante importância no Alto Vera Cruz, pois, desde que ali está, tem auxiliado em suas lutas cotidianas, uma vez que valoriza a ação dos grupos culturais locais, desenvolve projetos que se conectam ao bairro, busca parcerias no bairro e sempre apoia as mobilizações que almejam a melhoria de vida dos moradores do Alto. Por essas características, dentre outras, a escola vem obtendo sucesso no desenvolvimento do PEI, pois suas práticas estão intimamente ligadas às concepções do Programa, na medida em que se abrem para o território e buscam a constituição de territórios educativos.

A partir do contexto investigado, o primeiro resultado a se observar é que o Programa Escola Integrada tem produzido um espaço geográfico educativo composto de fixos e fluxos. Os fixos, em nosso contexto, são representados pelos elementos físicos como a escola, a associação comunitária, o centro cultural, o comércio, as casas, a igreja, etc. Já os fluxos são as informações, conhecimentos, saberes que entre os fixos se processam. Os educandos, portanto, ao circularem pelo bairro produzem e ramificam informações diversas pelo território, nas interações entre eles, na conversa com os moradores, no diálogo com os educadores, ou seja, criam relações particulares que se associam ao espaço. Evidencia-se, assim, uma interação constante entre os fixos e os fluxos. Desse modo, anteriormente aos processos de construção dos territórios educativos, visualizamos este espaço geográfico educativo, uma vez que, como vimos, o espaço é anterior ao território. Nesse sentido:

> O espaço é, portanto, anterior, preexistente a qualquer ação. O espaço é, de certa forma, "dado" como se fosse uma matéria-prima. Preexiste a qualquer ação. "Local" de possibilidades é a realidade material preexistente a qualquer conhecimento e a qualquer prática dos quais será o objeto a partir do momento em que um ator manifeste a intenção de dele se apoderar. Evidentemente, o território se apoia no espaço, mas não é o espaço. É uma produção, a partir do espaço. Ora, a produção, por causa de todas as relações que envolve, se inscreve num campo de poder. (RAFFESTIN, 1993, p. 144)

O PEI produz um espaço geográfico educativo particular, que, ao ser apropriado por diversos sujeitos, vai tecendo as relações e os processos que constituem o território educativo. Nesse sentido, o primeiro resultado observado é que o vínculo e a coletividade dos membros com o bairro auxiliam na construção do território educativo, elemento que se conecta à história de resistências e mobilizações no bairro. A noção de território é expressa nesses vínculos a partir das diversas manifestações observadas no Alto. A esse respeito, "o território é o lugar em que desembocam todas as ações, todas as paixões, todos os poderes, todas as forças, todas as fraquezas, isto é, onde a história do homem plenamente se realiza a partir das manifestações da sua existência" (SANTOS, 2009, p. 13).

Assim, o Programa Escola Integrada, ao objetivar o encontro da escola com o bairro e a cidade no desenvolvimento dos processos educativos, suscita a produção de um espaço geográfico educativo particular marcado por fluidez e maleabilidade. Espaço que, ao ser apropriado pela escola, auxilia na construção da identidade e, no sentimento de pertença dos educandos com seu local de vivência, motiva novas ações coletivas em prol da melhoria do bairro, da vida das pessoas e potencializa aquelas já existentes, constituindo-se em território educativo para todos que dele fazem parte.

Referências

ANDRADE, Manuel Correia de. *A questão do território no Brasil.* São Paulo: Hucitec; Recife: IPESPE, 1995.

ARROYO, Miguel. *Ofício de Mestre*: imagens e autoimagens. Petrópolis: Vozes, 2000.

______. *Imagens Quebradas* – Trajetórias e tempos de alunos e mestres. Petrópolis: Vozes, 2004.

______. *Currículo, território em disputa.* Petrópolis: Vozes, 2011.

______. O direito a tempos-espaços de um justo e digno viver. In: MOLL, Jaqueline. *Caminhos da Educação Integral no Brasil*: direito a outros tempos-espaços educativos. Porto Alegre: Penso Editora, 2012.

______. *Outros Sujeitos, Outras Pedagogias.* Petrópolis: Vozes, 2012b.

BELO HORIZONTE. Prefeitura Municipal. Escola Integrada: novos tempos, lugares e modos para aprender. *Pensar BH - Política Social*, Belo Horizonte, n. 19, p. 8-10, out.-dez. 2007.

______. "Escola Plural - Proposta Político pedagógica da Rede Municipal de Educação de BH". In: Cadernos da Escola Plural, zero. BELO HORIZONTE, SMED, 1994.

______. Para as Escolas da prefeitura, Belo Horizonte é uma sala de aula: mais tempo, mais convivência, mais lugares para aprender. Folder de Divulgação. BELO HORIZONTE, maio de 2008.

______. Orientações gerais para as escolas: Programa Escola Integrada. BELO HORIZONTE, 2009.

BRANDÃO, Carlos Rodrigues. *O que é educação?* São Paulo: Brasiliense, 1985.

BRASIL. Ministério da Educação. *Educação integral*: texto referência para o debate nacional. Brasília, DF: MEC/SECAD, 2009.

BRASIL. Ministério da Educação. *O Plano de Desenvolvimento da Educação*: razões, princípios e programas. Brasília, DF: MEC, 2007.

BRASIL. Ministério da Educação. *Lei de Diretrizes e Bases da Educação Brasileira, 1996.* Brasília: Senado Federal, 1996.

BRASIL. Portaria n. 17, de 24 de abril de 2007. *Diário Oficial da União*. Brasília, DF, 24 abr. 2007.

CANÁRIO, Ruy. Territórios educativos e políticas de intervenção prioritária: uma análise crítica. *Perspectiva*, Florianópolis, v. 22, n. 01, p. 47-78, 2004.

CARVALHO, Paulo Felipe Lopes de. *Além dos Muros da Escola: uso de espaços extraescolares na experiência do Programa Escola Integrada/PEI - o caso do Parque Lagoa do Nado em Belo Horizonte/MG*. Trabalho de Conclusão de Curso (Graduação em Geografia). Universidade Federal de Minas Gerais. Belo Horizonte, 2011.

CENPEC; FUNDAÇÃO ITAÚ SOCIAL. *Tendências para educação integral.* São Paulo: Fundação Itaú Social; CENPEC, 2011. Disponível em: <http://ww2.itau.com.br/itausocial2/pdf/ed_integral.pdf>. Aceso em: 1 out. 2013.

CORSARO, W. *Friendship and peer culture in the early years*. Norwood: Ablex, 1985.

GEERTZ, C. *A interpretação das culturas*. Rio de janeiro: Guanabara Koogan, 1989.

GUARÁ, Isa Maria F. R. Educação e desenvolvimento integral: articulando saberes na escola e além da escola. *Em Aberto. Instituto Nacional de Estudos e Pesquisas Educacionais Anísio Teixeira*, Brasília, v. 22, n. 80, p. 65-81, abr. 2009.

HAESBAERT, Rogério. *Des-territorialização e Identidade:* a rede "gaúcha" no Nordeste. Niterói: EdUFF, 1997.

HISSA, Cássio Eduardo Viana. *A mobilidade das fronteiras*: inserções da geografia na crise da modernidade. Belo Horizonte: Editora UFMG, 2006.

_____. Fronteiras entre ciência e saberes locais: arquiteturas do pensamento utópico. In: COLÓQUIO INTERNACIONAL DE GEOCRÍTICA:, IX, 2007, Porto Alegre. *Anais*: *Los problemas del mundo actual. Soluciones y alternativas desde la geografía y las ciencias sociales.* Porto Alegre: Universidade Federal do Rio Grande do Sul, 2007.

KOGA, Dirce. *Medidas de cidades*: entre território de vidas e territórios vividos. São Paulo, Cortez, 2003.

MAGNANI, José Guilherme Cantor. De perto e de Longe: notas para uma etnografia urbana. *Revista Brasileira de Ciências Sociais*, São Paulo, v. 17, n. 49, p. 11-29, jun. 2002.

MOLL, Jaqueline. *Caderno Educação Integral:* Série Mais Educação. Brasília: MEC, SECAD, 2008.

_____. *Caminhos da Educação Integral no Brasil:* direitos e outros tempos e espaços educativos. Porto Alegra: Penso, 2012.

RAFFESTIN, Claude. *Por uma geografia do poder*. São Paulo: Ática, 1993.

SANTOS, Milton. *A Natureza do Espaço*: técnica, tempo, razão e emoção. São Paulo: Edusp, 2009.

SAQUET, Marcos Aurélio. *Os tempos e os territórios da colonização italiana*. Porto Alegre: EST Edições, 2003.

_____. O território: diferentes interpretações na literatura italiana. In: RIBAS, Alexandre D.; SPOSITO, Eliseu S.; SAQUET, Marcos A. (Orgs.). *Território e desenvolvimento*: diferentes abordagens. Francisco Beltrão: UNIOESTE, 2005. p. 121- 148.

_____. O dinheiro e o território. In: SANTOS, Milton *et al. Território, territórios*: ensaios sobre o ordenamento territorial. 2. ed. Rio de Janeiro: DP&A, 2006. p. 13-21.

VIÑAO FRAGO, Antonio. Do espaço escolar e da escola como lugar: propostas e questões. In: ESCOLANO, Agustín; VIÑAO FRAGO, Antonio. *Currículo e subjetividade:* a arquitetura como programa. 2. ed. Rio de Janeiro. DP&A, 2001.

____. El espacio y el tiempo escolares como objeto histórico. *Revista Contemporaneidade e Educação*, Rio de Janeiro, ano V, n. 7, 2000.

A ampliação da jornada escolar para crianças de 6 a 8 anos: sentidos e significados atribuídos pelas famílias

Kassiane dos Santos Oliveira
Isabel de Oliveira e Silva
Iza Rodrigues da Luz

Este capítulo tem como objetivo analisar os sentidos e significados atribuídos pelas famílias de crianças de 6 a 8 anos ao Programa Escola Integrada (PEI) de uma Escola Municipal de Ensino Fundamental em Belo Horizonte/MG. As análises focalizaram os sentidos que levaram essas famílias a matricularem seus/as filhos/as no Programa e os sentidos construídos e/ou reconstruídos ao longo da participação dessas crianças.

A pesquisa e as análises realizadas procuraram estabelecer um diálogo com as questões dos campos de estudos da relação família-escola (LAHIRE, 2004; NOGUEIRA, 1995, 1998, 2006; RESENDE, 2008, 2013; VIANA 2008; ZAGO 2008), das configurações das famílias nas sociedades contemporâneas (GOMES, 1994; CARVALHO, 2002; SARTI 2003, 2004) e sobre a ampliação da jornada escolar (CAVALIERE, 2002, 2007; LECLERC e MOLL, 2012; MOLL, 2012).

No município de Belo Horizonte, de acordo com os documentos consultados,[1] o PEI tem como objetivo, além de promover a ampliação da

---

[1] Durante esta pesquisa consultamos os seguintes documentos: Prefeitura Municipal de Belo Horizonte. *Programa Escola Integrada*: Orientações Gerais para as escolas. Belo Horizonte, 2007; Prefeitura Municipal de Belo Horizonte. *Programa Escola Integrada*: Orientações Ge-

jornada escolar, possibilitar às crianças e adolescentes do Ensino Fundamental experiências educativas diversas dentro e fora dos muros da escola. Assim, em sua estrutura e funcionamento, encontram-se novos atores e novas atividades que passaram a integrar o processo educativo nas escolas que o desenvolvem. O Programa conta com educadores da comunidade e estudantes universitários, além do uso de espaços da comunidade e de outros ambientes da cidade.

A participação no PEI não é obrigatória, portanto, a inserção das crianças constitui-se em uma escolha. Como o foco da pesquisa recaiu sobre as crianças do primeiro ciclo (entre 6 e 8 anos de idade), consideramos, desde o início, que a matrícula no Programa tenha sido uma decisão das famílias, já que quanto menor a criança maior é o poder de escolha do adulto sobre ela e menor influência tem o seu desejo sobre as escolhas do adulto (SARMENTO, 2005). Assim, consideramos relevante ouvir as famílias sobre suas motivações iniciais para matricular as crianças e também sobre as possíveis transformações nas formas pelas quais compreendiam a experiência de ampliação da jornada escolar de seus filhos. Elementos como as necessidades de apoio para a guarda, proteção e cuidados enquanto os pais trabalham e a ampliação das experiências das crianças, estavam entre nossas hipóteses para a decisão de matricular as crianças no PEI, o que se confirmou por meio das entrevistas, havendo certa correlação com as configurações das famílias e suas condições econômico-financeiras. Foi possível, no entanto, apreender outros elementos não previstos inicialmente e, fundamentalmente, analisar os mecanismos pelos quais um programa dessa natureza se relaciona com as famílias e como estas passam a conhecê-lo e a construir outras expectativas e demandas.

No desenvolvimento da investigação, lançamos mão de diferentes métodos de coleta de dados adotando a metodologia qualitativa. Conforme Oliveira (2005, p. 41) , uma pesquisa qualitativa pode ser "um processo de reflexão e análise da realidade através da utilização de métodos e técnicas para compreensão detalhada do objeto de estudo em seu contexto histórico". Segundo Bogdan e Biklen (1994, p. 51), a investigação qualitativa chama a atenção dos pesquisadores como o método mais adequado para compreender as questões sociais em busca de elucidar os problemas educacionais. "O processo de condução de investigação qualitativa reflecte uma espécie de diálogo entre os investigadores e os respectivos sujeitos".

---

rais para as escolas. Belo Horizonte, 2009; Prefeitura Municipal de Belo Horizonte. *Projeto Político-Pedagógico - Projeto Escola Integrada*. Belo Horizonte, 2006/2007.

A partir dessa perspectiva, a construção dos dados foi realizada por meio de pesquisa documental, de observação em campo, da aplicação de questionários e da realização de entrevistas semiestruturadas com familiares das crianças que frequentam o Programa. A pesquisa documental (ALVES-MAZZOTTI; GEWANDSZNAJDER, 1999) nos permitiu caracterizar o Programa Escola Integrada especialmente no tocante às concepções e objetivos que o presidem, tendo como base documentos oficiais e de divulgação. Além disso, possibilitou descrever o processo de implementação da jornada ampliada no município de Belo Horizonte, bem como as orientações para o funcionamento do Programa nas escolas.

O estudo em campo aconteceu ao longo dos meses de fevereiro a agosto de 2013, em uma Escola Municipal de Ensino Fundamental situada na região de Venda Nova na cidade de Belo Horizonte. As observações foram realizadas com o objetivo de descrever e analisar as atividades que constituem o cotidiano das crianças no PEI pesquisado.

Para conhecermos como estão configuradas as famílias das crianças do primeiro ciclo que participam do PEI, assim como alguns aspectos das condições em que vivem, foi elaborado um questionário, enviado às famílias por meio das crianças. Além dos questionários, enviamos uma carta-convite para a realização das entrevistas, solicitando um meio de contato para agendamento com aqueles que se dispusessem, além de responder o questionário, a conceder uma entrevista para aprofundamento das questões da pesquisa.

Das doze entrevistas realizadas, dez aconteceram nas casas dos/as entrevistados/as, uma foi realizada em um dos espaços externos à escola, onde ocorrem as atividades do Programa, e a outra aconteceu no local de trabalho da entrevistada.

Ao longo do período de observação e durante as entrevistas realizadas na casa dos entrevistados foi possível observar a diversidade do público atendido por tal escola: recebe estudantes provenientes do bairro em que está localizada, de bairros próximos e de uma vila que se localiza entre esses bairros. O bairro onde a escola está localizada e os bairros vizinhos são bem estruturados, dispondo de ruas amplas e asfaltadas, variedade de comércios e de prestadores de serviços públicos e privados (vestuários, farmácias, supermercados, postos de saúde, posto policial, bancos, casas lotéricas, academias de ginásticas, salões de beleza, padarias, restaurantes, bares, lanchonetes, dentre outros). Já na vila localizada entre esses bairros os moradores não dispõem dos mesmos equipamentos e serviços. Nesse local a circulação ocorre em poucas ruas pavimentadas e vários becos. O comércio nessa vila se restringe a botecos, pequenas mercearias e padarias. Durante nossa pesquisa, tivemos a oportunidade de entrevistar tanto as famílias que residem em moradias confortáveis, quanto famílias que vivem em situações precárias.

Nos limites deste capítulo, apresentaremos as características do PEI na escola pesquisada, as configurações familiares das crianças de 6 a 8 anos nele inseridas, e, em especial, os sentidos e significados atribuídos pelas famílias ao mesmo, trazendo os demais elementos somente na medida do necessário para a compreensão das questões aqui discutidas.

Programa Escola Integrada [PEI] na escola pesquisada

O Programa Escola Integrada da Rede Municipal de Ensino de Belo Horizonte foi criado por meio do Projeto de Lei Municipal nº 51/01,[2] de 31 de outubro de 2002, aprovado em 2003. O processo de implantação do PEI teve início em sete escolas de diferentes regionais do município, na forma de projeto-piloto. Nos anos seguintes foram incorporadas gradativamente as outras escolas até atingir toda a rede municipal de ensino de Belo Horizonte. Segundo as diretrizes do PEI da Rede Municipal de Ensino de Belo Horizonte, a cidade oferece múltiplas oportunidades educativas e o Programa deve, então, utilizá-las e potencializá-las. Para isso, as escolas estabelecem parcerias com Organizações Não Governamentais (ONGs), igrejas, clubes e também utiliza espaços particulares como quadras, salões de festas, entre outros. Cumpre destacar que os espaços das escolas não foram ampliados para a implementação do Programa, sendo, portanto, insuficientes para o acolhimento e desenvolvimento de atividades com as crianças em jornada ampliada. No caso da escola pesquisada, foi estabelecida parceria com uma Faculdade Privada que cede seu espaço para a realização de oficinas. Foi necessário também alugar uma casa nas imediações. Além desses espaços, o Programa utiliza espaços públicos do entorno da escola.

O Programa conta com a participação de universidades públicas e privadas, cujos estudantes desenvolvem atividades com as crianças ou os adolescentes sob orientação de professores das Instituições de Ensino Superior

---

[2] Disponível em: <http://www.arnaldogodoy.com.br>. Acesso em: 12 out. 2013.

parceiras. Conta, ainda, com agentes culturais selecionados dentro da própria comunidade, com um estagiário do Programa Jovem Aprendiz[3] e funcionários de serviços gerais. Os/as agentes culturais, jovens aprendizes e auxiliares de serviços gerais são contratados por meio de convênio firmado entre a Caixa Escolar das escolas e a Associação Municipal de Assistência Social (AMAS).

O PEI é organizado de forma que, em horário contrário àquele em que as crianças estão nas atividades escolares convencionais, ocorrem atividades educativas no formato de oficinas. Os alunos participantes formam turmas de aproximadamente 25 crianças ou adolescentes. A formação das turmas obedece ao critério de faixa etária e de pertencimento ao mesmo ano do ciclo de formação no turno regular. Cada oficina tem duração de uma hora e a frequência com que cada uma acontece durante a semana varia conforme a programação de cada escola. Essas oficinas devem contemplar quatro áreas: "Conhecimentos específicos", "Acompanhamento pedagógico/dever de casa", "Formação pessoal e social" e "Cultura, arte, lazer e esportes". O quadro de horários de cada Programa deve reservar 60% da carga horária semanal para as oficinas que tratem de Conhecimentos específicos e Acompanhamento pedagógico/dever de casa. O restante do tempo (40%) deve ser dedicado às atividades de formação pessoal e sociocultural, arte, lazer e esportes. Na escola pesquisada, as quatro áreas são contempladas, com ênfase na de "cultura, arte, lazer e esportes", que concentra a maior parte das oficinas.

As configurações familiares das crianças que participam do Programa Escola Integrada

Os estudiosos identificam inúmeros fatores que concorrem para as novas configurações familiares na atualidade. O reconhecimento de diversas formas de organização familiar expressa mudanças culturais importantes que repercutem nas condições nas quais as crianças crescem e se desenvolvem. Os

[3] O Programa Jovem Aprendiz é promovido pela Associação Municipal de Assistência Social (AMAS) em parceria com a Empresa de Informática e Informação do Município de Belo Horizonte (PRODABEL) e a Secretaria Municipal de Educação. O objetivo do programa é aumentar a qualificação dos jovens aprendizes antes, durante e após a sua permanência no trabalho de acordo com o decreto-lei 5.598 de dezembro de 2005, que institui a Lei da Aprendizagem.

dados do Censo 2010 revelam a existência de famílias constituídas por casal heterossexual com ou sem filhos/as (filhos/as que podem ser biológicos do casal, filho/a de um dos cônjuges de outros relacionamentos, adotivos ou gerados por técnica de inseminação artificial, com doador do material genético, barriga de aluguel, etc.); casal homossexual com ou sem filhos/as (filhos/as de um dos cônjuges de outros relacionamentos, adotivos, gerados por técnica de inseminação artificial, com doador do material genético, barriga de aluguel etc.); família monoparental; casal com ou sem filhos e parentes; e monoparental com parentes. Há, ainda, controvérsia sobre a possibilidade de considerar família o/a solteiro/a adulto/a que vive sozinho/a (Instituto Brasileiro de Geografia e Estatística – IBGE, 2010).

Dentre as transformações culturais do último século que concorreram para mudanças nas formas de conceber e de se organizar os núcleos familiares, destacam-se aquelas relacionadas às questões de gênero, à intensificação da presença de mulheres no mercado de trabalho, à autonomia para o controle da natalidade e ao envelhecimento da população. A intervenção do Estado nas relações familiares – a legalização do divórcio e a criação de leis de proteção da criança e da mulher, por exemplo – também deve ser considerada quando se analisam as novas configurações de famílias (BERQUÓ, 1999; BRUSCHINI, 1998; KAMERS, 2006).

Além da atenção aos aspectos históricos, sociais e culturais, devemos estar atentos aos elementos que fazem com que cada um sinta-se pertencente a uma família. Conforme Sarti (2004), uma das dificuldades para tratar do tema família está em se distanciar da referência em que o pesquisador se encontra imerso. A tendência é de, ao se referir à família, ter em mente sua própria família. O esforço é estranhar algo a que se sente pertencente.

Em uma perspectiva antropológica, Sarti apresenta uma abordagem da família como uma unidade de análise importante para se compreender os diversos aspectos que permeiam a vida. Nas suas palavras, "sendo a família um mundo de relações, o atendimento que focaliza a família lida forçosamente com esse mundo de relações, em todo seu emaranhado de situações e pontos de vista" (SARTI, 2004, p. 12). Os estudos desenvolvidos pela autora nos permitem compreender como as famílias das camadas populares[4] se consti-

[4] A autora adota, na verdade, o termo *famílias pobres*, para designar aquelas que não possuem os instrumentos que conferem poder, riqueza e prestígio na sociedade capitalista. No entanto, adotaremos aqui, com sentido semelhante, a expressão *famílias das camadas populares*.

tuem como tal e como estruturam os papéis que cada componente desenvolve. Podemos analisar como os componentes da família se articulam, dividem responsabilidades, se comprometem na manutenção da casa e na educação das crianças. Compreender a organização interna da família pode nos permitir identificar e analisar como os seus integrantes se envolvem com o processo de escolarização das crianças e adolescentes. A autora aponta alguns elementos que nos ajudam a compreender as famílias aqui pesquisadas: o lugar do homem, da mulher e da criança nas famílias das camadas populares. O lugar de cada um só existe em diálogo com os outros componentes da família. Embora tenham ocorrido mudanças na forma como estes se relacionam, existem estudos que identificam a permanência de valores que atribuem ao homem o lugar de provedor da família.

Outro aspecto analisado por Sarti é o fato de que, mesmo após o casamento, a família não se restringe ao novo casal.

> A família ultrapassa os limites da casa, envolvendo a rede de parentesco mais ampla, sobretudo quando se frustram as expectativas de se ter uma casa onde realizar os papéis masculinos e femininos. Nesses casos, comuns entre os pobres pelas dificuldades de atualizar o padrão conjugal da família, ressalta-se a importância da diferenciação entre a casa e a família para entender a dinâmica das relações familiares. (SARTI, 2003, p. 65)

O lugar de provedor da família demarca a hierarquia na distribuição dos papéis. Por isso, em famílias monoparentais, nas quais a mulher ou o homem assume sozinha/o a gestão da família, é comum ouvi-la/o dizer eu sou o homem e a mulher da casa. E quando a mulher ou o homem não consegue sustentar os dois papéis ao mesmo tempo, outras pessoas da família assumem essa função. Para os pobres, segundo a autora, a família extrapola os vínculos sanguíneos, ela é formada por um grupo de pessoas com as quais se pode contar sempre que necessário. Ressaltamos que, conforme nos mostram os estudos, as configurações que elas assumem em determinado momento não são definitivas. A composição da família e o papel que cada um desempenha dentro dela podem mudar diante de qualquer fato: nascimentos, casamentos, maturidade dos filhos, volta de pessoas para o convívio da família, entrada no mercado de trabalho, divórcio, desemprego, entre outros. Mas nenhum desses fatores descaracteriza o grupo enquanto família. Segundo Sarti (2004), o que define a família são as relações estabelecidas dentro de cada grupo.

Nesses diferentes contextos de configurações e organizações internas é que a família cuida e educa suas crianças e adolescentes. Em nossa pesquisa foi importante compreender como as famílias que inserem seus/suas filhos/as no PEI se constituem e se organizam nas práticas cotidianas e o lugar que o PEI ocupa nessa organização.

Para conhecer como as famílias que inseriram suas crianças no Programa Escola Integrada estão configuradas, bem como alguns de seus aspectos econômicos e socioculturais,[5] elaboramos, como já salientado, um questionário que foi encaminhado às famílias por meio das crianças. Foram encaminhados 89 questionários (99% das crianças do primeiro ciclo) e obtivemos retorno de 59 (66%), sendo 56 respondidos e três em branco. Dentre os respondentes, 46 famílias se disponibilizaram a continuar colaborando com a pesquisa, participando de uma entrevista caso fosse solicitado. Destas, foram selecionadas doze famílias com base nas informações dos questionários, observando o critério de diversidade de configurações e de condições socioeconômicas.

As questões do questionário foram elaboradas com objetivo de obter informações sobre como essas famílias estão configuradas e quantas crianças de cada família frequentam o PEI; quem são as pessoas que convivem na residência: idade, escolaridade e profissão, bem como o seu parentesco com a criança. Buscamos também informações a respeito das condições da moradia das famílias: própria, alugada, financiada ou emprestada/cedida. Perguntamos também sobre os bens e serviços de que a família dispõe: computador, internet, programação televisiva de rede fechada e automóvel. Por fim, sondamos a renda mensal da família.

Em relação à configuração das famílias, as respostas nos mostraram que quase metade delas é formada por casal com filho/s do próprio casal e/ou de apenas um dos cônjuges.

[5] O questionário não contempla todas as informações necessárias para traçar um perfil socioeconômico da família, mas diz da situação da moradia (própria, alugada, cedida), bens e serviços que a família usufrui (veículo, internet, TV paga), escolaridade e profissão dos adultos e renda familiar.

Tabela 1: Configuração das famílias

Configuração das famílias	Total	%
Casal com filho/s	26	47%
Mãe com filho/s	12	22%
Mãe com filho/s e parentes	09	16%
Casal com filho/s e parentes	05	9%
Pai com filho/s e parentes	02	3%
Criança com parentes	02	3%
Total geral	56	100

Fonte: Questionário formulado para esta pesquisa.

No caso das cinco famílias compostas por casais com filho/s e parentes, duas são reconstituídas (uma das partes está vivendo uma nova relação conjugal). Das famílias que responderam ao questionário, 38% são monoparentais femininas, formadas por mães, com ou sem parentes, responsáveis pelo/a(s) filho/a(s).

De acordo com o IBGE, o Censo de 2010 mostrou que as famílias reconstituídas representam 16,3% dos casais brasileiros e as situações de mães como únicas responsáveis pelo sustento dos filhos ocorrem em 15,3% das famílias brasileiras. Não temos a intenção de demonstrar representatividade estatística porque os dados coletados em nossa pesquisa não são significativos para fazermos comparações com universos amplos de pesquisa, mas consideramos pertinente observar que as famílias que responderam ao nosso questionário estão representadas nas configurações apresentadas pelo IBGE.

No que se refere à quantidade de crianças por família inseridas no PEI, verificamos que 47 famílias têm apenas uma criança, oito têm duas, e apenas uma família tem três crianças no Programa.

Dentre as 47 famílias que têm uma criança matriculada no PEI, observamos que 23 têm apenas um filho em sua formação. Em dez famílias, os outros filho/a(s) são menores de seis anos e por isso ainda não frequentam o

Ensino Fundamental. Em uma família havia apenas outro filho de 14 anos que já havia concluído o Ensino Fundamental. Percebemos também que em treze famílias havia crianças entre nove e quatorze anos, matriculadas no Ensino Fundamental, mas que, por motivos que não conseguimos identificar, não estavam matriculados no PEI. Ou seja, nessas treze famílias apenas os/as filhos/as com idade entre 6 e 8 anos foram matriculados no PEI.

Esses dados estão em consonância com os apresentados pelo Censo 2010, que apontam para a redução da taxa de natalidade. Estudos de Berquó (1999) e Bruschini (1998) mostram que mudanças sociais têm levado à diminuição na taxa de natalidade, o que pode ser explicado pela popularização dos métodos contraceptivos, pelo aumento da escolaridade da mulher, pelo incremento da participação dela no mercado de trabalho, entre outros fatores.

Pelas informações obtidas, constatamos que, das dez famílias que têm filhos menores de 6 anos, quatro matricularam as crianças em instituições de Educação Infantil. Em duas dessas famílias as crianças menores de 6 anos estão em uma escola de Educação Infantil de tempo integral. Não dispomos de dados para afirmar se as outras três crianças estão em tempo integral ou parcial. Quanto à profissão de cada morador da casa, identificamos que em quarenta famílias todos os moradores adultos exercem uma profissão; em duas famílias os pais estavam desempregados; em seis famílias há uma ou duas pessoas aposentadas (tio/a, avô, mãe ou pai); em dez famílias há uma pessoa (mãe ou avó) que não trabalha fora do ambiente doméstico. Veremos também na análise das entrevistas que a inserção dos adultos das famílias no mercado de trabalho tem influência na escolha por inserirem os/as filhos/as no Programa Escola Integrada.

Quanto à escolaridade dos familiares maiores de 18 anos das crianças participantes do PEI pesquisado, podemos observar que a maioria dos pais e mães cursou o Ensino Médio e o acesso ao ensino superior aparece de forma tímida, mas significativa, se comparado ao universo nacional. Segundo dados do Censo 2010, a escolaridade do principal responsável pela família teve uma melhora significativa quanto à formação em nível médio e superior: em 2000, o nível de escolaridade de Ensino Médio era de 14,7%, contra 23,4% em 2010; os de nível superior em 2000 eram 6,3% contra 10,00% em 2010. E são as mães as que mais investem na sua escolarização.

No que se refere à renda de que a família dispõe para as despesas mensais, somando a renda de todas as pessoas que moram na residência, verificamos que a maioria dispõe de um a dois salários mínimos por mês (23 famílias); também é significativo o número de famílias que vivem com um salário mínimo (dezessete famílias). A renda é um pouco superior para quinze famílias que vivem com uma renda entre dois e cinco salários mínimos e apenas uma família destoa da maioria, com a renda de mais de cinco salários mínimos por mês. Ressalta-se que as menores rendas são observadas com mais frequência nas famílias monoparentais femininas.

Quanto à ocupação dos/as adultos/as que residem com as crianças que frequentam o PEI (pais/mães, avó, tios/as) trata-se, em sua maioria (72%), de trabalhadores/as manuais com pouca qualificação ligados à construção civil, comércio e prestação de serviços (pedreiros, manicures, domésticas, vendedores etc.). Em 7% dos casos os trabalhadores desenvolvem funções com formação em nível técnico ou superior (engenheiro elétrico, técnico em gestão da saúde, contador). Observamos que 8% não trabalham fora do ambiente doméstico (mães e avós), 6% são aposentados e 6% não quiseram informar suas ocupações.

A respeito da situação da moradia em que a família reside, verificamos que 26 famílias não possuem casa própria, vivendo em moradias alugadas ou emprestadas/cedidas por terceiros. Segundo Portes (2001), algumas pesquisas mostram que a casa própria é um elemento importante na construção de uma trajetória escolar e social menos acidentada.

Quanto ao acesso dessas famílias a bens e serviços, verificamos que 62% têm computadores, 56% têm serviços de internet e programação paga de televisão e 39% têm automóvel.

As informações obtidas por meio dos questionários permitem afirmar que existe uma diversidade nas condições de vida das famílias que inserem seus/as filhos/as no Programa Escola Integrada. Essas diferenças se referem tanto ao valor da renda, à condição de moradia, ao acesso a bens e serviços, quanto às configurações da família.

Sentidos e significados atribuídos pelas famílias à ampliação jornada escolar para crianças de 6 a 8 anos

Procuramos compreender a teia de significados que constituem a ação social das famílias no que se refere à inserção escolar das crianças de modo geral e também sobre a ampliação da jornada escolar. Consideramos que tais ações são dotadas de sentidos, constituídos no conjunto das relações sociais em que os atores se encontram. Gabriel Cohn, discutindo a perspectiva de Weber sobre a ação social e os seus sentidos, afirma: "a sociologia é uma ciência voltada para a compreensão interpretativa da ação social e, por essa via, para a explicação causal dela, nos seus transcursos e nos seus feitos. A 'ação social' mencionada nessa definição é uma modalidade específica de ação, ou seja, de conduta à qual o próprio agente associa um sentido" (2003, p. 26).

Nessa perspectiva, entende-se por sentido a unidade compreensível que orienta a ação, ou seja, os nexos particulares de significados que são atribuídos às ações, que dão um fim para que ela seja realizada. Esses nexos nos ajudam a compreender a persistência de certas formas de ação ou a sua transformação, com um olhar que capta não só as manifestações individuais, mas as relações sociais estabelecidas em determinado contexto. Em Weber, o sentido é o que subjetivamente orienta a ação do indivíduo, que envolve um motivo sustentado pelo agente como fundamento da sua ação. A ação do indivíduo pode ser orientada pela ação de outros, mas agir ou não é uma escolha do indivíduo (COHN, 2003). Assim, para compreender os sentidos é necessário buscar a identificação dos motivos que, em certa medida, dão origem ou incrementam as ações dos sujeitos.

Iniciamos nossa análise identificando como se deu a entrada das crianças no Ensino Fundamental. Embora o Cadastro Escolar[6] limite as escolhas das famílias acerca da escola onde gostariam que seus filhos estudassem, identificamos como essas famílias lançam mão dos recursos de que dispõem para burlar as regras do Cadastro Escolar e de alguma forma escolher a escola que julgam mais adequada para seus filhos/as.

Revisando a literatura, Nogueira (1998, p. 54) afirma que os pais das classes mais favorecidas dispõem de recursos financeiros e de uma rede de relacionamento que lhes favorecem na escolha da melhor instituição de ensino para seus filhos. Segundo a autora, para as famílias das classes populares as questões que envolvem a vida prática são levadas em conta no momento da escolha mais que nas famílias das classes médias e altas: "distância da residência,

---

[6] Desde 1993 a Prefeitura de Belo Horizonte realiza o Cadastro Escolar por meio das agências dos Correios. O Cadastro Escolar é feito com a apresentação da conta de luz, processo que permite que os alunos estudem em local próximo de suas residências. Os responsáveis recebem em casa, por meio de correspondência, as informações sobre a data e a escola em que irão matricular suas crianças. Fonte: <www.em.com.br>. Acesso em: 21 maio 2014.

facilidades de locomoção e transporte, segurança, entre outros" (1998, p. 46). Esses aspectos, no entanto, não anulam a preocupação das famílias das classes populares com a qualidade do ensino ofertado na escola, embora os mecanismos usados para avaliar a escola sejam restritos às informações obtidas boca a boca nas suas redes de convivência (NOGUEIRA, 1998). Como veremos no trecho da entrevista a seguir, a mãe usa diferentes estratégias para escolher a escola que julga mais adequada para seu filho.

> **Pesquisadora:** Por que escolheu esta escola para matricular seu filho?
>
> **Mãe: Uma colega minha me falou que tinha uma amiga dela com um menino que estudava lá e que gostava muito do ensino.** Portanto, eu não tinha nem direito de estar nesta escola, por causa da minha localidade aqui. Era para eu estar aqui na *Escola C*, que fica até o quarto ano de grupo só. Eu não quis. **Eu arrumei uma conta de luz [de endereço] próximo de lá.** Eu tinha levado lá para *Escola B*, porque eu não sabia que a *Escola A* tinha de manhã. Só que na hora que eu cheguei na *Escola B*, que eu fui matricular o meu filho, **que eu vi aquela escola um breu, cheia de labirinto**, eu falei "não, aqui o meu filho não vai estudar. **Mesmo que eu pague particular**, aqui ele não fica não". O que eu fiz: **fui até a prefeitura, conversei com a menina, aí ela conseguiu essa vaga para mim na *Escola A*, que foi a melhor coisa.** (Mãe ID. 56)[7]

Na análise do conjunto das entrevistas realizadas, observamos que, em grande parte, a escolha da escola, assim como a escolha por matricular os filhos no PEI, se baseiam tanto na necessidade dos adultos quanto na praticidade para viabilizar a rotina da família: a proximidade com a casa ou com o trabalho, a facilidade para o trajeto trabalho-escola-casa e ter onde deixar a criança enquanto trabalham. Além desses aspectos, as famílias buscam uma escola que tenha boa indicação nas suas redes de relacionamento, que é a forma pela qual as famílias avaliam a qualidade da escola.

Para conhecer a trajetória escolar das crianças antes de sua inserção na escola municipal pesquisada, perguntamos às famílias entrevistadas se as crianças frequentaram alguma instituição educativa antes do Ensino Fundamental. Em caso afirmativo, indagamos se elas ficavam na escola em tempo integral ou parcial, e com quem ficavam quando não estavam na escola. As respostas evidenciam que são diferentes os sentidos que os levam a inserir os/as filhos/as na Educação Infantil, bem como na escola de tempo integral.

---

[7] Nesta, bem como em todas as demais transcrições de entrevistas foram suprimidos os nomes das escolas que a mãe menciona; os grifos são nossos.

Entre os doze familiares de crianças entrevistados, quatro disseram que seus filhos/as e neto haviam frequentado uma instituição de ensino em tempo integral ou parcial de zero aos 6 anos porque eles/as precisavam trabalhar.

> **Avó:** Desde a idade dos cinco meses ele já ficou na creche. E ficou até os seis anos, para depois vir para esta escola.
>
> **Pesquisadora:** E quando ele estudava na creche, ele ficava o dia inteiro?
>
> **Avó:** O dia todo. Dia inteiro. (Avó ID. 40)
>
> **Pai: Acabou a licença, já vai para a escola**. Porque não tem como deixar. Quando está acabando a licença já começa a levar. Leva umas duas horas no primeiro dia, depois leva umas quatro horas... Até deixar se adaptar. [...] Então as duas **ficavam o dia inteiro**. (Pai ID. 27)

Este pai continua sua fala demonstrando que para ele a existência da *família estendida ou ampliada* traz outras possibilidades de cuidado para as crianças. Conforme Sarti, nota-se que a família "ultrapassa os limites da casa, envolvendo a rede de parentesco mais ampla" (2003, p. 65). Na ausência dessa rede de parentesco, a opção que surge para essas famílias é recorrer a escolas que ofereçam jornada ampliada para garantir que as crianças estejam sob o cuidado de alguém enquanto o pai e a mãe trabalham.

> **Pesquisadora:** Por que escolheu a escola de tempo integral?
>
> **Pai:** [...] Igual, tem muita criança que a avó mora perto, ou tem um tio que pega... A gente não tem, porque a minha esposa só tem uma irmã. [...] O pai dela faleceu, ela tinha um ano de idade. Todo mundo trabalha hoje. Então não tem como deixar. Minha família é toda do interior, moro só eu aqui. **Então se eu tivesse uma irmã, um irmão, alguém para poder cuidar aqui, mas não tenho**. Então fica mais restrito ainda. Eu não tenho com quem deixar. Não tem jeito. **Tem que ficar no horário integral**. (Pai ID. 27)

Observamos também em nossas entrevistas que são as mães as primeiras a modificarem suas rotinas em favor da organização da rotina da família.

> **Pesquisadora:** Seus filhos frequentaram instituição de Educação Infantil?
>
> **Mãe:** Todos três fizeram. Desde pequenininhos. Todos eles, desde novinhos, um ano e meio. [...] Porque eu sempre trabalhei. Eu ficava pouco período em casa. Ficava seis meses, o resto trabalhava. E eu não gostava de ficar muito no serviço, um, dois, três anos. Que eu achava que eles ficavam muito sozinhos. Acabava que ficava com a minha mãe, aí acabava que eu pedia para sair com um, dois anos, aí dava um tempo com eles em casa... (Mãe ID. 10)

O relato dessa mãe, além de mostrar a importância que a família estendida tem na organização de sua rotina, evidencia o desafio que é para as mulheres se manterem no mercado de trabalho, buscando o equilíbrio entre a necessidade financeira e as demandas dos/as filhos/as, marido e demais familiares. Possivelmente, o desejo de realização profissional dessas mulheres assumia o segundo plano em suas prioridades, conforme assinala Bruschini (1998).

Nota-se que, de modo geral, a rotina escolar das crianças faz parte da organização do cotidiano das famílias. Quem leva, quem busca, qual o horário que cada um dos adultos vai e volta do trabalho, quanto tempo gastam no traslado, todos esses elementos devem funcionar em perfeita sintonia no cotidiano da família.

> **Pesquisadora:** Como o senhor descreve a rotina de vocês, o cotidiano da sua família?
>
> **Pai:** É rotina mesmo. A gente vive numa rotina... De manhã eu saio cedo, eu começo a trabalhar às 6 horas. Então eu saio, elas estão dormindo. Aí a Marta[8] [esposa] acorda cedo, o escolar passa aqui 6h50m. Ela tem que estar pronta às 6h50m. A Marta sai em torno de 8 horas para ir trabalhar, já deixa Mariana [filha de dois anos] na escolinha, e dali já vai. À tarde eu chego em cima da hora, pego a Júlia [filha de oito anos], venho aqui, 5 horas eu vou lá, pego a Mariana e fico aqui com as meninas. A Marta chega lá pelas 6, 6h30m. Já dou banho na Mariana... A Júlia já toma banho sozinha, já resolve as coisas dela quase sozinha. A Marta chega, a gente lancha, arruma as mochilas para o outro dia, porque de manhã não dá tempo de arrumar tudo. [...] E assim vai. (Pai ID. 27)

E quando o horário de trabalho não coincide com o horário de aula das crianças, a família precisa se articular com outras pessoas ou negociar concessões no local de trabalho.

> **Pesquisadora:** E é você que traz ela quando vem trabalhar?
>
> **Mãe:** Isso. Eu trago e pego ela.
>
> **Pesquisadora:** Você deixa ela na escola e vem trabalhar.

---

[8] Os nomes usados nessa pesquisa são fictícios para resguardar o anonimato de nossos/as entrevistados/as e de seus familiares.

Mãe: Isso. Aí eu vou lá e busco, deixo ela aqui no meu serviço até as cinco, e vou embora. (Mãe ID. 50)[9]

Essas famílias nos mostram que existe envolvimento e empenho por parte de várias pessoas para assegurar a rotina escolar das crianças. Não só a família convivente[10] se envolve nessa tarefa, mas também é acionada uma rede de apoio que envolve parentes e pessoas do local de trabalho.

Percebemos, nesses depoimentos, que a escola de tempo integral já se fazia presente no repertório de possibilidades das famílias no que diz respeito à escolarização dos/as filhos/as desde a Educação Infantil. Nessa etapa – na qual se decide pela primeira vez sobre a inserção das crianças nas escolas –, notamos que as ações das famílias são planejadas considerando a entrada na escola em um propósito: o do trabalho dessas famílias e a necessidade de garantir que as crianças sejam cuidadas e protegidas enquanto os adultos trabalham. Sendo esta, a principal motivação das famílias para a entrada das crianças no Programa Escola Integrada, assim como na Educação Infantil. Veremos a seguir como a participação das crianças nas atividades promovidas pelo PEI traz novos elementos possibilitando que as famílias ampliem os sentidos e significados que atribuem ao Programa.

Novos sentidos atribuídos ao PEI pelas famílias

No decorrer do processo de participação das crianças nas atividades ofertadas pelo PEI novos significados são formulados, uma vez que novos elementos surgem para serem avaliados. Essas famílias mostram-se surpreendidas com a oferta de atividades que ultrapassam os conteúdos curriculares obrigatórios e outros aspectos passam a ser destacados por elas como elementos importantes na vida escolar de seus filhos/as, a saber: cuidados, autonomia, socialização e atividades extracurriculares.

O cuidado, como vimos, é um dos principais sentidos atribuídos inicialmente pelas famílias para a inserção dos filhos no PEI. Percebemos que

[9] A mãe trabalha em uma confeitaria em frente à escola pesquisada.

[10] *Família convivente*, segundo definição adotada pelo IBGE, refere-se a todos os componentes que convivem na mesma residência.

esse elemento permanece ao longo da participação das crianças no Programa, embora com algumas modificações. As famílias passam a observar como esse cuidado é proporcionado a seus filhos/as com atenção ao atendimento de suas necessidades. Na fala dos familiares entrevistados, percebemos a preocupação que pais/mães/avós têm com a segurança, a alimentação e o carinho destinado às suas crianças.

> **Pesquisadora:** Por que você colocou seu filho no Programa Escola Integrada?
>
> **Mãe:** A princípio eu estava deixando ele na escola integrada mesmo porque eu estava precisando. Deixar ele lá para eu ir trabalhar. **Sabia que lá ele estava sendo bem cuidado**. Estava deixando na responsabilidade da escola. E aí é por isso que eu deixei ele lá. (Mãe ID. 11)
>
> **Pesquisadora:** Como você está avaliando o Programa?
>
> **Avó:** Eu concordo com as várias coisas que têm, **eles sabem cuidar deles**... O jeito de eles cuidarem. Quando eu chego lá, eu vejo as monitoras chegando, **o cuidado que elas têm, elas têm um amor de andar com eles**. Menino geralmente dá trabalho. E gente que toma conta, igual esses monitores que tomam conta, eu falo que tem que ter uma capacidade enorme para tomar conta, e eu acho que eles têm. (Avó ID. 40)

Observamos nesses depoimentos a confiança na escola e nos profissionais que nela atuam. Como nos disse uma mãe: "é uma tranquilidade a mais que eu tenho, porque ele está na escola". Além do cuidado no sentido das relações pessoais e atenção às necessidades básicas, as famílias se preocupam com a segurança de seus filhos, especialmente pelo fato das atividades do PEI acontecerem em espaços fora da escola. Essa característica do desenvolvimento do Programa deixou as mães inicialmente inseguras. Nas entrevistas, três disseram que, no início, tiveram receio, principalmente com o fato de as crianças terem que atravessar a rua. Mas, após as explicações dadas pela professora-coordenadora e pequenas observações dos momentos de circulação das crianças pelo bairro, passaram a ter mais confiança no Programa e nos oficineiros.

> **Pesquisadora:** Como que você ficou sabendo da Escola Integrada?
>
> **Mãe:** Na primeira reunião anual. Quando eles falaram eu fiquei com um pouco de medo, não é? "Ah será que eu vou ter coragem de deixar meu menino?" Não foi tão fácil não! Aí, na hora que eu perguntei onde é que ficava, aí ficava aqui [casa alugada - local onde esta entrevista foi realizada], aí eu falei: "Ai meu Deus! Esse menino vai descer essa rua sozinho!" Aí para mim foi uma liber-

tação! Libertação que eu falo, porque às vezes a gente quer proteger demais, a gente impede os filhos de crescer. **Um dia eu fiquei sentada na praça, para ver como é que era a rotina que eles pegavam os meninos**, para ver se ele estava conseguindo, se alguém estava dando a mão a ele. Eu falava: "Nossa! O meu filho não tem noção de trânsito! Quando tem que atravessar a rua..." Mas, a professora-coordenadora é uma excelente coordenadora! Muito tranquila! **Então, ela passa segurança, passa segurança no que faz**, passa segurança no que é aqui, as meninas, também, que estão com ela, e quando eu vi que todo mundo trabalha com muito carinho **isso também foi me trazendo mais tranquilidade**. (Mãe ID. 52)

Percebemos nas falas dos entrevistados/as que o medo que sentiam das crianças circularem pelas ruas foi superado e que passaram a ver o movimento das crianças pelo bairro, na cidade e região metropolitana (nas excursões promovidas pelo Programa) como oportunidades para os filhos e/ou netos desenvolverem a autonomia, conhecerem outros lugares, ampliarem seus conhecimentos e terem momentos de lazer que muitas vezes a própria família não tem condições de oferecer às crianças.

Pesquisadora: Você falou que os passeios ajudam no desenvolvimento. Que coisas eles desenvolvem quando têm esses passeios e excursões?

Avó: Eu acho que fica mais sábio com as coisas. O desenvolver que eu quero dizer, **eu acho que eles ficam mais espertos, devido a tudo, de andar de ônibus, sair. Então esses passeios influenciam muito a criança, porque eu acho que eles ficam mais independentes deles mesmos**. Então como diz, "eu vou fazer isso, vou fazer aquilo", então **eu acho que eles ficam mais independentes**. Ajuda bastante a criança. (Avó ID. 40)

Pesquisadora: E o que o senhor acha dessas excursões?

Pai: Acho ótimo. A Júlia adora, e é bom conhecer as coisas. Igual na Vale Verde mesmo **foi uma experiência excelente para ela**. Eu acho que ajuda a desenvolver muito nessas excursões. **Eles descobrem muita coisa**. (Pai ID. 27)

Pesquisadora: Você sabe que tem os passeios na Escola Integrada?

Mãe: Sei. Bom, eu gosto. Que pelo menos **a gente não tem tempo de sair com eles, de passear com eles. Pelo menos eles conhecem outros lugares**. (Mãe ID. 39)

Os entrevistados também relataram como significativos os momentos de convivência e interação de seus filhos com outras crianças no PEI. O Programa Escola Integrada, como lugar que amplia o tempo de convívio entre crianças, é especialmente bem avaliado pelas famílias que têm apenas um/a filho/a. Podemos dizer que as necessidades das crianças ganham evidência nesse momento e influenciam na forma como pais/mães e avó aqui citados passam a atribuir ao PEI um novo lugar na socialização de seus filhos. A mãe ID. 33 nos disse: "Eu acho que criança tem que ter contato com criança, tem que brincar".

Dentre as doze famílias entrevistadas, observamos que sete tinham apenas um filho ou filha. Para essas famílias o fato de ser filho/a único/a e não ter outras crianças da mesma faixa etária para brincar em casa, deixa a criança em desvantagem para desenvolver diferentes capacidades que para elas são melhor estimuladas na convivência com outras crianças.

> **Pesquisadora:** O que você avalia que mudou depois que seu filho começou a participar do PEI?
> **Mãe:** Por ele ser filho único, então, ele não ter convivência com outras crianças, eu acho que melhorou bastante. [...] Que a criança quando ela junta com outra, eu acho que ela tem um desenvolvimento melhor. (Mãe ID. 42)
>
> **Pesquisadora:** E por que você escolheu colocar ela na Escola Integrada?
>
> **Mãe:** Para ela ter atividade. Porque **ela vem aqui para casa, não tem ninguém para brincar, não tem nada para fazer**. E lá vai ensinar pra ela coisas. Por isso que eu coloquei. Ela aprende muita coisa lá! (Mãe ID. 55)
>
> **Pesquisadora:** Por que você escolheu deixar ele na Escola Integrada?
>
> **Mãe:** Para falar a verdade, mais é o lazer dele mesmo. Porque aqui ele não tem companhia. Porque o irmão dele, a diferença de idade é muito grande. E pelo fato de brincar, ele, assim, todo dia que chega, ele está bem-humorado, porque foi para escola, brincou. (Mãe ID. 33)

A participação das crianças no PEI possibilitou aos pais/mães/avó observarem que seus/as filhos/as e neto se beneficiam com a possibilidade de conviver em um ambiente favorável para o encontro com outras crianças. A maioria das famílias declarou, em suas falas, que perceberam de forma positiva a convivência de seus/as filhos/as com outras crianças fora do contexto familiar, enfatizando sua repercussão no desenvolvimento. Em alguns casos, as mães disseram que o convívio com outras crianças ajuda seus/as filhos/as a superarem momentos delicados e difíceis provocados pelo afastamento do convívio com o pai devido a divórcios ou a problemas de saúde.

Mãe: Para mim está sendo muito bom agora, no momento, porque ele não está ficando sozinho [antes ficava com o pai que no momento da entrevista estava hospitalizado]. Lá tem colegas para brincar. Brinca, briga! É aquela confusão toda! Mas eu, por enquanto, ainda estou gostando da escola. (Mãe ID. 56)

Mãe: E foi uma época que ele estava precisando muito de ter contato... Porque eu me separei recentemente. Então, eu acho que tudo isso ajudou ele bastante, supriu bastante. Porque o contato com criança... Eu acho que criança tem que ter contato com criança, tem que brincar. E eu acho que para ele foi muito bom. (Mãe ID. 33)

A escola de tempo integral possibilita que as famílias possam repensar a trajetória escolar de suas crianças, considerando agora as necessidades que são próprias desses sujeitos. Os novos significados que consideram aspectos como as condições de socialização das crianças invertem um pensamento comum sobre o lugar dos filhos nas famílias das camadas populares: a ideia segundo a qual os filhos têm um dever para com as famílias, o dever de contribuir com as atividades domésticas e de cuidar dos irmãos, como observou Sérgio Adorno (1993). Segundo Arroyo (2012), programas de ensino que ampliam a jornada escolar podem garantir às crianças e adolescentes das classes populares o direito a tempos-espaços de um justo e digno viver. Um pai em sua entrevista demonstrou que, de alguma forma, percebe que esse Programa faz parte de uma ação política que para ele envolve educação, segurança pública e cidadania.

Pai: Inclusive, a Dilma [presidente da República] falou que quer ampliar essa Escola Integrada. O Anastasia [governador do estado de Minas Gerais] também falou. [...] O que eu acho importante, enquanto os meninos estão na escola, não estão vagando, aprendendo coisa que não presta. Que acontece muito, o pai trabalha o dia inteiro, o menino vai pra casa, ninguém nem sabe onde que está, o pai e a mãe estão trabalhando, o menino sai, junta com outros... Quando está na escola é um sossego, aprendem as coisas lá dentro da escola. Eu acho que cresce cidadão. Bom para vida. Diminui muito essa criminalidade... (Pai ID. 27)

Embora não explicitem de forma direta a ideia de que as crianças possuem direitos, as famílias entrevistadas, em suas declarações sobre o PEI, reconhecem que a brincadeira é uma necessidade da criança, que está sendo considerada na organização dos tempos e espaços do Programa.

Por fim, e não menos importante, outro sentido atribuído pelos entrevistados ao PEI se relaciona à oferta de atividades extracurriculares. Estudos da sociologia da educação indicam que a trajetória escolar de crianças e adolescentes faz parte das preocupações das famílias. Em busca do sucesso escolar de seus/as filhos/as, os pais e mães adotam diferentes atitudes. Nogueira (1995) mostra que as classes mais favorecidas investem em atividades extraescolares como forma de potencializar o sucesso escolar de seus filhos.

Os estudos de Lahire (2004), bem como o de Carvalho *et al.* (2001), mostram que as famílias das camadas populares também se interessam pela inclusão de seus/as filhos/as em atividades extraescolares como forma de favorecer o rendimento escolar deles/as. No entanto, por diferentes motivos, muitas vezes suas ações são inviabilizadas: falta de tempo, dificuldade de deslocamento, recursos financeiros limitados. Todos os entrevistados para esta pesquisa manifestaram o desejo de matricularem, ou já tiveram matriculados, seus filhos em atividades extraescolares, embora os motivos apontados por eles sejam diversos e nem sempre ligados diretamente ao sucesso escolar.

Por exemplo, a aula de natação é apontada em sete das doze entrevistas realizadas e os motivos para essa escolha são variados: recomendação médica, benefício para a saúde, vantagens que a natação pode proporcionar ao desenvolvimento e ao comportamento, e garantia da segurança. Outra atividade apontada pelas mães são as aulas de futebol. Elas mencionam o interesse de inscrever seus filhos nessa atividade muitas vezes para atender um desejo deles. Alguns meninos já participaram por algum tempo e por diferentes motivos tiveram que interromper as aulas, mas o desejo dessas mães é de que eles possam voltar para as aulas de futebol. Além dos benefícios para a saúde, conforme nos disse a mãe ID. 33 ("é o mais importante"), o futebol é apontado pela mãe ID. 39 como uma possibilidade de obter ascensão social.

Além de atividades esportivas, nossos entrevistados falaram do desejo de matricular os/as filhos/as e neto em aulas de instrumentos musicais.

> **Mãe:** Eu tenho vontade de colocar ele em alguma outra atividade que ele gostasse mesmo de fazer. Ele tem vontade de fazer e eu tenho vontade colocar ele em alguma aula instrumental, violão. **Bateria, ele tem vontade de fazer**. Então eu tenho vontade de colocar ele em alguma coisa assim, além da integrada [Escola Integrada]. Pretendo olhar. (Mãe ID. 11)

O desejo de matricular os filhos e neto em aulas de instrumentos musicais é justificado pelas mães e avó como forma de atender uma vontade da criança e de oferecer algo a eles para além da escola.

As atividades de dança, balé e dança do ventre também foram citadas por um pai e uma mãe como atividade extraescolar de que as filhas já participaram. Uma mãe manifestou a vontade de que a filha voltasse a fazer aulas de balé. Esse desejo surge baseado nas experiências que a filha teve quando estava matriculada em instituição de Educação Infantil da rede privada, e as aulas de balé faziam parte das atividades ofertadas por aquela escola.

As atividades extraescolares também são apontadas pelas famílias como ferramentas que podem garantir vantagens no mercado de trabalho e na continuidade dos estudos. Neste aspecto cinco entrevistados/as apontam as atividades extraescolares, em especial de informática e língua estrangeira (inglês e espanhol), como importantes.

> **Pesquisadora:** E o que o senhor acha dessas atividades fora da escola?
>
> **Pai: Tudo é aprendizado, tudo é válido, para o conhecimento deles**. Uma coisa, também, que eu acho importante fazer, é língua, fora da escola. Porque eu não sei, na minha época em escola pública tinha inglês, e muito devagar. Eu não sei aqui como que é. Mas fazer um espanhol, ou um inglês fora é bom. Tem que começar agora desde nova informática também. Tem que ser isso: informática e línguas. **Pesquisadora:** Por que o senhor acha que essas são as mais importantes?
>
> **Pai:** Ah, **visando o futuro dela. Quando ela formar, que for fazer uma faculdade, formar, se ela já estiver [preparada] desde já, quando passar no vestibular**. E quando ela for arrumar emprego, a pessoa que domina outra língua, e tem bastante conhecimento em informática, hoje em dia precisa. Já visando o futuro. (Pai ID. 27)

Percebemos em nossas entrevistas que a justificativa apontada pelos entrevistados para a importância que atribuem a essas atividades leva em conta as próprias dificuldades enfrentadas por eles: "**Eu acho essas coisas importantes. Porque está fazendo falta para mim hoje**". (Mãe ID. 51).

Alguns entrevistados manifestaram esse desejo de poder oferecer aos filhos tais atividades extraescolares, atribuindo-lhes valor para o desenvolvimento físico, mental e emocional, bem como para ampliar as possibilidades de sucesso no mercado de trabalho e na continuidade dos estudos. Na impossibilidade de proporcionarem tais atividades naquele momento, as oferecidas pelo Programa Escola Integrada passam a ser analisadas como novas oportunidades para suas crianças.

> **Pesquisadora:** O que você acha de importante nessas atividades que o seu filho faz?

> **Mãe:** [...] Ajuda a desenvolver alguns lados que talvez só a escola, a escrita, talvez não desenvolva e essas outras práticas de esporte, de lutas, essas coisas assim ajudam a desenvolver esse outro lado da criança que é a disciplina, a coordenação motora. Eu acho que ajuda a desenvolver, então, isso é importante. (Mãe ID. 11)

Essas atividades são consideradas "algo a mais" que pode possibilitar aos filhos novas experiências e aprendizagens que provavelmente não teriam acesso se não fosse pelo PEI.

Conhecendo as atividades já ofertadas pelo PEI, essas famílias passam a elaborar novas expectativas para o Programa, explicitando outras atividades que poderiam e deveriam ser ofertadas para as crianças e adolescentes. Expressam, dessa forma, a ampliação do sentido inicial atribuído à participação de seus filhos e filhas no Programa, acrescentando ao sentido primeiro de apoio no cuidado e proteção enquanto trabalham, a ampliação de oportunidades de socialização e desenvolvimento das crianças e jovens.

Durante nossas entrevistas, pudemos perceber também certa avaliação de limites e inconsistências do Programa. Dentre as críticas feitas pelos entrevistados, a mais contundente refere-se à insatisfação com o fluxo de informação entre PEI e família. Pais/mães e avós indicaram em seus depoimentos que gostariam de ter, por parte da coordenação do Programa, mais informações sobre a rotina das crianças no turno ampliado, porque a informação que têm sobre a organização do PEI está baseada nos relatos das crianças.

> **Pesquisadora:** E você tem informação sobre o funcionamento do programa?
>
> **Mãe:** Mais ou menos. Porque às vezes tem até alguns dias que eu fico na dúvida sem saber se eu mando ou não mando, porque eu não sei o que tem naquele dia! Eu acho importante a gente saber a rotina. (Mãe ID. 52)

Ao demandarem melhoras na forma de comunicação do PEI com a família, podemos dizer que nossos entrevistados demonstram o desejo de saberem mais sobre a rotina escolar de seus filhos na jornada ampliada.

> **Pesquisadora:** Você tem alguma crítica ou sugestão para o Programa?
>
> **Mãe:** A gente quer é saber. Porque assim a gente conhece pelo que a professora fala, ou pelo que o seu filho fala, mas ver com seus próprios olhos o que acontece lá dentro a gente não vê. Não tem aquela coisa, assim, de você ver, entendeu? Nunca chamou. Acho que deveria ter uma participação dos pais

> naquele dia. Pelo menos uma vez. Porque os pais também trabalham. Mas, pelo menos uma vez eu acho que deveria ter. (Mãe ID. 42)

Observa-se que a demanda extrapola inclusive a simples informação sobre o que acontece no Programa, indicando que se trata de uma prática escolar desconhecida, havendo, inclusive, o desejo de conhecerem *in loco* o que ocorre no PEI. A demanda das famílias está em sintonia com o que consta na proposta do Programa de promover uma interação ampla com a realidade das crianças e adolescentes e de valorização do contexto sociocultural desses sujeitos e de suas famílias.

Considerações finais

A possibilidade de ouvir as famílias das camadas populares que inseriram seus filhos de 6 a 8 anos no Programa Escola Integrada de uma Escola Municipal da cidade de Belo Horizonte possibilitou compreender quão complexas são as condições dessas famílias e o esforço que fazem para assegurar a escolaridade de seus filhos. Auxiliou ainda para desfazer a ideia segundo a qual as famílias pobres atribuem reduzido valor à escola e à trajetória escolar dos seus filhos. Evidenciou-se que as famílias compreendem e valorizam a ampliação das experiências educativas de seus filhos, o que se expressa tanto nos esforços para a escolha da *melhor* escola, quanto nas reflexões que realizam sobre o Programa de ampliação da jornada escolar no que concerne à ampliação das experiências das crianças. Além disso, organizam-se no núcleo familiar de modo a favorecer a escolarização das crianças em condições adequadas.

Pudemos perceber ainda que mesmo que as crianças não tenham sido ouvidas no momento em que suas famílias decidiram matriculá-las no PEI, as reflexões realizadas pelos entrevistados indicam que as suas necessidades são compreendidas e consideradas, levadas em conta. Além disso, a pesquisa permitiu verificar que são as crianças as principais informantes de suas famílias sobre o que acontece no Programa. Desse modo, consideramos que são necessários novos estudos que auxiliem a compreensão do protagonismo das crianças na transformação dos sentidos e significados atribuídos ao PEI pelas famílias. Associada a essa questão, sinalizamos ainda a relevância das escolas possibilitarem uma maior participação das famílias em suas ações, pois a ausência de uma comunicação sistemática sobre as ações do Programa foi apontada por todas as famílias, deixando indícios de que a implementação da jornada ampliada em Belo Horizonte não tem conseguido possibilitar uma participação efetiva das famílias, algo dissonante numa proposta que tem em seu cerne a valorização das experiências educativas para além dos muros da escola.

Referências

ADORNO, Sérgio. A experiência precoce de punição. In: MARTINS, José de Souza (Org.). *O Massacre dos Inocentes*: a criança sem infância no Brasil. São Paulo: Hucitec, 1993. p. 181-209.

ALVES-MAZZOTTI, Alda J.; GEWANDSZNAJDER, F. *O método nas ciências naturais e sociais*. São Paulo: Pioneira Thomson, 1999.

ARROYO, Miguel G. O direito a tempos-espaços de um justo e digno viver. In: MOLL, Jaqueline (Org.). *Caminhos da Educação Integral no Brasil*: direito a outros tempos e espaços educativos. Porto Alegre: Penso, 2012. p. 33-45.

BELO HORIZONTE. Câmara Municipal. Lei n. 8.432, de 31 de outubro de 2002. Disponível em: <http://cm-belo-horizonte.jusbrasil.com.br/legislacao/831952/lei-8432-02>. Acesso em: 24 dez. 2013.

BERQUÓ, Elza. Arranjos familiares no Brasil: uma visão demográfica. In. NOVAIS, Fernando A. (Org.). *História da Vida Privada no Brasil*: contrastes da intimidade contemporânea. v. 4. São Paulo: Companhia das Letras, 1999. p. 411- 437.

BOGDAN, Robert Charles; BIKLEN, Sari Knopp. *Investigação Qualitativa em educação*. Porto: U. Porto Editorial, 1994.

BRUSCHINI, Maria Cristina. *Trabalho das mulheres e mudanças no período 1985-1995*. São Paulo: Fundação Carlos Chagas, 1998. [Relatório].

CARVALHO, Maria Eulina Pessoa. Relação entre família e escola e suas implicações de gênero. *Cadernos de Pesquisa*, São Paulo, n. 110, p. 143-155, jul. 2000.

______. Escola como extensão da família ou família como extensão da escola? O dever de casa e as relações família-escola. *Revista Brasileira de Educação*, Campinas, v. 25, p. 94-104, 2002.

CARVALHO, Marie Jane Soares; MACHADO, Juliana Brandão; ROSA, Tatiane da Silva. *Educação, Gênero e Temporalidades*: uma análise dos usos do tempo de crianças de classe popular da periferia de Porto Alegre. Porto Alegre, 2001. 62 p. [Relatório].

CAVALIERE, Ana Maria Villela. Educação integral: uma nova identidade para a escola brasileira? *Educação & Sociedade (CEDES)*, Campinas, v. 23, n. 81, p. 247-270, dez. 2002.

CAVALIERE, Ana Maria Villela. Tempo de Escola e Qualidade na Educação Pública. *Educação & Sociedade (CEDES)*, Campinas, v. 28, n. 100 - Especial, p. 1015-1035, out. 2007.

COHN, Gabriel. *Crítica e Resignação*: Max Weber e a teoria social. São Paulo: Martins Fontes, 2003.

GOMES, Jerusa Vieira. Socialização primária: tarefa familiar? *Cadernos de Pesquisa*, São Paulo, n. 91, p. 54-61, nov. 1994.

INSTITUTO BRASILEIRO DE GEOGRAFIA E ESTATÍSTICA – IBGE. Censo Demográfico 2010. Comunicação Social. Disponível em: <http://www.ibge.gov.br>. Acesso em: 20 jun. 2013.

KAMERS, Michele. As novas configurações da família e o estatuto simbólico das funções parentais. *Estilos da Clínica*, São Paulo, v. XI, n. 21, p. 108-125, 2006.

LAHIRE, Bernard. *Sucesso escolar nos meios populares*: as razões do improvável. São Paulo: Ática, 2004.

LECLERC, Gesuína de Fátima Elias; MOLL, Jaqueline. Programa Mais Educação: avanços e desafios para uma estratégia indutora da Educação Integral e em tempo integral. *Educar em Revista*, Curitiba, n. 45, p. 91-110, jul.-set. 2012. Disponível em: <http://www.scielo.br/pdf/er/n45/07.pdf>. Acesso em: 20 mar. 2014.

MOLL, Jaqueline. A agenda da educação integral. Compromissos para sua consolidação como política pública. In: MOLL, Jaqueline (Org.). *Caminhos da Educação Integral no Brasil*: direito a outros tempos e espaços educativos. Porto Alegre: Penso, 2012.

NOGUEIRA, Maria Alice. Famílias de camadas médias e a escola: bases preliminares para um objeto em construção. *Educação e Realidade*, Porto Alegre, v. 20, n. 1, p. 9-25, jan.-jun. 1995.

_____. A escolha do estabelecimento de ensino pelas famílias: a ação discreta da riqueza cultural. *Revista Brasileira de Educação*, Rio de Janeiro, n. 7, p. 42-56, jan.-fev.-mar.-abr. 1998.

_____. Família e escola na contemporaneidade: os meandros de uma relação. *Educação e Realidade: saber, experiência e comunicação*, Porto Alegre, v. 31, n. 2., p. 155-170, jul.-dez. 2006. Disponível em: <http://www.ufrgs.br/edu_realidade>.

OLIVEIRA, Maria Marly. *Como fazer pesquisa qualitativa.* Recife: Editora Bagaço, 2005.

PORTES, Écio Antônio. *Trajetórias escolares e vida acadêmica do estudante pobre da UFMG*: um estudo a partir de cinco casos. 2001. Tese (Doutorado em Educação)

- Faculdade de Educação, Universidade Federal de Minas Gerais, Belo Horizonte, 2001.

PORTES, Écio Antônio. O trabalho escolar das famílias populares. In: NOGUEIRA, Maria Alice; ROMANELLI, Geraldo; ZAGO, Nadir (Orgs.). *Família e Escola*: trajetória de escolarização em camadas médias e populares. Petrópolis: Vozes, 2008. p. 61-80.

RESENDE, Tânia de Freitas. Entre escolas e famílias: revelações dos deveres de casa. *Paidéia*, v. 18, n. 40, p. 385-398, 2008. Disponível em: <www.scielo.br/paideia>. Acesso em: 05 nov. 2013.

____. "Pela "janela" do dever de casa, o que se vê das relações entre escolas e famílias?" In: NOGUEIRA, Maria Alice; ROMANELLI, Geraldo; ZAGO, Nadir. (Orgs.). *Família & Escola*: novas perspectivas de análise. Petrópolis: Vozes, 2013. p. 199-253.

SARMENTO, Manuel Jacinto. Geração e Alteridade: interrogações a partir da sociologia da infância. *Educação e Sociedade*, Campinas, v. 26, n. 91, p. 361-378, maio-ago. 2005. Disponível em: <http://www.cedes.unicamp.br>. Acesso em: 21 mar. 2013.

SARTI, Cyntia Andersen. *A família como espelho*: um estudo sobre a moral dos pobres. São Paulo: Editora Cortez, 2003.

____. *A família como ordem simbólica*. São Paulo, 2004. Disponível em: <http://www.scielo.br>. Acesso em: 21 mar. 2013.

VIANA, Maria José Braga. Longevidade escolar em4 famílias de camadas populares. In: NOGUEIRA, Maria Alice; ROMANELLI, Geraldo; ZAGO, Nadir. (Orgs.). *Família e Escola*: trajetória de escolarização em camadas médias e populares. Petrópolis: Vozes, 2008. p. 45-60.

ZAGO, Nadir. Processo de escolarização nos meios populares: as contradições de possibilidade. NOGUEIRA, Maria Alice; ROMANELLI, Geraldo; ZAGO, Nadir. (Orgs.) *Família e Escola*: trajetória de escolarização em camadas médias e populares. Petrópolis: Vozes, 2008. p. 17-44.

As representações sociais das famílias de crianças e adolescentes vítimas de abuso sexual: um estudo sobre os processos educativos no Centro de Referência Especializado de Assistência Social de Teixeira de Freitas, Bahia[1]

Quitéria Rodrigues Costa
Adla Betsaida Martins Teixeira

Introdução

A violência sexual infantojuvenil, por seus impactos e representação social, se configura num complexo fenômeno social entrelaçado por diferentes nuances. Fatores histórico-culturais e socioeconômicos constituem o pano de fundo desse problema produtor de graves repercussões, sobretudo nos campos da saúde e dos direitos humanos de crianças e adolescentes.

No Brasil, o Serviço de Denúncia da Secretaria de Direitos Humanos da Presidência da República aponta números expressivos nos registros de denúncias de violência sexual contra crianças e adolescentes. O Relatório do Disque Denúncia 100, referente ao período de maio de 2003 a abril de 2010,[2] aponta que das 123 mil denúncias recebidas, 32% se referiam à violência sexual.

Dados mais recentes do Disque 100 relacionados aos meses de janeiro a novembro de 2012 demonstraram que a situação continua preocupante, visto

[1] Este artigo é parte da pesquisa de mestrado de mesmo título defendida na Faculdade de Educação da Universidade Federal de Minas Gerais.

[2] Disponível em: <http://www.mp.rn.gov.br. Acesso em: 26 jan. 2014.

que essa modalidade de violência ainda representa 29,2% do total das denúncias de violência contra crianças e adolescentes.[3] Tal percentual representa 40.799 denúncias, das quais 77% são de abuso sexual e 23% de exploração sexual.

De modo a esclarecer a categorização de tais dados, é importante destacar que o "macroconceito de violência sexual contra crianças e adolescentes envolve duas expressões: a *exploração sexual* e o *abuso sexual*" (BRASIL, 2013, p. 21). No entanto, a *exploração sexual*, considerada uma atividade sexual com crianças e adolescentes que implica em "relações de caráter comercial e mercantil" (FALEIROS, 2000, p. 20), não foi abordada em nosso estudo, nos dedicamos apenas às questões relacionadas ao *abuso sexual*.

Em relação à conceituação, de acordo com Sanderson (2005), o abuso sexual

> é influenciado de maneira intensa pela cultura e pelo tempo histórico em que ocorre, o que dificulta estabelecer uma definição aceita universalmente. [...] Há enormes problemas em definir o abuso na infância porque ele é de natureza social e reflete contextos e significados culturais, relatividade cultural, raça, consciência étnica, classe e tempo histórico em que ocorre. (SANDERSON, 2005, p. 1-2)

Considerando, portanto, as distintas definições sobre o abuso sexual e a ausência de um consenso em relação às suas definições, adotamos, pela sua abrangência e objetividade, o conceito apresentado pela Associação Brasileira Multiprofissional de Proteção à Infância e à Adolescência (ABRAPIA), que o define como:

> Situação em que uma criança ou adolescente é utilizado para a gratificação de um adulto ou mesmo de um adolescente mais velho, baseado em uma relação de poder, que pode incluir desde carícias, manipulação da genitália, mama ou ânus, "voyeurismo", pornografia e "exibicionismo", até o ato sexual com ou sem penetração, com ou sem violência física. (ABRAPIA, 1997, p. 6)

As práticas sexuais entre adultos e crianças têm sido representadas de diversos modos em diferentes tempos e culturas. Pois, "aquilo que se entende,

---

[3] Disponível em: <http://pt.scribd.com/doc/116272697/Relatorio-Disque-100>. Acesso em: 28 nov. 2013.

se nomeia, se pratica e se sofre como violência, muda ao longo do tempo, e também no mesmo tempo, nas diferentes culturas" (MEYER, 2009, p. 214). No contexto brasileiro, assim como na maioria das sociedades modernas, atualmente tais práticas são significadas como grave violência e crime contra os direitos humanos infantojuvenis, despertando diversas ações de enfrentamento do problema por parte do Estado, das famílias e da sociedade civil organizada, além de diversos organismos internacionais.

No atual contexto das políticas públicas de atendimento às crianças e adolescentes vítimas de abuso sexual no Brasil, o acompanhamento e apoio às famílias são considerados fundamentais. "É impossível falar do tema da violência sexual sem nos referirmos à família" (FALEIROS, 2005, p. 107). Isso porque esta é compreendida como parceira privilegiada dos órgãos de atendimento, tanto pela proteção que a família deve continuamente oferecer à criança e ao adolescente, quanto pelo apoio que a mesma necessita diante das dificuldades ocasionadas pelo abuso.

> Apesar das intensas reações dos pais ao abuso, estes se encontram despreparados para lidar com as sequelas emocionais e sociocomportamentais dos filhos vitimizados. Além disso, a sociedade tende a culpabilizar a família pelo abuso e pelo estado em que a criança se encontra, chegando a minimizar a atuação do agressor. (PAIXÃO; DESLANDES, 2011, p. 194)

Cada caso de abuso sexual possui uma história diferente despertando, portanto, emoções diferentes em cada família. O sentimento de culpa de muitas mães e pais, a vergonha, os traumas gerados nas crianças e o desmantelamento ou fragilização dos laços familiares, sobretudo quando o abusador é alguém da família, como o pai ou padrasto, são alguns dos inúmeros problemas que a família precisa enfrentar.

Dentre as políticas públicas de apoio e orientação às vítimas da violência sexual, destaca-se aqui o Centro de Referência Especializado de Assistência Social (CREAS), objeto deste estudo. Integrante do Sistema Único de Assistência Social (SUAS), o CREAS "é a unidade pública de abrangência e gestão municipal, estadual ou regional destinada à prestação de serviços a indivíduos e famílias que se encontram em situação de risco pessoal ou social, por violação de direitos" (BRASIL, 2011, p. 23). Enfim, oferece atendimento psicossocial à famílias e indivíduos de diferentes grupos geracionais vítimas dos mais diversos tipos de violência, incluindo a violência sexual.

Ao observar a realidade do CREAS de Teixeira de Freitas, no estado da Bahia, e realizar uma análise de documentos, leis, normas e orientações teórico-metodológicas norteadoras de sua ação, foi possível perceber uma dimensão educativa no trabalho da instituição. O trabalho social essencial ao desenvolvimento dos serviços incluía processos de "*orientação* e encaminhamentos para a rede de serviços locais; *orientação* sociofamiliar, *orientação* jurídico-social, *informação, comunicação* e defesa de direitos e apoio à família na sua função protetiva" (BRASIL, 2009, p. 20, grifos nossos).

Na prática dos profissionais, observou-se também a existência recorrente de processos educativos[4] na maioria de suas intervenções. O alcance dos principais objetivos da instituição no atendimento às vítimas de violência, sobretudo no atendimento às suas famílias, parecia depender de uma intervenção pedagógica, uma ação educativa que gerasse aprendizagens, mudança de comportamentos, empoderamento e não o mero acesso a algumas informações sobre a proteção das vítimas.

No atendimento às crianças e adolescentes vítimas de abuso sexual, esse componente educativo era ainda mais evidente. Contudo, chamava a atenção o papel da família neste processo. Percebia-se, por exemplo, que, na maioria das vezes, o atendimento psicológico individualizado era a única intervenção voltada diretamente às crianças e adolescentes vítimas, enquanto a família constituía o foco principal das demais intervenções. As orientações e informações destinadas à promoção de direitos e superação das situações de violência eram geralmente direcionadas à família, considerada pela instituição como imprescindível no processo de acompanhamento de suas crianças e adolescentes.

A Assistência Social elege a família como elemento central no desenvolvimento dos benefícios, serviços, programas e projetos. Isso encontra-se expresso nas diretrizes da Política Nacional de Assistência Social (PNAS). Partindo do reconhecimento da família como unidade/referência dentro da

4 Compreende-se por processos educativos, neste estudo, as interações, orientações e informações pelas quais os indivíduos e famílias atendidos no CREAS adquirem determinadas informações e conhecimentos necessários ao processo de superação das situações vivenciadas de violação de direitos. Incluindo as competências e conhecimentos sobre os direitos e o acesso a estes nos demais órgãos de atendimento, e a aprendizagem de novas atitudes para lidar com as consequências da violência em seus aspectos, sociais, psíquicos e jurídicos.

sociedade, a PNAS fundamenta-se na ideia de que ela é o espaço primeiro de socialização dos indivíduos e, para que cumpra tais funções, precisa ser protegida (PNAS, 2008).

Quando se trata da relação entre família e políticas sociais dirigidas à criança e ao adolescente, outros marcos legais e normativos devem ser considerados. No Estatuto da Criança e do Adolescente (ECA) e na Lei Orgânica de Assistência Social (LOAS), por exemplo, é claramente evidenciada a valorização do papel social da família. Tais ordenamentos defendem ações protetivas a serem assumidas pela família, postulando a sua importância e responsabilidade no bem-estar das crianças e adolescentes.

Considerando tais pressupostos sobre o papel da família no quadro das políticas sociais do Estado, de modo específico as políticas de enfrentamento da violência sexual, faz-se oportuno mudar um pouco a direção das abordagens acerca dessa relação dirigindo o foco para a perspectiva das famílias. Como estas representam políticas voltadas ao enfrentamento do abuso sexual infantojuvenil? Dado o recorte necessário à construção do objeto do estudo realizado, perguntamo-nos: quais as representações das famílias sobre os processos educativos desenvolvidos na dinâmica de atendimento do CREAS enquanto política pública voltada ao atendimento das vítimas da violência sexual? Quais as representações que estas famílias apresentam sobre as informações, orientações e conhecimentos vivenciados no processo de acompanhamento de suas crianças e adolescentes abusadas sexualmente? Como representam as "relações pedagógicas" estabelecidas entre os profissionais da instituição?

Diante do "convite" do Estado ao protagonismo das famílias no âmbito das suas políticas sociais, consideramos de extrema importância uma investigação que busque escutá-las e conhecer as suas representações sobre algo que diretamente lhes diz respeito. Escutar as famílias numa perspectiva dialógica, convidando-as a exercerem o direito de pronunciar a sua palavra sobre essas questões, é condição fundamental no processo de aprimoramento de políticas sociais de atendimento às vítimas da violência sexual infantojuvenil, como a desenvolvida pelo CREAS, abrindo caminhos para relações mais democráticas entre Estado e família.

Metodologia da pesquisa

O estudo fundamentou-se numa abordagem qualitativa de pesquisa e na perspectiva teórico-metodológica da Teoria das Representações Sociais (TRS). Considerando que a TRS está voltada para "crenças e saberes socialmente construídos, socialmente partilhados, com os quais e através dos quais nós pensamos, falamos, decidimos e nos apropriamos do mundo atribuindo-lhe sentidos" (GUARESCHI, 2011, p. 8), tal escolha firmou-se como adequada aos nossos propósitos.

Os sujeitos pesquisados foram treze famílias acompanhadas pelo CREAS de Teixeira de Freitas. O critério para a seleção destas famílias foi o de possuírem crianças ou adolescentes vítimas assíduas de abuso sexual no acompanhamento do CREAS, no período em que foi realizada a pesquisa. Os representantes das famílias participantes eram membros adultos, responsáveis pelo acompanhamento das crianças e adolescentes e que já possuíam um vínculo com a instituição. Dentre esses responsáveis, encontravam-se mães em sua maioria, avós, tias e um pai.

Objetivando identificar o modo como essas famílias representavam os processos educativos desencadeados no CREAS, tendo como foco da análise os saberes, os sentidos e as interpretações compartilhadas entre elas, adotou-se a técnica do *Grupo Focal.* A amostra final constituiu-se, portanto, de treze famílias distribuídas em dois grupos focais. Participaram do Grupo Focal A cinco pessoas, sendo todas mulheres: três eram mães e duas eram tias das crianças acompanhadas pelo CREAS. O Grupo B contou com a participação de oito pessoas, das quais seis mães, uma avó e um pai. Os encontros ocorreram na sede do próprio CREAS de Teixeira de Freitas, por se tratar de um ambiente familiar para os participantes e de fácil acesso aos mesmos.

A decisão de formar dois grupos pautou-se pela realização posterior de comparações a partir das diferenças manifestadas nas discussões em cada um, bem como pelo objetivo de potencializar a produção de um maior volume de informações para o enriquecimento do trabalho. Em ambos os grupos adotou-se um mesmo roteiro semiestruturado composto de dez questões. As discussões foram todas gravadas e posteriormente transcritas.

O estudo dos relatos colhidos nos dois grupos focais foi realizado a partir da comparação dos seus conteúdos representacionais, buscando com isso a ampliação do foco da análise e, consequentemente, o enriquecimento das reflexões. Os procedimentos de análise se estruturaram a partir das seguintes etapas: escuta do material gravado; leitura flutuante do material que foi transcrito na íntegra, mantendo-se as marcas de oralidade, conforme nas citações adiante; releitura e seleção do material a ser analisado (BARDIN, 1977). Num segundo momento, estabelecendo um critério de recorte para a análise dos conteúdos, os dados foram codificados e categorizados, procedendo-se à interpretação dos mesmos.

Buscando valorizar ao máximo as respostas dos participantes, as categorias emergentes foram delineadas a partir do agrupamento de respostas semelhantes verbalizadas pelas famílias às questões do roteiro aplicado em cada grupo focal. O conteúdo das falas encontra-se destacado de forma representativa no corpo do próprio texto de análise.

Apresentação e discussão dos resultados

Os processos educativos do CREAS nas representações das famílias: um "conjunto que Deus preparou para nós" ou "um CREAS para pedir mais apoio à justiça"?

No Grupo Focal A, composto apenas por mulheres, as participantes expressaram em seus discursos iniciais sentimentos de dor, vergonha e angústia quanto ao abuso sexual sofrido por seus filhos/filhas, e também sentimentos de esperança e gratidão quanto ao fato de estarem sendo acompanhadas pelo CREAS.

Emotivas e com um discurso marcado por valores religiosos, afirmavam que a força e a resistência encontradas para o enfrentamento "daquele problema"[5] provinham de Deus, expressando sentimentos de gratidão em relação ao CREAS, identificado como uma ação de Deus na vida delas.

> "E para a honra e glória de Deus eu sou guerreira e consegui dar a volta por cima através desse conjunto[6] que Deus preparou para nóis. Cê já pensou se Deus num tivesse preparado esse conjunto pra nóis? Deus deu condições

[5] Percebeu-se certo desconforto dos participantes em pronunciar claramente a expressão "abuso sexual". Na maioria das vezes, utilizavam expressões como: "o acontecido" ou "o problema".

[6] O conjunto a que a participante se refere diz respeito à equipe de profissionais do CREAS que na representação dela foi preparado por Deus para ajudá-la naquele sofrimento.

deles aprender viu? Estudou pra isso, tem muita paciência com a gente, que num é fácil a pessoa pegá a pessoa depressiva, quase louco, jogando pedra, cê entendeu?" (ANITA[7])

Além da influência de um discurso religioso, as falas do Grupo A revelam uma certa resignação em relação à responsabilização do agressor, como expresso por Anita:

> "Eu falei com ela assim ó, eu tô na igreja, só Deus, eu não quero... Mais ela falou óia Dona Anita, se você não fizer isso, mais tarde ele pode tá fazendo com outra pessoa e você vai ter e você vai ter que denunciar..." (ANITA)[8]

Já o Grupo B se manifestou de forma pouco resignada, mas muito indignado e com grande desejo de justiça em relação aos agressores dos seus filhos/filhas. Nos discursos de Pedro e Paula os mesmos desabafam:

> "A vontade que eu tenho hoje é matar [...] Eu tô esperando a justiça, mais se a justiça num fazer nada, ele vai pra vala..." (PAULA)

> "O processo é lento né? [...] O CREAS é um órgão pra ajudar os pais, reconstrói a vida da criança pra ser mais feliz e tal... Mas a gente precisa de um CREAS pra pedir mais apoio a justiça entendeu? O CREAS tá resolvendo o psicológico, tá normal, mas o problema de justiça..." (PEDRO)

Nesses sentimentos manifestados pelas famílias ficam evidentes dois aspectos importantes. De um lado, a representação do CREAS enquanto um espaço de apoio emocional e força ante a fragilidade em que as mesmas se encontram ao chegarem à instituição. De outro lado, um aspecto crucial para as famílias no contexto das situações de abuso sexual, que é a responsabilização criminal do agressor.

Enquanto as famílias do Grupo A mantiveram um discurso mais resignado, tendo até mesmo a atitude de ignorar os seus agressores e representando o CREAS como um espaço de apoio que as auxilia na reconstrução dos aspectos emocionais, o Grupo B se posiciona de outra forma. Para este, a instituição é vista como um espaço de apoio não apenas aos aspectos emocionais, mas também no processo de responsabilização dos abusadores. Desse modo, seria

---

[7] Utilizou-se nomes fictícios para proteger a identidade dos participantes.

[8] Esta fala refere-se ao estímulo que ela disse ter recebido da psicóloga para denunciar o agressor do seu filho.

o CREAS, na representação das famílias, "um conjunto que Deus preparou" para ajudá-las nos aspectos emocionais e sociais? Ou um CREAS para "pedir mais apoio à justiça? ".

Apesar da responsabilização do agressor não ter sido o foco deste estudo, entende-se que este assunto é parte importante do atendimento do CREAS, fazendo-se presente no conteúdo representacional das famílias sobre o órgão. Para muitas famílias, há grande dificuldade em se responsabilizar o agressor, seja por questões de ordem afetiva quanto ao mesmo, medo de retaliações, ou até mesmo pelo fato de o abusador ser o provedor daquela família. Já para outras, a "busca pela responsabilização do agressor tem uma importância subjetiva para a vítima e seus responsáveis" (ARRUDA, 2009, p. 12). Desse modo, sendo essa questão algo tão relevante para muitas famílias e o CREAS um espaço também de apoio jurídico-social, conforme revelam as mesmas e o que igualmente preconiza o Manual de Orientações Técnicas do CREAS (BRASIL, 2011), é compreensível, portanto, que a responsabilização do agressor tenha emergido de forma contundente, sobretudo no Grupo B.

Na representação do CREAS enquanto "um conjunto que Deus preparou", percebe-se a centralidade no apoio frente às questões de caráter emocional, mas sem muitas preocupações com a justiça dos homens. No entanto, essa questão também merece maior atenção, tendo em vista que, em situações de violação de direitos, a justiça é algo imprescindível não apenas do ponto de vista individual, mas, sobretudo, para a vida em sociedade.

Quanto às representações específicas ao atendimento prestado às famílias pelo CREAS, todas as participantes apresentaram percepções positivas.

> "É ótimo trata a gente super bem, nossa! As pessoas é carinhosa com a gente. [...] Eu só tenho a agradecer pela paciência, por olhar a gente como ser humano." (VÂNIA)

> "É muito gostoso, é muito bom, vocês achar que tá sozinho e de repente você num tá sozinha, de repente tem um monte de pessoa te ajudando [...] Se preocupa com uma pessoa que num é nada dele, que num tem vínculo nenhum [...] Enquanto tem gente da família que num tá nem aí. Eu não pude contar com ninguém da minha família, oh com quem eu vim contar..." (ANITA)

> "O CREAS é aquele apoio, aquela conversa, aquela calma, assim a conversa ajuda muito, aqui me ajudou bastante tanto a mim quanto a minha filha." (MELISSA)

As percepções e sentimentos apresentados em ambos os grupos parecem fundamentar-se principalmente no suporte emocional recebido, na cordialidade das relações cotidianas dentro da instituição, na escuta e postura acolhedora das profissionais.[9] Desse modo, considera-se que as posturas apontadas sobre as profissionais constituem-se elementos que ajudam a identificar as representações que essas famílias fazem do CREAS, ou seja, como um lugar de apoio, sobretudo emocional, de parceria e acolhida.

A psicóloga como profissional de referência nas representações das famílias

O CREAS possui uma equipe profissional interdisciplinar, composta por profissionais de nível médio e profissionais de nível superior nas áreas de Serviço Social, Psicologia e Direito (BRASIL, 2011). As famílias são atendidas por todos esses profissionais em diversos momentos da dinâmica de acompanhamento. Sendo assim, algumas questões relacionadas à relação família/profissionais foram investigadas no processo de coleta das representações das famílias.

Ao indagarmos os participantes sobre quais eram as profissionais que as vinham atendendo no CREAS e de qual profissional se sentiam mais próximos, as primeiras a serem citadas foram as psicólogas. Os dados do estudo mostram, portanto, a centralidade das psicólogas, frequentemente citadas pelas famílias nos dois grupos focais. Vejamos os relatos abaixo:

> "Pra mim aqui, número 1 é ela! [a psicóloga]. Num tem outra não! Ela parece que sabe participar do problema da gente, ela é... parece que foi com ela." (PEDRO)

> "A psicóloga. Da forma que ela foi conversando comigo, foi colocando na mente pra mim, como lidar com a situação, como fazer que era pra que minha filha não ficasse com trauma né? Pra acalmar e acalmar minha filha pra mim

[9] Considerando que a equipe profissional do CREAS que participou desta pesquisa é composta por mulheres, todas as referências a esta serão realizadas no feminino. Em relação à psicologia, por exemplo, pesquisa do Conselho Federal de Psicologia (CFP) aponta que a psicologia é uma profissão de mulheres, com cerca de 89% de psicólogas em todo o Brasil (CONSELHO FEDERAL DE PSICOLOGIA, 2013).

> não ficar relembrando o que aconteceu contando pra ela né? Pra não ficar com trauma, eu me sinto mais com ela." (MELISSA)

A proximidade dessas famílias com as psicólogas parece justificar-se pelo apoio emocional recebido. A "conversa" que traz calma, que orienta e a frequência com que essas "conversas" ocorrem parecem fazer desta profissional uma referência importante na perspectiva das famílias. Assim, para Emília, por exemplo, "é a psicóloga, não só pelo modo como ela atendeu minha filha né e sim pelo modo que ela me ensinou a conviver com tudo". Ou seja, para as famílias, especificamente as mães, a psicóloga é importante também pelo auxílio que lhe presta por meio das orientações que "ensinam" a lidar com o sofrimento.

Embora as demais profissionais, como assistente social e advogada, atendam demandas importantes que auxiliam diretamente nas condições objetivas e também subjetivas de vida das famílias (moradia, benefícios sociais, reconhecimento de paternidade, pensão alimentícia, escola, responsabilização do agressor, saúde, dentre encaminhamentos diversos para acesso a outros direitos),[10] o trabalho delas praticamente não aparece nos relatos das famílias. Quando mencionadas, surgem como demandadas pela psicóloga, identificada como mediadora nas relações entre as famílias e as demais profissionais na dinâmica de atendimento do CREAS. Essa percepção é representada na fala de Anita que afirma:

> "Mais eu quero dizer a psicóloga por quê? Quando o problema já vem pra passar por elas já vai direito nela. Então depois dela, aí vem devido a conversa que cê tá tendo com ela, aí ela vai jogando... Isso aí já não é mais pra mim, eu vou jogar esse problema aí agora nas mão da assistente social, isso é pra assistente social, aí vem passa você pra sala entendeu?" (ANITA)

Nesse sentido, é importante refletir se a ação das psicólogas tem sido de fato mais significativa para as famílias ou se os outros profissionais ficaram ausentes nos relatos por não conseguirem estabelecer uma comunicação que se aproxime mais das necessidades subjetivas das mesmas. Uma comunicação efetiva entre os vários seguimentos profissionais do CREAS, com uma maior

[10] As informações sobre o trabalho desempenhado pelas demais profissionais (assistentes sociais e advogada) entre as famílias foram relatadas durante as entrevistas individuais realizadas com as famílias.

interconexão de suas ações, seria fundamental. De outra maneira, tem-se uma organização com profissionais atuantes apenas num nível individual, autônomo, centrada nos encaminhamentos internos e incapaz de estabelecer metas comuns, com uma comunicação efetiva e coerente nas ações entre as famílias.

"Pra dá mais atenção, dá mais carinho pra ficar protegido": as representações sobre as orientações recebidas

Partindo do objetivo de se compreender as representações das famílias sobre a dimensão educativa do trabalho do CREAS, estas foram indagadas sobre quais orientações/informações receberam dos profissionais para ajudá-las no acompanhamento de seus filhos/filhas. Vemos os seguintes relatos:

> "Que era pra mim passar por ele [agressor] e não falar nada, se ele falasse comigo pra mim falar, e que eu não deixasse meu filho sozinho hora nenhuma, com ninguém desconhecido. Que quando passasse alguém dando uma bala que era pra mim orientar, não vai, não incosta [*sic*] perto de gente desconhecido." (ANITA)

Já Melissa recebeu a seguinte orientação: "Pra dá mais atenção, dá mais carinho pra ficar protegido."

Outras orientações dadas pelo CREAS, segundo Meire e Anita, foram:

> "Ela falou, nas suas horas vagas, porque eu tenho muita criança pequenininha, e aí nas minhas horas vagas, quando a outra tivesse dormindo que eu colocasse a Angélica no meu colo né? E carinhasse, às vezes eu tô carinhando as duas ao mesmo tempo, uma de lado e outra de outro." (MEIRE)

> "Que eu ajudasse meu filho, que eu não dissesse para meu filho assim, 'você é culpado, eu vou pegar você e vou bater' [...] Que ele precisava muito de mim nesse momento e que as vezes meu filho não falou comigo porque a pessoa poderia tá ameaçando ele... Tudo foi a orientação que eu recebi e que eu agi da melhor maneira possível." (ANITA)

Os relatos evidenciam que as orientações do CREAS são sempre dadas pelas psicólogas, novamente peça principal desse processo educativo estabelecido com as famílias. As orientações mencionadas nos dois grupos focais referem-se especificamente a informações sobre como lidar com o agressor e como lidar com a criança/adolescente vitimizada, no sentido de garantir o afeto e a proteção necessários. Assim, os relatos dessas famílias evidenciam não apenas o caráter educativo dos atendimentos no CREAS, mas também denotam o conteúdo das orientações, em sua maioria voltadas para as questões de ordem afetiva.

Nesse sentido, considerando que a maioria quase absoluta dos participantes deste estudo era de mães, sugere-se que a ênfase nas orientações de caráter afetivo possa estar relacionada tanto com os aspectos que essas famílias consideram mais complexos ou desafiadores na situação do abuso sexual, quanto com a representação das profissionais sobre o papel feminino na família. Estes aspectos, por sua vez, relacionam-se aos cuidados com a vítima e à relação com o agressor. Essas situações demandam dessas mulheres grandes esforços.

Devido às dificuldades em se responsabilizar criminalmente a maioria dos agressores do abuso sexual intrafamiliar, grande parte das mães, mesmo após o rompimento da relação conjugal com o abusador, quando este é o seu companheiro, frequentemente é obrigada a conviver com o mesmo em sua rede de parentalidade ou de vizinhança. Tal fato encontra-se representado nas falas das participantes abaixo:

> "Ele tá bem trabalhando aí, eu queria que ele tivesse distrais das grades." (MEIRE)
>
> "Até hoje aquele pilantra tá lá andando pra cima e pra baixo". (PAULA)

Essa convivência forçada é em alguns casos quase inevitável, situação que demanda dessas mães mudanças de comportamento não muito simples quanto às relações cotidianas no convívio familiar e nos espaços frequentados pelo abusador.

No que se refere às orientações e aprendizagens sobre os cuidados com a vítima, estão muito presentes nos relatos das famílias a questão do afeto e da proteção por parte das mães. Ou seja, essa questão parece ser reforçada pelo CREAS, sobretudo nas intervenções da psicóloga/psicologia.

Considerando o papel histórico-cultural atribuído às mulheres e mães quanto ao amor e cuidados para com as crianças, estes dois sentimentos aparecem como fundamentais nas análises sobre o abuso sexual infantojuvenil. Segundo Mattos e Lima (2012):

> No contexto do abuso sexual as mães são compreendidas enquanto os atores adultos primordiais na proteção da sua prole, sendo também a resposta ma-

terna face ao abuso elencada como um dos fatores chaves na recuperação das crianças. (MATTOS; LIMA, 2012, p. 04)

Essa representação social sobre o papel das mães parece orientar as intervenções dos profissionais que trabalham nos serviços de atendimento às vítimas do abuso sexual, inclusive no CREAS de Teixeira de Freitas. Na política de assistência social, campo em que se deu este estudo, a centralidade na família é considerada um dos princípios norteadores na ação dos seus serviços de apoio, que na maioria das vezes elege a mulher/mãe como principal parceira.

Quando as mães atendidas pelas profissionais do CREAS afirmam que são orientadas a dar mais *atenção, carinho e proteção* e a *não culpabilizar o filho/filha* pela situação do abuso sexual, nota-se claramente uma dimensão educativa por trás dessa orientação. No entanto, as representações sociais dessas mães a respeito dessa questão se revelam quando falam sobre seus sentimentos em relação às orientações recebidas no CREAS.

> "Aqui você se sente protegido, a gente se sente assim, óia eu tenho assim toda essa vergonha, mas eu não tenho vergonha de me abrir com vocês sabe? Muitas coisas você fica lá com medo pensando como é que você vai fazer, como é que você vai falar aí quando você chega de frente pra aquela pessoa a sua vontade é falar mais e mais e mais..." (ANITA)

> "As orientações que eu tô recebendo aqui tá dando certo. Os meninos também lá obedecem as orientações que eu tenho, que levo. Então pra mim tá ótimo." (ROSA)

> "Tudo que a psicóloga mandava eu fazer eu fazia em casa, então o que ela mandava fazer dava tudo certo... Foi difícil, mais ela falou assim; você tem que fazer, cê tem que ser forte, se você não fazer, você não vai conseguir." (VÂNIA)

Parece haver nas falas dessas mulheres uma aceitação obediente e sem questionamentos das orientações dadas pelas profissionais. Nota-se, aqui, portanto, a autoridade do discurso científico, advindo das psicólogas e profissionais do CREAS, que, por sua vez, dificilmente seria contestado por alguma mãe com um filho/a numa situação de violência como o abuso sexual.

Nesse sentido, cabe refletir em que medida esse discurso da mãe-protetora presente nas orientações do CREAS desautoriza a mãe, ensinando-a a ser mãe, a cuidar melhor de seus filhos, enfim, a aceitar que de certa maneira foram negligentes. Estariam essas orientações centradas em valores ou modelo de família pertencente a uma classe social diferente da realidade dessas famílias?

Outro aspecto a ser observado nos relatos dessas famílias é que essas orientações tendem a funcionar como base para a proteção futura dos seus filhos/as. Além disso, possuem também uma característica psicoterapêutica, abrindo espaço para a expressão de angústias e tabus que ainda geram vergonha. Tudo isso proporciona às mães um sentimento de autoconfiança. A confiança de que conseguirão "desempenhar melhor" as suas funções de educar, cuidar e proteger os filhos/as após a experiência do abuso sexual.

Para Melissa, de todas as instituições pelas quais passou com a sua filha após o abuso, as orientações do CREAS foram as mais importantes:

> "Primeiro lugar é aqui. Assim, tanto não só por causa que o CREAS ajuda em relação ao acontecido, mais ajuda a gente a lidar com a situação porque é choque. E o negócio é que eles têm o modo de conversar com a gente que é muito maravilhoso gente! Num tem como falar assim é bom, é mais ou menos, não. É ótimo! Porque você tá numa situação, praticamente num barco à deriva, você chega lá no final, como se olhar pros quatro cantos, e ver a pessoa chegar numa calma, é assim você vai por esse caminho aqui. Do jeito que eles falam com a gente poxa, como se nada tivesse acontecido." (MELISSA)

A percepção de Melissa evidencia uma representação positiva das orientações e informações recebidas pelo CREAS, que por sua vez vai ao encontro de algo fundamental para as mães, ou seja, como lidar com a situação tanto do ponto de vista do apoio à vítima, quanto do sofrimento psicológico que o abuso lhe impõe.

Costa *et al.* (2009), define o sofrimento dessas mães como de ordem sacrificial do feminino que se expressa nos sentimentos de culpa e de responsabilidade que essas carregam diante do abuso sexual de seus filhos/as. Esses sentimentos abalam a sua honra, sua autoestima e a eficiência em seu papel de mãe (COSTA, *et al.*, 2009). Por isso, a relevância de serviços de apoio e orientações para as mães de crianças vítimas são avaliados positivamente por unanimidade entre os estudiosos desse assunto. Os dados aqui coletados parecem corroborar essa avaliação, visto que as mães participantes desta pesquisa veem a ação do CREAS como tendo efeitos bastante satisfatórios.

Além das orientações relacionadas à educação e proteção das crianças/adolescentes, bem como aquelas referentes ao modo da mãe lidar com o conjunto de questões que emergem a partir da situação de abuso, para Emília e Meire contaram muito também as orientações do CREAS sobre o afeto.

"É uma ajuda muito grande. Eu antigamente não era carinhosa com a filha, hoje eu tô muito. Hoje em dia ela vem me falar te amo, antigamente não conseguia falar te amo pra ela. Eu falo que amo ela e não vou abandonar ela por nada." (EMÍLIA)

"As orientações daqui reforçou né, ficar mais no pé, ficar mais atento pra isso nunca mais acontecer. A psicóloga aconselhou fica mais alerta mãe, né fica mais alerta na escola..." (MEIRE)

Estudo realizado com famílias de crianças e adolescentes vítimas de abuso sexual em acompanhamento psicossocial no contexto de um Grupo de Apoio Multifamiliar (COSTA, *et al.*, 2009), demonstrou que um dos aspectos marcantes na avaliação dos participantes sobre a importância do grupo de apoio se refere às orientações relacionadas às questões aqui abordadas.

É interessante constatar que a melhor lembrança das famílias no grupo diz respeito às orientações específicas sobre como lidar com os filhos, como, por exemplo: conversa sobre como cuidar do filho, reflexão sobre como proteger os filhos depois do acontecido e trocas sobre a decisão de deixar ou não a criança brincar na rua sozinha. Afinal entendemos que o recebimento de uma orientação específica dada por um profissional especialista no assunto é considerado importante para as entrevistadas. De igual importância é as mães, poderem discutir a questão da autoridade em relação aos filhos em função dos momentos nos quais se tem dificuldades e lidar com esse aspecto nas práticas educacionais e formativas, ou ainda de retomar o lugar de autoridade perdido no vínculo com o filho. (COSTA, *et al.*, 2009, p. 6)

As análises do estudo supracitado corroboram os relatos das famílias acompanhadas pelo CREAS de Teixeira de Freitas. A fragilidade das mesmas ante o drama da violência sexual e a situação de vulnerabilidade social em que vive a maioria, faz com que o recebimento de orientações sobre como proceder em determinadas situações cotidianas se torne fundamental, reforçando a relevância do caráter educativo de um trabalho como o desenvolvido pelo CREAS.

Na perspectiva da TRS, além das representações dessas mulheres sobre as orientações em si, é importante analisar ainda alguns dos aspectos relacionados ao processo de apropriação e significação dessas orientações. Enquanto formas de conhecimento prático, as representações sociais possuem diversas funções, dentre elas a *função social* (orientação das condutas e das comunicações), *função afetiva* (proteção e legitimação de identidades sociais) e *função cognitiva* (familiarização com a novidade), segundo Spink (1993).

Tomando aqui as funções social e cognitiva, é possível analisar uma questão que se faz importante no contexto desta pesquisa. Quando as mães aceitam as informações e orientações dadas pelas profissionais do CREAS e as avaliam e representam como pertinentes e úteis em seus cotidianos, essas representações, ou seja, os conhecimentos, os sentimentos e as crenças que elas construíram sobre essas orientações, cumprem em seus contextos de vida uma função social e cognitiva. Nesse sentido, além dessas representações passarem a orientar as condutas e comunicações (função social) entre suas crianças e adolescentes, também desempenham a função de familiarizar essas mães com o novo quadro pós-abuso sexual (função cognitiva).

Considerações finais

O trabalho com os grupos focais permitiu o alcance do objetivo principal do estudo, que foi compreender as representações sociais que famílias de crianças e adolescentes vítimas de abuso sexual apresentam sobre os processos educativos desencadeados nas intervenções do Centro de Referência Especializado de Assistência Social – CREAS – do município de Teixeira de Freitas (BA). A partir das questões apontadas pelas famílias ali envolvidas, foi possível apontar algumas pistas que podem gerar melhor efetividade no trabalho desenvolvido pela instituição.

O CREAS de Teixeira de Freitas possui nas representações sociais das famílias um significado importante, pois se apresenta como um espaço de *apoio emocional*, mediado por um trabalho de orientações direcionado às famílias, especialmente as mães, que "aprendem" a lidar com as suas fragilidades e as adversidades consequentes do abuso sexual de suas filhas/filhos.

Tendo em vista a relevância do *suporte emocional* na representação das famílias participantes do grupo focal, é essencial considerar a necessidade de um contínuo aprimoramento das práticas no serviço de psicologia do CREAS de Teixeira de Freitas. Entende-se que, para uma ação efetiva nesse sentido, é necessário manter um processo de formação continuada, além do apoio emocional às profissionais que lidam cotidianamente com o sofrimento das famílias.

Além do suporte emocional, *a responsabilização dos abusadores* também aparece como sendo de grande importância para muitas famílias. Desse modo, entende-se a necessidade de algum tipo de ação da parte do CREAS em relação a esse assunto. Sem a intenção de impor qualquer responsabilidade alheia ao seu papel, cabe refletir a possibilidade de uma ação política e formativa junto a essas famílias no intuito de lhes oferecer um apoio mais efetivo na busca pela justiça.

Outro aspecto que aparece nas representações das famílias estudadas refere-se à *identificação das famílias com a profissional de psicologia*. O atendimento às vítimas de abuso sexual pressupõe uma intervenção interdisciplinar em que os diferentes saberes devem se articular numa dinâmica de complementaridade, sem que um se sobreponha aos demais. Os aspectos emocionais são essenciais; no entanto, enquanto responsável pela condução do processo interventivo, é importante que o CREAS esteja atento para ajudar a família a não se fixar em um único ponto desse complexo fenômeno, enxergando também os condicionantes sociais, culturais e jurídicos implicados no abuso sexual. Essa mudança de representação sobre o CREAS poderá contribuir para a garantia dos direitos dessas famílias e crianças e, consequentemente, proporcionar uma formação cidadã visando a (re)construção da autonomia e de novas possibilidades de interação familiares e comunitárias.

Ademais, confirma-se aqui a hipótese da dimensão educativa das ações do CREAS, função inevitável no atendimento a essas famílias. Nesse sentido, resguardando direitos e contribuindo para uma formação cidadã, o CREAS pode e tem uma ação de empoderamento de vários sujeitos que estão à margem da sociedade: crianças, adolescentes, famílias e mulheres. A lentidão do sistema judiciário em responder aos apelos dos familiares por justiça, talvez seja superada com uma ação do CREAS em informar e formar essas famílias para que construam estratégias coletivas de pressão por respostas. Casos de abuso sexual na infância não podem continuar a ser julgados como um problema individual, de uma família, mas como um atraso e negligência do Estado em garantir segurança coletiva, para todos os cidadãos, independente da classe social, sexo, cor de pele, credo, orientação sexual etc.

Referências

ASSOCIAÇÃO BRASILEIRA MULTIPROFISSIONAL DE PROTEÇÃO À INFÂNCIA E À ADOLESCÊNCIA – ABRAPIA. *Abuso Sexual*: mitos e realidade. 3. ed. Petrópolis: Autores & Agentes & Associados, 1997.

ARRUDA, Jalusa Silva de. Defesa e Responsabilização: a prática do CEDECA/BA. In: ARRUDA, Jalusa Silva de; SANTOS, Sandra (Orgs.). *Viva Maria! Viva João! Construindo Estratégias Para o Enfrentamento à Exploração Sexual*. Salvador: CEDECA/BA, 2009.

BARDIN, Laurence. *Análise de Conteúdo*. Lisboa: Edições 70, 1977.

BRASIL. *Estatuto da Criança e do Adolescente*. Lei Federal n. 8.069, de 13 de julho de 1990. Dispõe sobre o estatuto da criança e do adolescente e dá outras providências. Diário Oficial da União, Brasília, DF, 13 jul. 1990.

BRASIL. *Lei Orgânica de Assistência Social*. Lei Federal n. 8.742/1993. Dispõe sobre a organização da assistência social e dá outras providências. Diário Oficial da União, Brasília, DF, 07 dez. 1993.

BRASIL. *Lei do Sistema Único de Assistência Social*. Lei Federal 12.435/2011. Altera a Lei n. 8.742, de 7 de dezembro de 1993, que dispõe sobre a organização da Assistência Social. Diário Oficial da União, Brasília, DF, 06 jul. 2011.

BRASIL. Ministério de Desenvolvimento Social e Combate à Fome. Secretaria Nacional de Assistência Social. *Política Nacional de Assistência Social. PNAS/2004*. Brasília: MDS, 2008.

BRASIL. Ministério de Desenvolvimento Social e Combate à Fome. Conselho Nacional de Assistência Social. *Tipificação Nacional dos Serviços Socioassistenciais*. Brasília: MDS, 2009.

BRASIL. Ministério de Desenvolvimento Social e Combate à Fome. Secretaria Nacional de Assistência Social. *Orientações Técnicas: Centro de Referência Especializado de Assistência Social - CREAS*. Brasília: Gráfica e Editora Brasil, 2011. 120 p.

BRASIL. Conselho Nacional de Assistência Social. *Resolução n. 17/2011*. Ratifica a equipe de referência definida pela Norma Operacional Básica de Recursos Humanos do Sistema Único de Assistência Social – NOB-RH/SUAS e reconhece as categorias profissionais de nível superior para atender as especificidades dos serviços socioassistenciais e das funções essenciais de gestão do Sistema Único de Assistência Social – SUAS. Diário Oficial da União, Brasília, DF, 21 jun. 2011.

BRASIL. Secretaria de Direitos Humanos da Presidência da República. *Plano*

Nacional de Enfrentamento da Violência Sexual contra Crianças e Adolescentes. Brasília, 2013.

CONSELHO FEDERAL DE PSICOLOGIA. *Gênero na Psicologia: articulações e discussões*. Salvador: CRP-03, 2013.

COSTA, Liana Fortunato; ALMEIDA, Tânia Mara Campos de; RIBEIRO, Maria Alexina; PENSO, Maria Aparecida. Grupo multifamiliar: espaço para a escuta de famílias em situação de abuso sexual. *Psicologia em Estudo*, Maringá, v. 14, n. 1, p. 21-30, jan.-mar. 2009.

COSTA, Liana Fortunato; ALMEIDA, Tânia Mara Campos de; PENSO, Maria Aparecida. O grupo multifamiliar como uma intervenção no abuso sexual infantil e adolescente. In: COSTA, Liana Fortunato; LIMA, Helenice Gama Dias de (Orgs.). *Abuso Sexual*: a justiça interrompe a violência. Brasília: Liber Livro Editora, 2008.

FALEIROS, Vicente de Paula. Abuso Sexual de Crianças e Adolescentes: trama, drama e trauma. In: COSTA, Liana Fortunato; ALMEIDA, Tânia Mara Campos de. (Orgs.). *Violência no Cotidiano*: do risco à proteção. Brasília: Liber Livro, 2005.

FALEIROS, Eva T. Silveira. *Repensando os Conceitos de Violência, Abuso e Exploração Sexual contra Crianças e Adolescentes*. Brasil. MJ/DCA/UNICEF/ CECRIA, 2000.

GUARESCHI, Pedrinho A.; JOVCHELOVITCH, Sandra (Orgs.). *Textos em Representações Sociais*. 12. ed. Petrópolis: Vozes, 2011.

MATTOS, Isabela Alves; LIMA, Isabel Maria Sampaio Oliveira. Maternidade e o Abuso Sexual Infantil Intrafamiliar: garantir um colo protetor. *Journal of Human Growth and Development*, v. 22, n. 3, p. 373-377, 2012. Disponível em: <http://pepsic.bvsalud.org/scielo.php?pid=S0104128220120003000014&script=sci_arttext>. Acesso em: 05 jan. 2014.

MEYER, Dagmar E. Estermann. Corpo, Violência e Educação: uma abordagem de gênero. In: BRASIL. Ministério da Educação, Secretaria de Educação Continuada, Alfabetização e Diversidade. *Diversidade Sexual na Educação: problematizações sobre a homofobia nas escolas*. Brasília: UNESCO, 2009.

PAIXÃO, Ana Cristina Vanderley da; DESLANDES, Suely Ferreira. Abuso Sexual Infantojuvenil: ações municipais da saúde para a garantia do atendimento. *Ciência e Saúde Coletiva*, v. 16, 2011.

SANDERSON, Christiane. *Abuso Sexual em Crianças*: fortalecendo pais e professores para proteger crianças de abuso sexual. São Paulo: M. Books do Brasil, 2005.

SPINK, Mary Jane. O Conceito de Representação Social na Abordagem Psicossocial. *Cad. Saúde Pública*, Rio de Janeiro, v. 9, n. 3, jul.-set. 1993.

Raça, miscigenação e branquitude como elementos constitutivos da identidade nacional brasileira[1]

Ana Amélia de Paula Laborne
Nilma Lino Gomes

> Antes de ser pensada em termos de cultura, ou em termos econômicos, a nação foi pensada em termos de raça.
> *Mariza Corrêa*

Introdução

Um grande laboratório racial.[2] É essa a imagem que a historiadora e antropóloga Lilia Moritz Schwarcz (1993) nos apresenta do Brasil no século XIX. Nesse período, as ciências estavam engajadas em resolver uma questão crucial: como construir o futuro de uma nação marcada pela escravidão e que produzira um país de mestiços?

O cientista político e historiador José Murilo de Carvalho, ao estudar a construção da cidadania em nosso país, afirmou que nesse mesmo período, o "Brasil era uma construção política, um ato de vontade movido antes pela

---

[1] Este artigo apresenta parte das reflexões desenvolvidas na tese de doutorado *Branquitude em foco: análises sobre a construção da identidade branca de intelectuais no Brasil*, defendida no Programa de Pós-graduação em Educação Conhecimento e Inclusão Social, da FAE/UFMG, sob a orientação da Profa. Dra. Nilma Lino Gomes.

[2] Embora já seja exaustivamente discutido, nunca é demais relembrar que trabalhamos com o conceito de "raça" entendido como uma construção social.

mente que pelo coração" (CARVALHO, 2002, p. 77). A construção da identidade nacional brasileira foi um ato político e deliberado das elites brancas que se deu através da articulação da mestiçagem e do ideal de branqueamento como um projeto de nação. A mestiçagem foi a argamassa ideológica que possibilitou o discurso de nacionalidade e a formação da nação brasileira, pois apenas a garantia de uma coexistência pacífica entre negros, brancos e índios possibilitaria a fundação do que chamamos hoje de povo brasileiro. Na verdade, a mestiçagem foi e ainda é uma problemática central para pensarmos o Brasil.

A mestiçagem como branqueamento não se restringiu a um projeto de nação no passado. Esses elementos são constantemente atualizados em nossas práticas cotidianas. Influenciam nossos gostos e preferências e definem nossas construções do que é o belo. Reafirmam, dessa maneira, a supremacia da branquitude.

Compreender a mestiçagem como um elemento constitutivo de nossa identidade que foi, ao longo do tempo, positivado nas artes, na literatura e na política brasileira, nos permite atentar para as sutilezas da continuidade de tal projeto para o Brasil e o quanto ainda estamos comprometidos com o ideal do branqueamento.

A mestiçagem surge como discurso, como uma retórica expressiva capaz de construir ilusoriamente uma mentalidade inclusiva. É apresentada como justificativa para a negação do racismo e nos faz acreditar que, por sermos mestiços, somos imediatamente uma nação que conseguiu expurgar o racismo. No entanto, a complexidade de nossa identidade nacional está justamente no fato de reproduzirmos o racismo apesar de nossa miscigenação. Reforçamos, assim, os elementos da branquitude que sustentam a hegemonia e os privilégios dos brancos.

A falta de reflexão sobre as ações e o papel dos brancos na construção das desigualdades raciais no Brasil é um mecanismo que persistentemente reitera a manutenção das hierarquias raciais como um problema exclusivamente dos negros. Maria Aparecida Bento (2002) nos coloca que até mesmo sujeitos brancos com ações mais progressistas e que se envolvem no combate às desigualdades e às opressões têm, muitas vezes, silenciado a participação de seu grupo racial na produção e reprodução do racismo no Brasil.

A autora afirma que é importante entender o conceito de branquitude para compreendermos a construção de uma ideia de nacionalidade brasileira.

> O silêncio, a omissão, a distorção do lugar do branco na situação das desigualdades raciais no Brasil têm um forte componente narcísico, de autopre-

servação, porque vem acompanhado de um pesado investimento na colocação desse grupo como grupo de referência da condição humana. (BENTO, 2002, p. 30)

A utilidade de se levar em conta a branquitude no contexto brasileiro é a possibilidade de uma releitura das relações políticas e culturais e sua dimensão racial, deslocando o foco do "problema do negro" para uma perspectiva relacional.

No presente artigo buscaremos analisar como a branquitude, juntamente com a mestiçagem e o ideal de branqueamento, faz parte de um discurso pouco explícito, e não por isso menos poderoso, que esteve presente na construção de nossa identidade nacional. Entende-se branquitude como um modo de comportamento social, a partir de uma situação estruturada de poder, baseada numa racialidade tida como neutra, não nomeada, mas sustentada pelos privilégios sociais continuamente experimentados.

A construção da identidade nacional: raça e branquitude no Brasil

Nas décadas finais do século XIX, o Brasil se apresentava como um país em vias de mudanças. A monarquia e a escravidão, instituições sobre as quais a sociedade brasileira e o Estado até então se assentavam, eram apontadas como empecilhos para a modernização da nação. Temas como a República, a abolição da escravatura e a transição para o trabalho assalariado eram recorrentes entre as elites e os intelectuais que pensavam um projeto de modernização para o Brasil.

Era um "tempo de transição". Segundo Célia Marinho Azevedo (1987, p. 60), a passagem de um Brasil colonial para um novo Brasil, fundado a partir das ideias de ordem e progresso e da construção de uma identidade nacional. Pensar a construção do "povo brasileiro" nesse contexto era tarefa árdua diante das dimensões continentais do país e da heterogeneidade racial da população. Tendo como referência de progresso o modelo de civilização europeia, as elites brancas intelectuais buscavam construir um imaginário que pudesse conferir identidade ao nacional.

Para Márcia Naxara (1991, p. 183), o período de transição do século XIX para o século XX surge como um momento propício para a construção desse imaginário, uma vez que, em contextos internacionais, a busca pelo progresso dava origem a sistemas classificatórios que diferenciavam os povos entre bárbaros e civilizados.

As questões que se colocavam para o pensamento brasileiro, como o progresso, a ciência, a identidade, a Nação, dialogavam com outro elemento importante: a raça. A imagem dessa nação híbrida e mestiça e, portanto, degenerada, construída por viajantes e naturalistas em seus relatos eram acolhidas e difundidas por grande parte da intelectualidade brasileira. (SCHWARCZ, 1993, p. 137).

Nesse momento, a representação do Brasil passava pela ideia de que a miscigenação havia degenerado cultural e biologicamente o povo brasileiro e dera origem a um povo vadio, fraco, doente, incapaz de se constituir como nação. O que se colocava, então, para os intelectuais brasileiros da época era um impasse: como conciliar a presença de uma população majoritariamente mestiça e negra nesse processo de construção de uma identidade nacional pensada a partir das elites brancas e tendo como inspiração a Europa Ocidental e não a América Latina?

Para a maioria dos estudiosos (RODRIGUES, 1890; VIANNA, 1987) da época, a saída foi enaltecer a figura do branco construída, muitas vezes, de maneira idealizada. Negros e mestiços foram considerados como inferiores, um verdadeiro obstáculo à construção da identidade nacional devido à sua irracionalidade. Representavam, dessa maneira, um retrocesso no caminho rumo à modernização da nação. Eram homens de seu tempo que, elegendo a raça como elemento fundante da ideia de nacionalidade, percorreram um caminho ambíguo, pois, ao mesmo tempo que definiam seu objeto de estudo, o povo brasileiro, estavam definindo sua categoria social (CORRÊA, 1998, p. 41).

Essa visão negativa da população negra foi forjada por uma geração de intelectuais na década de 1870, e essas representações, construídas ideologicamente, ganharam *status* de "verdade científica", cristalizando-se no imaginário coletivo brasileiro e sendo internalizado pelo próprio povo (NAXARA, 1991).

O que se observou nesse momento, foram os intensos debates sobre a cultura nacional que objetivavam estabelecer parâmetros para se pensar o futuro do Brasil enquanto nação. É nesse contexto que se insere a obra do médico maranhense Raimundo Nina Rodrigues (1862-1906). Filho do Coronel Francisco Solano Rodrigues, proprietário de terras, e de Luiza Rosa Nina Rodrigues, descendente de uma família de judeus que chegara ao

Maranhão fugindo de perseguições político-religiosas na Europa, matriculou-se na faculdade de Medicina da Bahia em 1882, e em 1885 se transferiu para o Rio de Janeiro, onde se formou médico (CORRÊA, 1998, p. 319).

Assim como outros intelectuais de seu tempo, Nina Rodrigues absorveu ideias estrangeiras sobre o racismo científico buscando adaptá-las para a realidade brasileira. Manteve contato com a Escola Criminalista Italiana e com a Escola de Medicina Legal Francesa, assumindo muitas das concepções biológico-essencialistas a respeito de raça de seus colegas europeus.

A partir da perspectiva de raça enquanto um construto biológico, acreditava que era necessário distinguir com rigor raças puras primitivas de raças cruzadas, considerando a existência de três raças primitivas: a raça branca, a raça negra e a raça vermelha. Acreditava que nenhuma raça cruzada (ou mestiça) poderia figurar entre essas, pois estariam em transição, sob o risco inclusive de desaparecer (RODRIGUES, 1890).

Em 1890, na obra *Os mestiços brasileiros*, Nina Rodrigues classificou as raças que constituíam o povo brasileiro. A raça branca seria composta pelos europeus e seus descendentes que não fossem miscigenados. Nessa categoria poderiam ser incluídos também os mestiços que, após certo número de cruzamentos com a raça branca, voltavam à mesma. A raça negra era representada por africanos escravizados e trazidos pelo tráfico e seus descendentes sem mistura, além de mestiços que voltavam à raça negra. Em 1894, em *As raças humanas e a responsabilidade penal no Brasil*, o autor propõe uma atualização desse sistema classificatório, incluindo a raça vermelha que descreve como os indígenas.

Após descrever essas três raças, que chamava de primitivas, o autor buscou delimitar o grupo que identificou como mestiços, admitindo as diferenças morfológicas internas do grupo. Os mamelucos ou caboclos seriam a mistura do índio com o branco, tendo os mamelucos uma maior proximidade com a raça branca. O produto da mistura do índio com o negro seriam os cafuzos ou curibocas. Já os pardos seriam a mistura das três raças, com predominância de mulatos com os índios.

Como resultado do cruzamento de brancos e negros, os mulatos poderiam ser classificados em três subgrupos: os mulatos de primeiro sangue, os mulatos claros e os mulatos escuros (RODRIGUES, 1933). Interessante observar como Nina Rodrigues identificava a possibilidade de o grupo dos mulatos ser classificado tanto como negros (mulatos escuros) quanto como brancos (mulatos claros). Mais do que isso, o autor mostrava-se preocupado com o crescimento do grupo dos mulatos claros que poderia significar a diluição da raça branca, sendo assim uma ameaça à pureza da raça.

Para o autor, a questão racial no Brasil poderia se tornar rapidamente um problema, pois a vantagem numérica de negros e mestiços em algumas regiões do país seria um risco caso essa população tomasse consciência de sua situação, ameaçando a dominação branca.

A inferioridade racial de negros e mestiços, em relação aos brancos, era algo inquestionável para Nina Rodrigues. A mestiçagem, por sua vez, era um retrocesso e deveria ser evitada, pois, além de significar uma degenerescência, representava uma ameaça à supremacia branca, ou seja, aos elementos distintivos que caracterizavam a branquitude.

Conectado com o pensamento de sua época, o autor afirmava que, para a formação de uma verdadeira nação, era necessário contar com certa homogeneidade da população. Para ele, a miscigenação entre raças de patamares evolutivos distintos produziria, inevitavelmente, indivíduos híbridos e, consequentemente, degenerados. Em *As raças humanas e a responsabilidade penal no Brasil* afirmava que se a nação pretendia sustentar a raça negra e mestiça como inferiores e mais propícias à violência do que a raça branca deveria existir também responsabilidades penais distintas para esses grupos.

No contexto do debate proposto por Nina Rodrigues havia um impasse: como construir uma identidade nacional a partir de uma concepção que salientava as diferenças da população? O impasse se mantinha e o elemento raça continuaria a ser um tema importante para a construção da identidade nacional na primeira metade do século XX.

Uma vez que a mestiçagem não era vista positivamente pelas teorias racialistas dos finais do século XIX, os intelectuais que pensavam o Brasil no início do século XX se viram com a difícil tarefa de adaptar tais teorias para refletir a realidade de um país que já era miscigenado. A solução para esse impasse foi a valorização da miscigenação.

A mestiçagem passa a ser, então, a solução possível, uma vez que por meio dela se daria o branqueamento da população brasileira. Interessante pensar esse momento como uma transformação da mestiçagem em ideologia de Estado que irá basear a construção nacional. Essa mudança na visão de mundo reinventa o país na medida em que constrói a possibilidade da convivência harmoniosa entre os diferentes grupos raciais existentes no Brasil.

A ideologia da mestiçagem encontra em Gilberto Freyre sua principal expressão intelectual. O sociólogo Gilberto de Mello Freyre nasceu em 1900, na cidade de Recife, Pernambuco. Filho do professor e juiz de direito Alfredo Freyre e de Francisca de Mello Freyre, aos 18 anos mudou-se para os Estados Unidos da América para estudar. Conclui seu bacharelado em Artes Liberais na Universidade de Baylor, com especialização em Ciências Políticas e Sociais. Na Universidade de Columbia desenvolveu seus estudos de mestrado e doutorado em Ciências Políticas, Jurídicas e Sociais, retornando ao Brasil no ano de 1923.

Freyre foi um dos mais influentes teóricos no campo da sociologia do século XX. Contrariando as teorias racialistas de finais do século XIX, em seu primeiro e mais conhecido livro, *Casa-grande & senzala*, publicado em 1933, afirma que o determinismo racial não influencia o desenvolvimento de uma nação.

Na obra, a colonização portuguesa no Brasil é descrita como suave, aberta e tolerante, o que resultou na mestiçagem racial. Diferentemente do que ocorreu nos países de colonização inglesa e francesa, o Brasil seria o exemplo de um exitoso processo de formação nacional apoiado na constituição de uma cultura mestiça que se assenta na valorização da mistura como o jeito de ser brasileiro (FREYRE, 2001).

Criou-se a concepção de que o país era constituído pela mistura de três raças (lusitana, africana e autóctone indígena), em uma fórmula criada pelos portugueses que absorvia especificidades, mitigava diferenças e criava uma harmonia cultural e racial. Essa unidade na diversidade transformou-se na crença de que o Brasil era uma nação sem divisões, uma verdadeira democracia racial.

Para Jacques d'Adesky (2001), a construção ideológica dessa democracia racial pode ser classificada como uma forma de racismo, pois celebrar a miscigenação significa, em alguma medida, enaltecer o embranquecimento da população brasileira.

Nesse contexto, podemos afirmar que a construção do mito de um povo mestiço associada à ideologia da superioridade branca possibilita o não questionamento da identidade racial dos brancos, reiterando através da invisibilidade os privilégios associados à branquitude.

A ideia de raça é, nesse momento, desqualificada enquanto instrumento de discursos públicos, apesar de continuar orientando a ação dos indivíduos e as hierarquizações estabelecidas entre os diferentes grupos raciais. Essas são as bases do mito da democracia racial, componente indispensável da ideologia da mestiçagem e elemento fundante da supremacia branca. Temos, então, a culturalização do racismo como forma de dominação branca.

Interessante observar que a construção da ideia dessa brasilidade mestiça, monocultural em sua hibridização, é o que possibilitava distinguir o Brasil do restante do mundo. A capacidade de assimilação do que é significativo e importante de outros povos projetou a cultura brasileira como uma alternativa às ideologias que embasaram o genocídio que os diferentes povos enfrentaram durante a Segunda Guerra Mundial.

No início da década de 1950, a Organização das Nações Unidas para a Educação, Ciência e Cultura (UNESCO) patrocinou uma série de pesquisas sobre as relações raciais no Brasil. O Projeto UNESCO, como ficou conhecido, tinha como objetivo analisar as razões da existência de relações harmoniosas entre as raças no Brasil (MAIO, 1999).

A ideologia da democracia racial já vinha sendo contestada pelos movimentos sociais. No âmbito acadêmico, essa crítica se torna mais contundente a partir do amplo inventário produzido pelo Projeto UNESCO que evidenciou uma forte correlação entre *status* socioeconômico e raça no Brasil. Nesse contexto, podemos destacar o papel fundamental do sociólogo Florestan Fernandes ao criticar a crença na existência de uma democracia racial no Brasil.

Florestan Fernandes nasceu em 1920 na cidade de São Paulo. Filho de uma migrante portuguesa, não conheceu o pai. Sua mãe trabalhava como doméstica e desde muito cedo Florestan começou a trabalhar para ajudar nas despesas. Seu ingresso precoce no mercado de trabalho o fez abandonar os estudos no terceiro ano do primeiro grau. Retomou-os mais tarde, e aos dezoito anos de idade ingressaria na Faculdade de Filosofia, Letras e Ciências Humanas da Universidade de São Paulo, graduando-se em ciências sociais em 1945. Neste mesmo ano iniciou sua carreira docente como assistente do professor Fernando de Azevedo na cadeira de Sociologia da USP (FREITAG, 1987).

Fernandes e outros autores da escola paulista de sociologia fomentaram a construção de um novo consenso que divergia radicalmente da proposição de Gilberto Freyre. Criticavam profundamente a ideia de harmonia racial no Brasil como fruto de uma escravidão suave no período colonial. Na verdade, argumentavam que sustentar a ideia de uma igualdade entre as raças, mesmo que como um mito, colaborava para o fortalecimento do racismo em nossa sociedade.

Em um de seus mais importantes trabalhos, *A integração do negro na sociedade de classes*, publicado em 1965, o autor revela uma sociedade profundamente desigual no que diz respeito à raça. Ao tratar da revolução burguesa como um fenômeno estrutural, buscou contextualizar a situação do trabalhador negro, iniciando um processo de desmonte da ideologia da democracia racial brasileira, nomeando-a como um mito.

Fernandes ainda destaca em sua obra a violência da escravidão, e busca compreender os efeitos dessa violência para a população negra, afirmando inclusive que a escravidão havia provocado uma espécie de "deformação" nos negros, impedindo-os de competir em condições de igualdade quando da universalização do trabalho livre. É interessante observar como, ao analisar essa realidade, o autor não considera as consequências que a escravidão teve sobre a construção identitária dos brancos no Brasil.

Ao analisar a obra do referido autor, Maria Aparecida Bento (2002, p. 49) nos lembra de que, aliás, "a decisão de escravizar ou a omissão frente ao sistema escravocrata já carrega em si indiscutíveis sinais de deformidade moral e ética". A autora chama a atenção para a importância dos estudos de Florestan Fernandes para compreendermos algumas dimensões da branquitude no Brasil.

Outro ponto de destaque na obra de Florestan Fernandes a que nos referimos acima é a responsabilidade imputada aos negros em superar as barreiras impostas pela discriminação racial. Para o autor, a omissão dos brancos seria um elemento que contribui para a perpetuação do racismo. No entanto, Maria Aparecida Bento (2002) afirma que, ao destacar o papel dos brancos nesse processo, "não podemos chamar de omissão o papel da elite branca de virar as costas ao negro, tendo em vista que ela virou as costas, sim, mas sem deixar de carregar consigo toda a riqueza produzida em quase quatro séculos de trabalho escravo" (BENTO, 2002, p. 49).

Ao definir a sociedade de classes como um mundo branco, Fernandes considera as tentativas de ascensão social e integração da população negra como reflexos de seu desejo de branquear. Temos aí a legitimação do branqueamento como um problema dos negros, sem a necessidade de abordar o branco brasileiro nesse contexto. No entanto, não podemos desconsiderar que também a elite branca brasileira busca encontrar-se em sua descendência europeia, tornando o branqueamento uma questão que atinge brancos e negros no Brasil (BENTO, 2002).

Permanece uma questão de fundo: a dificuldade dos brancos brasileiros de olhar para o seu próprio grupo racial. Importante intelectual negro, contemporâneo de Florestan Fernandes, o sociólogo Guerreiro Ramos, já analisava o fascínio de cientistas brancos pelo "problema do negro brasileiro", considerando-o enquanto uma "patologia do branco no Brasil". Afirmava que a patologia consiste no "branco", que não é branco segundo critérios europeus, afirmar-se por duas vias: lembrando ansiosamente seus antepassados europeus e estudando o negro, ao lado de quem sua brancura é ressaltada.

> [...] o que se tem chamado no Brasil de "problema do negro" é reflexo da patologia social do "branco" brasileiro, de sua dependência psicológica. Foi uma minoria de "brancos" letrados que criou esse "problema", adotando critérios de trabalho intelectual não induzidos de suas circunstâncias naturais diretas. (RAMOS, 1957, p. 191-192)

Conhecendo a trajetória de Alberto Guerreiro Ramos (1915-1982) podemos compreender com mais profundidade sua produção intelectual. Guerreiro Ramos nasceu em Santo Amaro da Purificação, Bahia, filho de Vítor Juvenal Ramos e de Romana Guerreiro Ramos. Já em Salvador, paralelamente à sua educação formal, contou com acompanhamento de um padre de origem alemã que foi uma espécie de preceptor em sua juventude (AZEVÊDO, 2008).

Apesar de sua origem humilde, fez parte de uma elite, de uma geração intelectual baiana. Em 1939, mudou-se para o Rio de Janeiro e, em 1942, formou-se em Ciências Sociais pela Faculdade Nacional de Filosofia da Universidade do Brasil. No ano seguinte, concluiria seu curso de Direito, iniciado em Salvador, pela Faculdade do Rio de Janeiro. Na primeira metade da década de 1950 assumiu como diretor do departamento de sociologia do Instituto Superior de Estudos Brasileiros (ISEB) no Rio de Janeiro.

Guerreiro convive em um contexto acadêmico no qual os estudos sobre as relações raciais já estavam consolidados e eram realizados, em sua grande maioria, por pesquisadores brancos. As reflexões do autor sobre a importância de uma assimilação crítica das teorias, sobre o papel político da sociologia e seus questionamentos acerca dos estudos realizados sobre a população negra brasileira lhe garantem uma importância singular no âmbito acadêmico. No entanto, Guerreiro Ramos parece ter sido marginalizado, excluído do rol dos renomados cientistas sociais brasileiros (FIGUEIREDO; GROSFOGUEL, 2007).

No contexto dos anos de 1950, Guerreiro Ramos travou debates acalorados com seus pares, explicitando desencontros teóricos e políticos principalmente com Florestan Fernandes, expoente na constituição do campo da sociologia acadêmica na Universidade de São Paulo.

A polêmica entre Florestan Fernandes e Guerreiro Ramos na segunda metade da década de 1950 versava principalmente sobre os rumos da sociologia brasileira e sobre o desenvolvimento do sistema político em nosso país. Na verdade, os embates travados entre os dois intelectuais tinham como pano de fundo uma disputa mais ampla, a oposição entre o ISEB e a escola paulista de sociologia da USP. Podemos caracterizá-la, então, como uma disputa pela hegemonia das ciências sociais no Brasil (MALTA; KRONEMBERGER, 2009).

Como intelectual de seu tempo, Ramos procurava elaborar uma explicação da sociedade brasileira e de suas transformações e a questão racial era um elemento que vinha despertando o interesse de intelectuais brasileiros desde, pelo menos, a segunda metade do século XIX. Nessa perspectiva, buscou elaborar uma sociologia nacional que pudesse revelar as reais condições de vida dos negros brasileiros. Descreve como as questões relacionadas à população negra tinham sido analisadas sobre as bases de uma sociologia importada, destacando que essa perspectiva fomenta e cristaliza ainda mais o racismo em nossa sociedade.

A visão exótica da população negra, construída a partir dos estudos anteriores à década de 1950, contribuiu para que os negros se tornassem "temas" a serem pesquisados pelos especialistas. Ao refletir sobre a questão do negro a partir de sua própria experiência de vida, reafirmando sua identidade negra, Guerreiro Ramos propõe uma sociologia autenticamente nacional que poderia romper com essa perspectiva, analisando o *negro vida* e rompendo com uma visão eurocêntrica e homogeneizante da população negra no Brasil (RAMOS, 1957, p. 128).

Para o autor, existem diferenças regionais e de classe que geram especificidades sobre a questão do negro no Brasil. Além disso, afirma que o padrão estético da população brasileira é branco. Assim, os negros assimilam os padrões da cultura branca dominante e os mestiços constroem suas identidades do ponto de vista branco, tendendo a camuflar as marcas da negritude que carregam em seus corpos.

O problema do negro só existe quando acreditamos que a sociedade deveria ser composta de brancos. Nesse sentido, a sociologia que tem como seu objeto de pesquisa os negros é, na verdade, uma expressão das marcas da branquitude. O negro é visto como problema porque o branco é a norma, o ideal a ser perseguido em nossa sociedade. Ramos (1957) aponta o caráter patológico da psicologia coletiva brasileira diante da adoção desse padrão estético branco em uma sociedade composta majoritariamente de negros e mestiços.

O sociólogo já ponderava que, para os sujeitos considerados brancos, uma origem norte-americana ou europeia é um trunfo dentro do sistema mundial de prestígio em um mundo pós-colonial. Assim, a civilização europeia parece ser uma espécie de modelo identitário para as elites nacionais.

> Para garantir a espoliação, a minoria dominante de origem europeia recorria não somente à força, à violência, mas a um sistema de pseudojustificações de estereótipos ou a processos de domesticação psicológica. A afirmação dogmática da excelência da brancura ou a degradação estética da cor negra era um dos suportes psicológicos da espoliação. (RAMOS, 1957, p. 175)

Não podemos deixar de reconhecer que, no contexto brasileiro, a mestiçagem traz, de fato, maior complexidade para entender as relações raciais e de poder. Ao mesmo tempo que ela mascara a bipolaridade racial estrutural da sociedade que tem raízes históricas no colonialismo e na escravidão, ela também se transformou num componente constitutivo do imaginário racial e da diversidade cultural presente na sociedade brasileira. Nesse sentido, cabe destacar que juntamente com as hierarquias raciais que reforçam os lugares de poder em uma sociedade racializada, como é o caso do Brasil, existe a ideia e o sentimento de que "estamos todos juntos e misturados" e isso nos faz mais "democráticos" do que outros contextos culturais. Essa concepção nos faz crer que as distâncias e distinções raciais não existem.

Os significados de ser branco no contexto brasileiro

Apesar de percebermos a importância de considerar os elementos da supremacia branca para compreender melhor as relações raciais, o conceito branquitude emerge no campo de estudos das relações raciais, no Brasil, apenas recentemente.

Considerado como o precursor do estudo da branquitude no Brasil, Guerreiro Ramos (1957) já pontuava a necessidade de se estudar os brancos para compreender a especificidade das relações raciais brasileiras.

Mesmo considerando o pioneirismo de Ramos, a discussão especificamente sobre a identidade dos brancos no contexto das relações raciais brasileiras ressurge de forma mais sistemática, e enfocando também os significados atribuídos aos brancos em nossa sociedade, nas produções acadêmicas a partir da década de 1990 (CARDOSO, 2011).

Edith Piza (1998), partindo de trabalhos sobre branquitude realizados por estudiosas norte-americanas (HELMS, 1990; TATUM, 1992; FRANKENBERG, 1997), pesquisou e descreveu as características próprias à identidade do branco brasileiro a partir do processo de produção de literatura juvenil de escritoras brancas. Segundo a autora, no discurso dos brancos é evidente a invisibilidade, distância e silenciamento sobre a existência do outro. Para ela, o branco não vê, não sabe, não conhece, não convive. Assim, um dos significados de ser branco brasileiro parece ser a possibilidade de escolher entre revelar ou ignorar a própria branquitude. Nesse sentido, ser branco traz a possibilidade de não ter que pensar sobre seu pertencimento racial.

No contexto brasileiro, algumas questões são importantes: por exemplo, como funciona a noção de raça na imaginação e na prática das pessoas consideradas e/ou autoclassificadas como brancas? Como são construídas as identidades brancas? Por que há uma intensa nomeação dos negros e uma aparente neutralidade da cor/raça para os brancos?

Parece haver uma fronteira invisível entre o muito que se sabe sobre o outro (o negro) e o pouco que se sabe sobre si mesmo (o branco). Ao mesmo tempo, sabe-se que o lugar do negro é o seu grupo como um todo e que o lugar do branco é o de sua individualidade (PIZA, 2002). Nesse sentido, questionar um poder simbólico, baseado em crenças de uma supremacia branca, em valores "neutros" e "transparentes" nos parece importante para melhor compreendermos as relações raciais no Brasil.

Tendo como referência o negro para falar sobre branquitude, Maria Aparecida Bento (2002) nos apresenta alguns pontos interessantes para o debate na medida em que nos ajuda a pensar que existe, sim, uma identidade branca construída no contexto das relações sociais, a qual está associada aos lugares e contextos de poder ocupados histórica e simbolicamente pelos negros (pretos e pardos) e pelos brancos no Brasil.

Analisando as relações raciais no Brasil, Luciana Alves (2010) afirma que os valores associados aos brancos teriam como contexto de emergência as relações marcadas pela dominação colonial e as teorias raciais, atualizados pelos sujeitos brancos, portadores legítimos de valores positivos.

A autora afirma que a identidade racial branca não se constrói apenas em função da cor da pele, isso porque a brancura, enquanto um conceito distinto e relacionado à branquitude, não se resume exclusivamente a suas dimensões corpóreas. Isso significa dizer que o próprio corpo não teria relevância social não fossem os significados que lhe dão moldagem. Assim, só a partir do entendimento de que a branquitude é também uma construção social é que seria possível torná-la visível.

Nessa perspectiva, entendemos que os estudos de Jerry Dávila (2006) nos possibilitam pensar sobre as articulações entre a brancura e suas dimensões corpóreas. Em seu trabalho, o autor analisa a aplicação da eugenia nas políticas de expansão e reforma educacional do Rio de Janeiro entre os anos de 1917 e 1945. Como uma de suas conclusões, afirma que, em razão da cor da pele ou da origem étnica, os indivíduos tendiam a se encaixar em determinada categoria racial, mas essas categorias eram elásticas, dependendo, em muito, da classe social dos indivíduos.

Na verdade, alguns indivíduos, talvez aqueles fenotipicamente mais próximos aos brancos, poderiam escapar da categoria social da negritude por meio da melhoria de sua saúde, nível de educação e cultura, de classe social. Inversamente, os brancos poderiam "degenerar" por meio da exposição à pobreza, vícios e doenças. Ou seja, em alguma medida, dinheiro, educação, *status* e outras formas de ascensão social aumentavam a brancura, enquanto sistema de privilégios vigente em nossa sociedade (DÁVILA, 2006, p. 26).

Dessa maneira, a branquitude deve ser pesquisada para nos auxiliar na compreensão das construções baseadas no conceito de raça que teriam impactos no imaginário e na vivência tanto dos negros quanto dos brancos. Na verdade, "branquitude e negritude são ideias, experiências vividas e práticas em processo de formação" (NUTTAL, 2004, p. 211).

No caso brasileiro, é interessante observar as ambiguidades no que diz respeito à branquitude. Os rituais de interação baseados na convivência harmônica e na criação de epistemologias comuns não foram construídos sem violência e crueldade. No entanto, essas relações ainda estão abertas ao exame crítico no Brasil (NUTTAL, 2004).

A experiência de ser objeto do olhar do outro, no contexto das relações raciais, parece ser algo novo para os brancos brasileiros. Esse novo movimento, na verdade, reflete a necessidade de atentarmos para os signos, os códigos e as estratégias que moldam as representações de uma branquitude que tem tentado ir além de uma situação, de uma cultura e de uma política construída pelos próprios brancos.

Como dito anteriormente, não podemos desconsiderar que estudar a branquitude no Brasil necessariamente implica atentar para a miscigenação, para a ascendência africana alegada por pessoas consideradas fenotipicamente brancas e para as construções relativas à democracia racial. A branquitude brasileira, ao contrário da norte-americana, abdicaria da ideia de pureza, sem, no entanto, deixar de requerer para si o *status* de superioridade. Será, então, que a branquitude brasileira não seria uma branquitude mestiça? E, indo além, será que essa mestiçagem retiraria da população branca os elementos que caracterizam a sua suposta superioridade construída em relações assimétricas de poder?

O interessante aqui é compreender qual é a especificidade da *branquitude à brasileira*. Para tal, se faz necessário uma análise mais aprofundada de como essa categoria adquire sentido no contexto brasileiro.

Branquitude, mestiçagem e branqueamento

A literatura sociológica e antropológica aponta que a mestiçagem e a ideologia do branqueamento tiveram fortes implicações sociológicas no conceito de raça e, consequentemente, na maneira como se configuram as relações raciais no Brasil. Diante de uma realidade de miscigenação racial, como afirma Edward Telles (2003), tornou-se desnecessária a regulamentação de regras formais de classificação racial. Segundo o autor, como resultado disso, a classificação racial no Brasil tornou-se mais complexa, ambígua e mais fluida.

Nessa perspectiva, é preciso considerar que as identidades raciais são construídas a partir de um complexo jogo de semelhanças e diferenças, de aproximações e distanciamentos, sempre levando em conta as diferentes maneiras como essa diversidade é tratada pela sociedade (GOMES, 2002).

> O discurso hegemônico sobre relações raciais no Brasil tem duas particularidades que se destacam: o valor que se atribui a uma herança cultural de convivência inter-racial pacífica, a chamada democracia racial; e a afirmação da mestiçagem, presente em todas as famílias, como obstáculo biológico à polarização branco-negro e, portanto, às formas mais violentas do racismo. (SOVIK, 2004, p. 376)

Nosso país se destaca pela sua intensa mestiçagem, heterogeneidade sociocultural e pela profunda desigualdade social que caminha lado a lado com essa miscigenação. No entanto, para Kabengele Munanga (2006, p. 18), a cor não é uma questão biológica, mas uma das "categorias cognitivas herdadas da história da colonização, apesar da nossa percepção da diferença situar-se no campo do visível." Nesse sentido, não é admissível basear-se na mestiçagem da população brasileira para negar a constituição de identidades, pois, como pudemos observar, este é um processo social e historicamente localizado.

> [...] confundir o fato biológico da mestiçagem brasileira (a miscigenação) e o fato transcultural dos povos envolvidos nessa miscigenação com o processo de identificação e de identidade cuja essência é fundamentalmente político-ideológica, é cometer um erro epistemológico notável. (MUNANGA, 2006, p. 118)

Antônio Sérgio Alfredo Guimarães (2001) afirma que a riqueza da produção acadêmica das décadas de 1950-1960 sobre mestiçagem no Brasil produziu, entre outras coisas, alguns mal-entendidos que adquiriram, com o tempo, o estatuto de ideologia racial brasileira. Entre eles, citamos:

> [...] a ideia de que, no Brasil, não existem raças, mas cores; o consenso de que, no Brasil, era a aparência física e não a origem que determinava a cor de alguém; a falsa impressão de que, no Brasil, não se poderia discriminar alguém com base na sua raça ou cor, posto que não haveria critérios inequívocos de classificação de cor; a ideia de que os mulatos e negros mais claros e educados fossem sempre economicamente absorvidos, integrados cultural e socialmente e cooptados politicamente pelo *establishment* branco; o consenso de que a ordem hierárquica racial, ainda visível no país, fosse apenas um vestígio da ordem escravocrata em extinção. (GUIMARÃES, 2001, p. 391)

A partir dessa discussão, podemos afirmar que a mestiçagem característica da sociedade brasileira não impede a classificação racial do grupo branco. Liv Sovik (2009, p. 50) pondera que os brancos brasileiros são brancos nas relações sociais cotidianas. O discurso da mestiçagem permite que os brancos possam se dizer mestiços. No entanto, é na genética que somos mestiços, não na prática social.

Vamos supor que haja um consenso inicial de que ser branco exige feições europeias, pele clara e cabelo liso. Para além dessas características fenotípicas, ser branco no Brasil é uma função social e implica desempenhar um papel que carrega em si certa autoridade ou respeito automático, permitindo trânsito e eliminando barreiras.

> Ser branco, neste país arco-íris, é uma espécie de aval, um sinal de que se tem dinheiro, mesmo quando não existam outros sinais, é andar com fiador imaginário a tiracolo. [...] É entrar em condomínio fechado sem mostrar a carteira de identidade ou restaurante de luxo, suado e malvestido. É não se sentir constrangido em estabelecimentos comerciais e, nisso, os brancos estrangeiros são acompanhados de brancos brasileiros. (SOVIK, 2009, p. 38)

A diferença comentada publicamente é exatamente a da mistura. A valorização do brasileiro mestiço permite que, sob certas condições econômicas e sociais, o papel social ideal associado a ser branco possa ser desempenhado por não brancos, enquanto as hierarquias se preservam.

A adoção do discurso da mestiçagem é uma antiga concessão, incorporada pelo senso comum, à presença maciça de não brancos em uma sociedade que valoriza a branquitude. Assim, o discurso da mestiçagem permite que o branco brasileiro também tenha "sangue negro".

> O brasileiro branco se constrange cada vez menos com a marca da miscigenação, com o "pé na cozinha" que "todos têm", e reconhece até com certo orgulho a existência de uma avó negra, mas isso não necessariamente diminui o poder e o prestígio da branquitude, entendida da mesma forma em que Piza e Frankenberg a entendem: um lugar de fala confortável, privilegiado e inominado, de onde se tem a ilusão – poderia acrescentar-se – de observar sem ser observado. (SOVIK, 2004, p. 368)

Outro elemento da construção da identidade branca brasileira analisado por Liv Sovik (2009) diz respeito à invisibilidade. Para a autora, a invisibilidade se torna um recurso corriqueiro de que se vale a elite branca brasileira para esconder a fonte que gera o poder nacional e para dominar o todo, sem distinção e, aparentemente, sem hierarquias.

Analisando as especificidades dessas narrativas "branco-acinzentadas" construídas em sociedades pós-coloniais, Steyn (2004) afirma que os conceitos de hibridez, sinergia e intersecção contrariam diretamente as ideias de uma branquitude cultural e racialmente pura. A proposta de pesquisar nesses contextos é descobrir as diferentes maneiras de continuar branco, porém, de um modo diverso daquele modelo europeizado.

Considerações finais

O que significa ser branco no contexto brasileiro? É certo que, ao falar de negros, a figura do branco está também presente. Porém, a questão é que esta presença parece se revelar apenas em relação ao negro, e não em relação à própria condição de branco. Isso significa que, entre brancos, a noção de racialidade parece não ser desenvolvida ou questionada. Nesse sentido, uma questão importante é a forma como os processos psicossociais presentes nas relações de dominação afetaram a população de brancos brasileiros e como eles passaram a construir identidades de brancos, nas quais a marca mais visível parece ser a neutralidade, ou até mesmo a indiferença, quanto à problemática racial, desvendando o modo social da invisibilidade do branco no país da mestiçagem.

> A ideia é perguntar que novas perspectivas apareceriam, em uma releitura de elementos da tradição cultural brasileira, quando a branquitude – cujo prestígio se exerce silenciosamente no cotidiano – é colocado no centro do cenário junto com seu fiel escudeiro, a mestiçagem. (SOVIK, 2009, p. 15)

Compreender a branquitude no contexto brasileiro implica em uma releitura do conhecimento e de posicionamentos sobre relações raciais em que a negritude sempre foi o foco, fazendo estudos dos contextos, relações e conjunturas que definem as identidades raciais e os valores que as sustentam. Isso necessariamente implica em considerar as relações entre raça e classe social.

Como já mencionamos anteriormente, o caráter mestiço dos brasileiros não impede que parte da população se defina como branca, principalmente se tiverem alguns atributos relacionados à branquitude, ou seja, símbolos de ascensão social. Diante da fluidez da linha de cor no Brasil, Edith Piza e Fúlvia Rosemberg (2002) afirmam que, em certo sentido, o dinheiro embranquece.

A partir dessa perspectiva, podemos então estabelecer uma relação entre classe social e classificação racial. Complexificando a questão, Luciana Alves (2010, p. 177) pondera que, diante da especificidade do modo de ser branco brasileiro, é preciso investigar de que maneira as distinções que ultrapassam a dimensão da classe social, tais como gênero e sexualidade e contextos regionais, interferem na forma como se constroem os significados de ser branco.

O interesse em analisar a branquitude no Brasil não é apenas de traçar o perfil de um grupo até então ignorado, mas de entender como, há tanto tempo, não se prestou atenção aos valores que o definem. O estudo da branquitude pode lançar luz sobre as formas mais cordiais, menos explícitas do racismo brasileiro. Assim como Sovik (2009, p. 55), acreditamos que "faz parte da complexa tarefa de refletir sobre a branquitude no Brasil, identificar novos discursos, que vão além do da mestiçagem, que contestem as hierarquias internacionais". Estaríamos diante de uma branquitude à brasileira? Apenas a partir de estudos mais aprofundados poderíamos responder a tal questionamento.

Outros aspectos importantes para o estudo da branquitude dizem respeito às conexões possíveis entre ascensão social dos negros e branqueamento. Nas palavras de Iray Carone (2002, p. 17), a ideologia do branqueamento é "um tipo de discurso que atribui aos negros o desejo de branquear ou de alcançar os privilégios da branquitude por inveja, imitação e falta de identidade étnica positiva".

Nesse contexto, a supremacia branca, no Brasil, apesar de não considerada na política oficial, não deixou de se manifestar. Em vez de tentar segregar a população em bases raciais, foram feitos esforços para incentivar a miscigenação com o objetivo de "embranquecer" a população (WARE, 2004). Assim, o processo de construção da identidade brasileira, na perspectiva da elite, deveria obedecer a uma ideologia hegemônica baseada no ideal do branqueamento.

O branqueamento, nesse contexto, pode ser entendido como um processo inventado e mantido pela elite branca brasileira, embora apontado por esta como um problema do negro brasileiro. De acordo com Edith Piza (2002), os estudos sobre branqueamento explicitam as estratégias desenvolvidas por grupos da população negra para se adequarem às demandas racistas de embranquecimento da população brasileira.

Para Maria Aparecida Bento (2002, p. 52), "branqueamento e ascensão social aparecem como sinônimos". Segundo a autora, quanto mais o negro ascende socialmente, mais ele incomoda. Na verdade, nesses momentos e no contexto das relações sociorraciais brasileiras, ele passa a ocupar um espaço socialmente destinado aos brancos e isso, em algumas situações, causa estranhamento e desconforto. Ainda de acordo com a autora, no contexto da branquitude, são construídas imagens e ideias estereotipadas sobre os lugares possíveis de serem ocupados por pretos, pardos e brancos. Quanto menos "subalternizado" é o lugar, menor é a expectativa social de encontrarmos um negro (preto ou pardo) ocupando-o.

A soma entre a naturalização das desigualdades raciais hoje existentes – sem o devido debate e reflexão sobre as suas origens e formas de perpetuação – e o imaginário racista de subordinação racial amplamente divulgado por tais teorias ajudam a perpetuar representações negativas sobre negros (pretos e pardos) em nosso país. No conjunto dessas representações, entendemos que as relações entre raça, branquitude e poder precisam ser mais bem compreendidas. Sinalizamos, dessa maneira, a necessidade de estudos mais aprofundados sobre essas relações para ampliar o conhecimento sobre as conexões entre raça, miscigenação e branquitude no contexto brasileiro.

Referências

ALVES, Luciana. *Significados de ser branco* – a brancura no corpo e para além dele. 2010. Dissertação (Mestrado em Educação) – Faculdade de Educação, Universidade de São Paulo, São Paulo, 2010.

AZEVEDO, Celia Maria Marinho de. *Onda negra, medo branco*: o negro no imaginário das elites – século XIX. Rio de Janeiro: Paz e Terra, *1987*.

AZEVÊDO, Ariston. Trajetória intelectual de Guerreiro Ramos. *RACE: Revista de Administração do Cesusc*, Florianópolis, v. 2, p. 119-124, 2008.

BENTO, Maria Aparecida Silva. Branqueamento e branquitude no Brasil. In: CARONE, Iray; BENTO, Maria Aparecida Silva. (Orgs.). *Psicologia social do racismo*: estudos sobre a branquitude e branqueamento no Brasil. Petrópolis: Vozes, 2002.

CARDOSO, Lourenço C. O branco-objeto: o movimento negro situando a branquitude. *Instrumento - Revista de Estudo e Pesquisa em Educação*, Juiz de Fora, v. 13, n. 1, 2011.

CARONE, Iray. Breve histórico de uma pesquisa psicossocial sobre a questão racial brasileira. In: CARONE, Iray; BENTO, Maria Aparecida Silva (Orgs.). *Psicologia social do racismo*: estudos sobre a branquitude e branqueamento no Brasil. Petrópolis: Vozes, 2002.

CARVALHO, José Murilo de. *Cidadania no Brasil* – O longo Caminho. 3. ed. Rio de Janeiro: Civilização Brasileira, 2002.

CÔRREA, Mariza. *As ilusões da liberdade*: a escola Nina Rodrigues e a antropologia no Brasil. Bragança Paulista: Editora da Universidade de São Francisco, 2000.

DÁVILA, Jerry. *Diploma de Brancura:* política social e racial no Brasil – 1917-1945. São Paulo: UNESP, 2006.

D'ADESKY, Jacques. *Pluralismo étnico e multiculturalismo.* Racismos e antirracismos no Brasil. Rio de Janeiro: Pallas, 2001.

FIGUEIREDO, Angela; GROSFOGUEL, Ramón. Por que não Guerreiro Ramos: Novos desafios a serem enfrentados pelas Universidades Públicas Brasileiras. *Ciência e Cultura (SBPC)*, Campinas, v. 59, p. 36-41, 2007.

FRANKENBERG, Ruth (Org.). *Displacing Whiteness*: essays in social and cultural criticism. Durham, NC: Duke, 1997.

FREITAG, Barbara. Democratização, universidade, revolução. In: D'INCAO, Maria Angela (Org.). *O saber militante*: ensaios sobre Florestan Fernandes. Rio de Janeiro: Paz e Terra; São Paulo: UNESP, 1987.

FREYRE, Gilberto. *Casa-Grande & Senzala*. 45. edição. Rio de Janeiro: Record. 2001.

GOMES, Nilma Lino. *Trajetórias escolares, corpo negro e cabelo crespo:* reprodução de estereótipos ou ressignificação cultural? Revista Brasileira de Educação, Rio de Janeiro, n. 21, 2002.

GUIMARÃES, Antônio Sérgio Alfredo. Nacionalidade e novas identidades raciais no Brasil: uma hipótese de trabalho. In: SOUZA, Jessé (Org.) *Democracia Hoje* - Novos desafios para a teoria democrática contemporânea. Brasília: Editora da UnB, 2001. p. 387-414.

HELMS, Janet (Ed.). *Black and White racial identity:* Theory, Research and Practice. Westport, CT: Greenwood, 1990.

MAIO, Marcos Chor. Tempo Controverso: Gilberto Freyre e o Projeto UNESCO. *Tempo Social (USP)*, São Paulo, v. 11, p. 111-136, 1999.

MALTA, Márcio; KRONEMBERGER, Thais. Nem melhor nem pior, apenas divergentes: uma contribuição acerca da sociologia brasileira e da polêmica entre Florestan Fernandes e Guerreiro Ramos. *Achegas.net – Revista de Ciência Política*, v. 42, p. 21-42, 2009. Disponível em: < http://www.achegas.net>

MUNANGA, Kabengele. *Rediscutindo a mestiçagem no Brasil* – Identidade nacional *versus* Identidade negra. Belo Horizonte: Autêntica, 2006.

NAXARA, Márcia Regina Capelari. A construção da identidade: um momento privilegiado, *Revista Brasileira de História, Anpuh,* São Paulo, v. II, n. 23-24, set. 1991-ago. 1992.

NUTTAL, Sarah. Subjetividades da branquidade. In: WARE, Vron (Org.). *Branquidade*: identidade branca e multiculturalismo. Rio de Janeiro: Garamond, 2004.

PIZA, Edith. O Caminho das Águas: *personagens femininas negras escritas por mulheres brancas.* São Paulo: Edusp/FAPESP, 1998.

____. (Orgs.). Porta de vidro: entrada para a branquitude. In: CARONE, Iray; BENTO, Maria Aparecida Silva. *Psicologia social do racismo*: estudos sobre a branquitude e branqueamento no Brasil. Petrópolis: Vozes, 2002.

PIZA, Edith; ROSEMBERG, Fúlvia. (Orgs.). Cor nos Censos Brasileiros. In: CARONE, Iray; BENTO, Maria Aparecida Silva. *Psicologia social do racismo*: estudos sobre a branquitude e branqueamento no Brasil. Petrópolis: Vozes, 2002.

RAMOS, Guerreiro. *Introdução crítica à sociologia brasileira.* Rio de Janeiro: Andes, 1957.

RODRIGUES, Raimundo Nina. Os mestiços brasileiros. *Gazeta Médica da Bahia*, Salvador, v. 21, n. 9, p. 401-407; n. 11, p. 497-503, 1890.

____. *As raças humanas e a responsabilidade penal no Brasil.* 2. ed. Rio de Janeiro: Editora Guanabara, 1933.

SCHWARCZ, Lilia Moritz. *O espetáculo das raças* - Cientistas, instituições e questão racial no Brasil, 1870-1930. São Paulo: Companhia das Letras, *1993*.

SOVIK, Liv. Aqui Ninguém é Branco: hegemonia branca e média no Brasil. In: WARE, Vron (Org.). *Branquidade*: identidade branca e multiculturalismo. Rio de Janeiro: Garamond, 2004.

____. *Aqui Ninguém é Branco.* Rio de Janeiro: Aeroplano, 2009.

STEYN, Melissa. *Novos matizes da "branquidade":* a identidade branca numa África do Sul multicultural e democrática. In: WARE, Vron (Org.). *Branquidade*: identidade branca e multiculturalismo. Rio de Janeiro: Garamond, 2004.

TATUM, Beverly Daniel. *Talking about race, learning about racism*: applying the theory of racial development identity in classroom. Harvard Educacional Review, Spring (Mount Holyoke College), v. 62, n. 1, 1992.

TELLES, Edward. *Racismo à brasileira*: uma nova perspectiva sociológica. Rio de Janeiro: Relume Dumará; Ford Foundation, 2003.

VIANNA, Francisco José de Oliveira. (Orgs.). *Populações Meridionais do Brasil.* Niterói: UFF, 1987.

WARE, Vron. O poder duradouro da branquidade: "um problema a solucionar". In: WARE, Vron (Org.). *Branquidade*: identidade branca e multiculturalismo. Rio de Janeiro: Garamond, 2004.

Mulheres camponesas: modos de atuação e participação nas CEBs e nas culturas do escrito

Sônia Maria Alves de Oliveira Reis
Carmem Lúcia Eiterer

A reflexão que ora apresentamos faz parte do trabalho de doutorado realizado no Programa de Pós-Graduação da FAE/UFMG a partir de 2010. Tal pesquisa teve como finalidade analisar as condições e as instâncias formativas por meio das quais mulheres camponesas e líderes das Comunidades Eclesiais de Base (CEBs)[1] da Diocese de Caetité (BA),[2] que pouco ou nunca frequentaram a escola, construíram sua participação nas culturas do escrito. Por essa razão, traçamos e analisamos o perfil de um grupo de seis camponesas a partir dos seguintes dados: situação familiar, social e econômica; escolaridade; faixa etária; e pertencimento religioso e étnico. Em seguida, reconstituímos, por meio de suas trajetória de vida, o processo de atuação e formação nas CEBs do campo, com destaque para os modos de participação nas culturas do escrito.

---

[1] Comunidades Eclesiais de Base (CEBs) são comunidades ligadas à Igreja Católica que, incentivadas pelo Concílio Vaticano II (1962-1965) se espalharam pela América Latina, principalmente entre 1970 e 1980. Consistem em comunidades reunidas, geralmente, em função da proximidade territorial, compostas, sobretudo, por membros das classes populares, e vinculadas à Igreja Católica (BETTO, 1981).

[2] A Diocese de Caetité (BA) foi criada em 20 de outubro de 1913. Possui uma área de 41.979,6 km², tem um total de 35 municípios e 33 paróquias, divididas em nove zonas pastorais. Localiza-se na microrregião da Serra Geral e sua sede está situada a 757 km da capital do estado. A população dessa microrregião está estimada em 674.346 habitantes (IBGE 2010), dos quais 90% se consideram católicos.

Na perspectiva proposta por Galvão (2010, p.218-220), é polêmico e complexo conceituar a cultura escrita, já que o termo implica considerar alguns de seus aspectos fundamentais, como a não homogeneidade. Nesse sentido, a autora afirma ser relevante pensar em *culturas do escrito*, pois, dessa forma, é possível entender e abarcar as diversidades de práticas e usos que envolvem o fazer cotidiano, bem como perceber os usos das culturas do escrito presentes em uma comunidade, sem, contudo, priorizar uma prática em detrimento de outras. Assim, não se trata de conceber o mundo da escrita, as práticas letradas, apenas como aquisição da *habilidade de escrever*; o conceito deve se estender a "todo evento ou prática que tenha como mediação a palavra escrita" (GALVÃO, 2010, p. 219).

De acordo com Galvão (2010, p. 231), são quase inexistentes os estudos sobre as igrejas como instâncias de difusão do escrito. As práticas religiosas exercem, no entanto, como já mostram alguns trabalhos, um papel fundamental na aproximação entre indivíduos e cultura escrita. Por isso, ao centralizar o foco deste estudo em processos educativos não escolares, geramos subsídios para melhor compreender o papel ocupado pelas instâncias religiosas populares (no caso, as católicas) na formação de mulheres e de seus processos de aproximação com a leitura e a escrita.

A pesquisa foi realizada em seis CEBs, situadas na Paróquia Nossa Senhora das Dores, no município de Candiba (BA),[3] pertencente à Diocese de Caetité. Com a finalidade de identificar formas de acesso e apropriação de materiais escritos – o quê, por quê, como e quando essas mulheres leem e escrevem –, a coleta de dados ocorreu mediante utilização da história oral e do diário de campo constituído a partir dos eventos de letramento observados e das entrevistas. A análise documental possibilitou contextualizar e caracterizar as instituições envolvidas nesse processo de investigação, situando-as no passado e no presente.

---

[3] Candiba é um município situado na região da Serra Geral e na mesorregião do Centro-Sul da Bahia, distante a 705 km de Salvador. O clima é semiárido. Localiza-se em uma área territorial de 417,975 km². De acordo com dados do IBGE (2010), sua população é de 13.210 habitantes. Na área urbana residem 7.725 pessoas e, na zona rural, 5.485 pessoas. Há 6.815 homens, destes, 3.890 residem na área urbana, enquanto 2.925 vivem na área rural. Em relação às mulheres, há 6.395, sendo que 3.835 residem na área urbana e 2.560 na área rural. Em relação ao Brasil, o município de Candiba inverte a proporção usual dos gêneros, pois há mais homens que mulheres.

A compreensão dos dados fundamentou-se nos pressupostos da abordagem qualitativa, com as seguintes peculiaridades: a interação entre o pesquisador e o objeto pesquisado, a ênfase no processo, a permissão da modificação de técnicas de coleta, a revisão de questões, a localização de novos sujeitos, a revisão de toda a metodologia durante o desenrolar do trabalho, a preocupação em retratar a visão pessoal dos participantes, o trabalho de campo, a descrição e a indução. Tal metodologia visa, portanto, à descoberta de novos conceitos, novas relações, novas formas de entendimento da realidade (GREEN; DIXON; ZAHARLICK, 2005).

A seguir, apresentamos a sistematização da discussão central deste trabalho. Faremos um breve relato dos eventos de letramento observados. Além disso, apresentamos uma discussão sobre a oralidade construída com e a partir da escrita recorrente nos depoimentos das mulheres camponesas lideranças, procurando explicitar: o quê, por que e como elas leem e escrevem; e quais as formas de acesso e apropriação de materiais escritos e os modos de ler e escrever nas CEBs. Para finalizar, apontamos diferentes formas de participação nas culturas do escrito das mulheres camponesas lideranças, as quais se pautam na mediação entre o oral e o escrito, entre o memorizado e o compreendido, em um contexto no qual a oralidade é fundamental e a escrita é necessária.

Memórias, experiências e trajetórias de lideranças comunitárias construídas nas CEBs

O grupo de entrevistadas durante o processo de investigação foi composto por seis mulheres. A trajetória trilhada por elas até a conquista do espaço público foi longa. Filhas de pequenos agricultores, nasceram e viveram na zona rural, onde aprenderam desde cedo as *lidas do campo*. Suas infâncias foram marcadas pela religiosidade popular, pelas dificuldades de sobrevivência e pelo difícil acesso à escola. Os baixos níveis de escolaridade de Margarida e Dália (3ª série do Ensino Fundamental); Acácia, Jasmim e Íris (4ª série do Ensino Fundamental); e Hortênsia[1] (6ª série do Ensino Fundamental), não são só uma questão da chegada tardia da escola. Percebemos que a distribuição do acesso à cultura escrita para essas mulheres, além de ter sido regulada pela escolarização, foi limitada devido a fatores referentes ao âmbito social, à etnia e ao gênero.

[1] Para preservar a identidade das entrevistadas, utilizamos nomes fictícios.

As mulheres consideradas são e estão em movimento. Desde a infância, a Igreja Católica faz parte da história de cada uma. Assim, a Igreja, por meio das CEBs, a partir das décadas de 1980 e 1990, passa a ser o espaço articulador dessas lideranças, criando um ambiente de estudo e ação que estimula a participação interna (na Igreja) e social (nos movimentos sociais).

Nesse percurso, Margarida (62 anos), Dália (60 anos), Acácia (38 anos), Jasmim (53 anos), Íris (52 anos), e Hortênsia (38 anos), encontraram nas participações dos movimentos sociais, das CEBs da Igreja Católica, dos partidos políticos e dos sindicatos, sentido, motivos e mesmo condições para enfrentarem as discriminações de gênero e as desigualdades de poder existentes na família e no espaço público dos movimentos sociais e da Igreja. A experiência de participação das líderes nesses espaços formativos mostra-os como possíveis agências de letramento.

Nessa perspectiva, as CEBs, para as mulheres que nelas transitam, se constituem e se revelam enquanto forma de relação com o outro. Relação que comporta o afeto, como ato que comove o outro e que desenvolve ações coletivas em uma esfera sociocultural, na qual os sujeitos coletivos interagem, criam espaços de solidariedade, praticam uma cidadania em processo, vivenciam práticas educativas que propiciam múltiplas aprendizagens, reivindicam direitos e buscam mudar a sociedade em que vivem. Enfim, a sabedoria revelada no modo de transitar nesse universo é o que compreendemos como lugar de cultura, arte, espiritualidade e vida.

De acordo com as participantes da pesquisa, é por meio da experiência de sociabilidade que mobilizam estratégias de convivência com o semiárido e dos serviços realizados na Pastoral da Criança que aprendem a partilhar "seu saber com as famílias de sua comunidade" (Íris), ensinando, por exemplo, a importância da prevenção, ao promover a vacinação e o aleitamento materno. O malabarismo exercido por essas mulheres revela uma sabedoria para lidar com os conflitos, uma arte de cuidar que requer ações de vigilância e inventividade das comunidades pobres, relativizando as tensões que atravessam permanentemente esse grupo e preservando os laços que as mantêm unidas.

A tensa relação entre saberes formais e saberes experienciais, nem sempre legitimados, é identificada e problematizada por meio do desvelamento dos registros orientadores das vivências das mulheres lideranças comunitárias. A família, a comunidade, o sindicato, o Movimento de Mulheres Camponesas e os espaços de trabalho são lugares nos quais estão produzindo saberes e sentidos para sobreviver e viver dignamente. Parece-nos razoável afirmar que são saberes populares, porque nascem da atividade de pensar e refletir sobre a experiência vivida por elas em todas as práticas produzidas e organizadas nas CEBs e em outros segmentos sociais.

Desse modo, a experiência com atividades desenvolvidas em outros grupos sociais também cria diversos saberes de natureza política e organizativa como: coordenar pequenos e grandes grupos; elaborar propostas conjuntas; tomar decisões individual e coletivamente; encorajar as pessoas a desenvolver e a manter disposição para lutar por seus direitos; planejar ações, considerando estratégias e táticas; compartilhar; identificar e saber agir, levando em conta as relações de força em jogo, os interesses de pessoas e grupos; identificar as formas como lutam para defender tais grupos; e aprender a enfrentar tensões quando não há consenso. Além disso, tal experiência conduz a um aprendizado mais pessoal: a superação do medo de falar em público e a valorização da própria opinião, mantendo energia e iniciativa mesmo em situações hostis.

Por conseguinte, as oportunidades de estudo não eram iguais entre os meninos e as meninas. No momento de estudar, eles são privilegiados, enquanto as meninas sofrem com a colocação de obstáculos, como explicita Jasmim: "que não podem sair sozinhas, ir para a cidade, porque correm riscos". Em nosso entendimento, a negação à mulher do acesso à educação é uma realidade histórica que deve ser analisada pelas categorias classe, gênero, geração, etnia; pois pensar o gênero implica também entender essas outras instâncias.

Ademais, as relações de gênero não podem ser entendidas como fato isolado na sociedade, pelo contrário, elas são constitutivas de toda a realidade, pois o modelo paradigmático de ser homem e ser mulher regula todas as nossas atividades. Esse processo é insistentemente mostrado pelas mulheres entrevistadas quando falam das tentativas dos maridos de impedi-las de participar de atividades na Igreja e nos movimentos sociais, das responsabilidades com a vida doméstica para poupar os homens dos problemas presentes no cotidiano familiar, e das funções que desempenham como mães e trabalhadoras ao lado dos maridos, apesar de sua força de trabalho não ser reconhecida como geradora de renda.

Oportuna, a esse respeito, é a percepção da entrevistada Margarida. Segundo ela, infelizmente, no campo existem muitas mulheres passivas, submissas às ordens do marido e ao modelo de comportamento atribuído à mulher por uma sociedade machista. Esse modelo ainda persiste e pressupõe que o papel da mulher na sociedade é ocupar-se dos afazeres domésticos e da educação dos filhos. Aquelas que se ausentam do lar para realizar trabalhos comunitários, religiosos ou sindicais são vistas como transgressoras.

Contudo, Margarida reconhece que as mulheres, aos poucos, conquistam espaços nas lutas sociais. Elas não aceitam mais a rotulação de sexo frágil e partem para a exigência de reconhecimento como mulher, mãe, esposa e trabalhadora rural; querem ser vistas em suas três jornadas de trabalho e não somente como gestoras do lar. A entrevistada explicou que o grupo de mulheres camponesas conseguiu, nos últimos anos, criar um novo estilo de reflexão e mobilização, e, gradualmente, penetrar nas estruturas de representação tradicionalmente ocupadas por homens, como diretorias das organizações sindicais, dos partidos políticos e das associações.

Ponto de vista semelhante apresentou-nos Acácia. Para ela, a mulher camponesa deve querer ser sempre mais e quanto maior sua participação em outros espaços e sua interação em relações sociais, maior seu desejo de viver com dignidade. A entrevistada afirmou que é preciso conscientizar a mulher de que o homem não é superior a ela nem ela superior ao homem. Mas, segundo a entrevistada, também "não é certo dizer que são iguais em tudo, por que não é". Acácia considera a realidade atual maior e mais bonita, afinal, "a mulher possui qualidades femininas que, quando se unem às qualidades masculinas, permitem conseguir resultados maiores e mais ricos que os que poderiam se alcançar, quando cada um trabalha separadamente".[2]

Ser mãe é uma qualidade comum a todas as mulheres desse grupo. Todas têm mais de dois filhos. Em relação à maternidade, Hortênsia comentou: "ser mãe é uma experiência de vida plena de significados positivos". Aliás, as mulheres entrevistadas se referem à maternidade como um fenômeno social marcado pelas desigualdades sociais, étnicas, e pela questão de gênero que lhes é subjacente.[3]

---

[2] Optamos, no processo de transcrição dos depoimentos, por manter as falas das entrevistadas o mais próximo possível de sua forma original, conservando, assim, diversos aspectos da oralidade.

[3] Segundo Giddens (1993), a "invenção da maternidade" faz parte de um conjunto de influências que afetaram as mulheres a partir do final do século XVIII: o surgimento da ideia de amor romântico, a criação do lar e a modificação das relações entre pais e filhos. O autor assinala, baseando-se em Ryan, que, no final do século XIX, houve um "declínio do poder patriarcal" com o "maior controle das mulheres sobre a criação dos filhos", referindo-se a

Em suma, no conjunto das falas das mulheres entrevistadas, a maternidade é vista como algo único, especial na vida da mulher: "Ah, ser mãe é muito bom, é uma coisa, um sentimento muito forte, grandioso" (Íris); "é uma coisa bonita, muito importante, que precisa de planejamento, [...] não dá pra ser de qualquer jeito, precisa, tem que ter responsabilidade com a vida que chega [...] porque é uma coisa decisiva, que não pode ser mudada" (Acácia). Mas, ser mãe implica a conjugação de aspectos positivos e negativos, recompensas e sacrifícios, escolhas e renúncias,

> ser mãe é uma bênção divina, mas aproveita que tua vida muda pra sempre [...]. Tenho duas filhas, quando preciso de uma coisa e elas precisam, priorizo a necessidade delas e não a minha. [...] tenho vontade de estudar, mas a vez agora é delas, então, adiei o meu sonho de estudar. [...] às vezes, estou arrebentada de cansada, mas quando uma delas adoece, tenho que ficar acordada olhando, é cansativo, mas é o meu dever de cuidar e faço com carinho. O sofrimento existe, mas a alegria e o prazer de ser mãe recompensa tudo [...]. (Acácia).

A religião reforça, de modo geral, essa ideia da mulher constantemente disposta a servir, a perdoar, a ser submissa, a completar-se na maternidade, vista como algo divino que a coloca em segundo plano sempre. Mas, a mulher camponesa participante das CEBs – por assumir tarefas diversificadas, dando conta do papel de esposa-mãe, e por participar ativamente dos eventos comunitários e religiosos – silenciosamente foi ganhando o reconhecimento e o respeito daqueles que, por muito tempo, se achavam donos da verdade e do poder de decisão.

No caso das mulheres camponesas estudadas nesta pesquisa, as instituições sociais (sindicato, Movimento de Mulheres Camponesas, CEBs, Pastoral da Criança, associações, entre outras) destinaram a elas novas oportunidades. O trabalho comunitário e o acesso ao conhecimento sistematizado redesenharam a figura feminina nas instituições sociais. As mulheres se destacam em ofícios que indicam que estão adquirindo poder tanto dentro quanto fora do lar. Isso implica afirmar que, além das transformações sociais de ordem material e simbólica, conquistadas por elas, podemos averiguar a capacidade delas de organizar, construir e reconstruir os espaços onde vivem por meio de

---

um deslocamento da "autoridade patriarcal para a afeição maternal" (RYAN, 1981 *apud* GIDDENS, 1993, p. 53). Ele destaca como novidade, nesse período, a forte associação da maternidade com a feminilidade.

ações coletivas, fundadas em novos critérios, que envolvem múltiplos papéis, os quais permitem a construção de "novas mulheres".

Conforme o conjunto das entrevistas, as experiências de formação dessas mulheres revelam novas dimensões do ser líder, bem como seus vínculos com as lutas sociais e com a construção de identidades coletivas. São esses vínculos com causas principalmente ligadas à identidade, à cultura, à terra e ao território que ampliam o próprio conceito de quem é, ou melhor, quem são as líderes. Conforme atestou Hortênsia, "os ensinamentos da formação faz surgir novas práticas para quem atua nas CEBs e movimentos sociais". Essas práticas são pautadas pela compreensão do trabalho comunitário, pelo compromisso com as interações humanas e também pelo conhecimento da estrutura da Igreja e de seu funcionamento.

Para Anjos (2008), "líder" é a qualificação usada para designar as mulheres ou os homens de classes populares que desempenham continuamente atividades em espaços associativos. Essa definição expressa uma diferenciação entre os membros da própria "comunidade" e implica a existência de uma hierarquia entre os fiéis, baseada em certas capacidades de "liderança". De acordo com a autora, a diferença entre "líderes" e outras pessoas que participam das pastorais ou dos movimentos sociais pode ser descrita como a possibilidade de reconhecimento da capacidade associada a alguma instrução de planejamento e organização. Lembrando Hortênsia, "toda mulher é uma líder de sua vida, seja no trabalho, na casa [...], porque na condição de pessoa ela é capaz de pensar, se mover e sentir".

Acrescenta também Anjos (2008) que, entre os "líderes", a atividade militante está ligada à busca de satisfações morais e ao reconhecimento das populações com as quais eles atuam. No caso de nossa pesquisa, as líderes consideram que a participação na Pastoral da Criança fornece benefícios para suas famílias, como salientou Íris: "no momento da formação, a gente aprende a ser uma melhor mãe, a buscar alternativa tanto de alimentação quanto da prevenção de doenças [...]. Então, tudo isso vai modificando dentro da família". Já Acácia apontou aprendizagens referentes a seus próprios problemas de saúde; a seu lugar na família, especificamente na relação com as filhas e com o companheiro; a seu papel na sociedade, no sentido da igualdade de gênero; e a seu contato com programas socioeducativos contra todo o tipo de violência e discriminação. Segundo Acácia, "a gente aprende a educar os filhos melhor, sabendo colocar limites, a ter diálogo, isso são bens que a gente adquire com a formação e participação".

Na opinião de Anjos (2008), é pelo exercício das mediações entre as diferentes instituições – Igreja, partidos políticos, sindicatos, associações, burocracias estatais e comunidades – que algumas mulheres são reconhecidas como "líderes comunitárias". Para a autora, o trabalho comunitário não é possível sem a "formação", a "capacitação de lideranças" em cursos e palestras, como a formação da Pastoral da Criança, o uso "da Bíblia", a "doutrina social da igreja", a luta pelo fim da "violência contra a mulher", e os cursos de fitoterapia, xaropes e pomadas, propiciados pela Igreja ou pelos setores próximos.

Isto posto, como entender as lutas das lideranças camponesas sem ter presente a mística que as sustenta, sem perceber o papel importante da memória de todas as lutas anteriores na fomentação das lutas atuais? As mulheres camponesas e líderes, ao referirem-se à "mística do estar-junto", revelam o sentido e o significado dos símbolos utilizados nas celebrações e nos encontros realizados nas CEBs, na Pastoral da Criança, nos sindicatos e nas associações. Percebemos que as recordações evocadas por esses símbolos são carregadas de afetividade comunitária; são fonte de comunhão psíquica, oferecem, pelo menos, uma racionalização da situação atual, e propõem lições para o futuro. Conforme assinala Dália,

> o momento da mística é muito importante, porque é o chamamento de cada um e de todos para a solidariedade e participação na luta [...]. Alimentamos nossa caminhada com a leitura orante da palavra de Deus que falam de sofrimento e esperança, justiça e paz, a partir do jeito de ser e viver do homem e da mulher agricultora. Daí, surge nosso modo de acreditar na proposta de um novo homem e uma nova mulher, com dignidade e justiça, que pode começar por aqui e a luta é um dos jeitos da gente conseguir.

Como exemplifica esse depoimento de Dália, a mística é um elemento presente no cotidiano das lideranças, produz um pensar nas formas em que se processa o contágio afetuoso; e revela como o estar, o experimentar, o fazer junto com o outro recriam e produzem a vida. Desse modo, potencialmente, a prática da mística mobiliza as pessoas na busca de melhorias para si e para os outros. Além disso, ela acredita que a mística também desempenha um papel dinamizador no enfrentamento de questões relacionadas às injustiças e às desigualdades sociais.

As mulheres lideranças das CEBs e de outros movimentos sociais, por meio de práticas de convivência, fomentam a luta por sobrevivência e por uma vida digna. Essa atividade requer o desenvolvimento de diversos saberes, os quais se constituem por uma formação associada à ação. Formação, por sua vez, alcançada por uma batalha contínua dessas lideranças, que, ao agirem, constroem novas possibilidades para a condição da mulher, pois conquistam a esfera pública, atuando nos movimentos dos quais fazem parte.

As CEBs como espaços onde ocorrem eventos de letramento

Os estudos propostos por Hamilton (2000) sugerem que, para discutir eventos de letramento, se deve levar em consideração alguns elementos básicos: participantes, ambientes e domínio, artefatos, e atividades. A partir desses pressupostos, podemos considerar que as práticas de letramento se constituem de modos por meio dos quais os membros de cada grupo social, movidos por inúmeros propósitos, lançam mão dos conhecimentos sobre leitura e escrita, tendo em vista atender às demandas dos contextos e das instâncias sociais.

O conceito de evento de letramento é elucidado por Street (2003, p. 6), com base em Heath (1983), que o descreve como "qualquer ocasião em que um texto escrito faça parte da natureza das interações dos participantes e de seus processos interpretativos". Trata-se de uma situação mediada pelo texto escrito, seja por meio da interação face a face, seja por meio da comunicação em que o interlocutor está ausente. Já as formas mais amplas de leitura e escrita, que se dão nos contextos culturais, são as práticas de letramento.

Observamos que os eventos de letramento, as relações entre a escrita e o meio social, das mulheres das CEBs ocorrem por intermédio de sua participação em ambientes específicos ou de seus contatos interpessoais. Nessas situações, a leitura e a escrita se constituem agentes de comunicação e significado. Usualmente, neste contexto, há um ou mais textos escritos centrais para o desenvolvimento da atividade, a partir deles geram-se condições para ler, escrever e conversar. O evento de letramento que apresentamos a seguir ilustra bem nossas afirmações.

Dentre os encontros de formação "Construindo Cidadania", propostos por uma das cartilhas elaboradas pela Pastoral da Criança, acompanhamos a realização de sua terceira edição, coordenado por Íris e um grupo de mulheres que a acompanhava na comunidade, conforme a descrição do diário de campo do dia 21 de abril de 2012, das 8h às 11h:

> Inicialmente, Íris deu as boas-vindas com cantos e dinâmica de acolhida, em seguida, apresentou a temática do encontro "CIDADÃ MULHER", usando um cartaz com fotos de mulheres e uma frase "DIREITOS DA MULHER". Convidou os participantes para observarem as imagens e as frases. Continuando, leu "Um fato da vida" que contava a história de um grupo de mulheres camponesas que se reuniram e organizaram um mutirão para conseguir assinaturas no abaixo-assinado contra o descaso com a saúde pública no município [...]. Após coletadas as assinaturas, agendaram um encontro com o prefeito, levaram o documento e expuseram suas reivindicações. Prosseguindo, propôs a leitura bíblica (Êxodo, 1, 15-20) de forma compartilhada [cada mulher leu um versículo]. Após a leitura, Íris convidou o grupo para uma roda de conversa sobre as seguintes questões, expostas em um cartaz: "1) Como as mulheres são tratadas em nossas famílias, comunidade e sociedade? 2) Qual o desafio que o texto bíblico traz para nossa comunidade? E para a Pastoral da Criança? 3) Diante do fato da vida e do fato da Bíblia quais as lições que podemos tirar?" E, por fim, em outro cartaz tinha a seguinte proposição:

Quais são as palavras que a gente lembra quando diz:	
HOMEM	MULHER

> À medida que as mulheres iam falando, Íris escrevia as palavras nas colunas referentes ao homem e à mulher [...]. Após o lanche, Íris confeccionou com as mulheres um mural sobre direitos individuais, coletivos e sociais referentes a homens e mulheres que foi exposto no salão comunitário. Encerramento com um momento de oração espontânea e avisos.

A observação do modo como os eventos e as práticas de letramento são mediados pelos textos bíblicos nos possibilitou inferir que o "ouvir" e o "ler" adquirem marcas materiais muito distintas e, naturalmente, provocam, de modos diferentes, ouvintes e leitores. Com base nas leituras realizadas, os leitores desenvolvem conceitos, pensamentos, reflexões e conexões com outros textos e situações, ou seja, a leitura permite intertextualidades. Nessa perspectiva de leitura como prática intertextual, as práticas sociais e religiosas são ressaltadas, uma vez que tais relações entre diferentes textos ocorrem no plano das interações sociais que se realizam em contextos não escolares.

Dessa forma, os sujeitos que participam dos eventos de letramento não têm que dominar necessariamente a tecnologia da escrita, mas precisam compreender o contexto no qual a escrita está sendo usada. Portanto, são variados os contextos em que a leitura e a escrita aparecem e também diversas as práticas de letramento.

O que se lê e o que se escreve nas CEBs?

Nas comunidades pesquisadas, as leituras religiosas estão presentes em todos os casos pesquisados. As mulheres camponesas comprometidas de alguma maneira com atividades de liderança são as que mais se envolvem em práticas de leitura e de escrita religiosas.

De fato, ao solicitarmos às mulheres em estudo que assinalassem os tipos de material escrito que possuíam em suas residências, o maior número recaiu nos livros sagrados e/ou religiosos. Em seguida, estavam os textos jornalísticos (cartilhas, jornais, revistas, panfletos, boletins, etc.); os livros literários e didáticos e os dicionários; os registros memorialísticos com fotos de família e história da comunidade; e os impressos de controle do tempo (calendários e folhinhas). Aliás, a posse e a circulação de materiais escritos religiosos nas residências dessas mulheres, e nas comunidades onde vivem, fazem com que a religião exerça influência maior sobre o letramento social do que a escola.

O período de observação e as entrevistas com as participantes da pesquisa possibilitaram-nos compreender que as práticas de leitura e escrita envolvem valores, atitudes, sentimentos e relacionamentos sociais. Os usos da leitura, por sua vez, dependem sempre dos sujeitos que leem, dos contextos em que se desenvolvem, dos objetivos práticos a que respondem e dos valores e dos significados neles inscritos, como podemos observar neste trecho do diário de campo:

> Era sábado. Cheguei à Comunidade de Jasmim às 18h. Cumprimentei as pessoas e logo fui informada que haveria celebração no salão comunitário. [...] A celebração religiosa foi mediada pela leitura e pela escrita de textos, imagens, exibição de vídeos e cantos sobre a temática do encontro: "Fraternidade e Saúde Pública". Foram distribuídos livros com o roteiro do encontro. Jasmim leu o texto bíblico e o comentou com o grupo. Ao final do encontro, vários avisos foram enunciados e a programação foi distribuída para os presentes. A semana se apresenta cheia de reuniões e tarefas para toda a comunidade: reunião das catequistas, reunião da nova direção da associação, reunião da Pastoral da Criança, encontro do CPP e palestra no sindicato. (Diário de campo, 24 mar. 2012)

No processo de formação da fé e das atividades que realizam nas CEBs, na Pastoral da Criança e na associação, Jasmim exerce atividades práticas de leitura e escrita. Essas práticas lhe possibilitam mobilizar determinadas habilidades referentes a aprendizados ligados à prática de leitura, à expressão escrita e à expressão oral. A entrevistada explicou que a religião Católica, tradicionalmente, valorizou a transmissão oral, mas nos últimos tempos tem se empenhado para que seus fiéis leigos tenham mais acesso à cultura escrita. Assim, ainda que a comunicação oral-auditiva seja uma característica acentuada, jornais, revistas, panfletos e livros constituem suportes de textos encontrados na maioria das celebrações religiosas e nos encontros de formação. Questionada sobre o que lê e escreve nas CEBs, Jasmim relatou:

> Leio de tudo um pouco. A Bíblia é o livro que mais leio, porque todos os dias eu leio um trecho do evangelho, um salmo e uma outra leitura do velho ou do novo testamento, depende do que está orientado na liturgia diária que a gente recebe todo mês. [...] Leio toda semana o material da catequese, o jornal Mundo Jovem, a revista pastoral, a revista família cristã, o folheto do culto, o livro de canto, as apostilas dos encontros de formação, livros da Pastoral da Criança [...]. É muita coisa, não dá para falar tudo, né? [risos] [...]. Escrevo o que entendo daquilo que leio no meu caderno de anotações ou na minha agenda. [...] A gente escreve também os roteiros dos encontros pra não esquecer. Escrevo também cartazes, escrevo a pauta e a síntese das reuniões no livro ata, registro no livro-caixa o que entra e o que sai, faço relatórios, prestação de contas. (Jasmim)

Sobre a posse de materiais escritos e as marcas de leitura observadas nas residências e nas Comunidades Eclesiais de Base onde vivem e atuam as mulheres camponesas participantes desta pesquisa, encontramos: Bíblia, documentos da Igreja, Jornal Mundo Jovem, Jornal Brasil de Fato, material da catequese e da Pastoral da Criança, livros didáticos e literários dos filhos e dos netos, livros e cadernos de receitas culinárias, cadernos e livros de letras de música, escritos informativos, cordéis, cartas, cartões, folhetos de propaganda, agendas, cadernos com anotações, entre outros. Ao observarmos e descrevermos os usos cotidianos de materiais escritos, detectamos a existência, em grande quantidade, de materiais impressos de leitura, tanto no recinto doméstico quanto no religioso.

A entrevistada Dália, por exemplo, salientou que seu acesso, na infância, ao material de leitura foi bem restrito. Da escola, lembrou-se dos exercícios repetitivos e das continhas no quadro, da palmatória e dos castigos dados pela professora. E recordou que o acesso ao material de leitura e à escrita se deu efetivamente só na vida adulta:

> Vim pegar em livros, cartilha, jornais, assim, depois da comunidade e do sindicato, aí, é papel que a gente não dá conta de ler [...]. No tempo que eu frequentei a escola e também no tempo da escola dos meus filhos mais velhos, os livros eram comprados e eram poucos, mas agora também na escola tem muitos livros, hoje só não lê quem não quer, porque material não falta. (Dália)

Margarida nos contou que aprendeu a ler nas CEBs e a interpretar a Bíblia com as animadoras da comunidade e seu tio. E acrescentou: "O folheto do culto foi minha cartilha e a Bíblia, além de ser a Palavra de Deus, foi meu livro preferido. Adorava as histórias da Bíblia, viajava com elas". Além disso, afirmou que a partir da década de 1990 se intensificou na comunidade a circulação de "cartas abertas, cartilhas, jornais, boletins diocesanos, livros de cantos, livros da Novena de Natal, material da campanha da fraternidade, material da catequese, material da associação e sindicato". Ela acredita que a escola noturna que frequentou na idade adulta foi um suporte que lhe possibilitou lidar melhor com esses materiais impressos que circulavam na comunidade, mas reconheceu: "foi nas CEBs que aprendi a ler e escrever e foi lá também que comecei a pegar nos livros e escrever, porque tinha que anotar muita coisa".

Todas as mulheres entrevistadas disseram conhecer alguém que havia sido alfabetizado por meio do material escrito que circulava nas CEBs, principalmente entre os anos 1980 e 1990. Segundo Margarida, mesmo quem não sabia ler comprava a Bíblia e os livros de cantos; em suas palavras: "Ouvia as histórias, gostava, daí pegava e lia soletrando e aprendia [...]. Tinha umas bem bonitas do Mar Vermelho, de Davi, José, Sansão, Abraão, o nascimento de Jesus [...]. Muita gente desasnou a ler e não parou mais, queimava até as panelas [risos]".

O relato de Margarida parece indicar que, por meio da memorização e da apropriação dos textos bíblicos lidos por homens e mulheres em um processo solitário de reconhecimento das palavras, aqueles leitores davam um significado ao sistema de escrita. As CEBs têm uma característica muito peculiar que lhes diferencia enquanto movimento popular católico: a Bíblia está nas "mãos do povo", os participantes podem ter acesso ao livro sagrado e interpretá-lo tomando como referência a sua realidade. Tais comunidades constituem, portanto, um espaço no qual todos os participantes podem manusear, ler, escrever, opinar e dizer o que acham dos textos bíblicos.

Vemos que tais lideranças fazem uso da leitura e da escrita de acordo com suas necessidades. A fluência depende da frequência com que estabelecem contato com o objeto de leitura e escrita e com o tipo de texto a que estão expostas. De costume, nesses encontros são produzidos versos, poesias e textos que não são de forma alguma simplórios, mas carregados daquela "sabedoria do povo", conforme afirma Dália. Acreditamos que o acesso ao "material escrito" essencialmente religioso as faça leitoras da vida, capazes de reconhecer os símbolos bíblicos e interpretar as imagens, compreendendo, assim, os usos sociais da leitura e da escrita mesmo que não tenham o domínio de um código escrito, ou seja, mesmo que não sejam alfabetizadas e não tenham passado pelo processo de escolarização.

Posto isso, indagamos: que tipo de escrita circula nas CEBs? Para compreendermos a presença da escrita nas atividades realizadas por essas mulheres, tomamos como exemplo o "Caderno do Líder da Pastoral da Criança". Referindo-se a ele, Acácia comentou: "esse caderno foi criado para ajudar e orientar a gente fazer o relatório do trabalho da Pastoral da Criança". Explicou também que nele constam 27 indicadores, referentes à criança e à gestante, que necessitam ser acompanhados pelo líder, entre eles estão: vacinas, peso, desnutrição, consulta pré-natal e mês de gestação; além de indicadores de oportunidades e conquistas que devem constar do relatório enviado à coordenação nacional da Pastoral da Criança. Em relação a eles, a entrevistada especificou: "nessa parte do livro a gente anota as coisas que a família fala, é bom porque fica tudo registrado, daí é bem mais fácil, [...] a qualquer tempo é só pegar o caderno que as coisas estão lá" (Acácia). A segunda parte do caderno refere-se aos registros da ausência de atendimento pelo serviço de saúde e das mortes; nessa seção pode ser constatada a soma de esforços com o Sistema Único de Saúde (SUS) do Ministério da Saúde. O Caderno do Líder é, portanto, o instrumento que dá sustentação ao Sistema de Informação da Pastoral da Criança.

Acácia e Íris afirmaram que ao visitarem as famílias se esforçam para estabelecer um elo entre estas e a comunidade. Assim, ao realizar as atribuições de líder, elas distribuem material impresso, fazem leituras e anotam informações coletadas a partir das conversas com a família.

O caderno de anotações dos encontros de formação de lideranças, as agendas, o livro ata e presencial das reuniões, e os cartazes fazem parte do cotidiano das mulheres camponesas lideranças das CEBs, do sindicato, do

Movimento de Mulheres Camponesas, da associação, da Pastoral da Criança e de outras instâncias formativas.

De maneira geral, as casas das lideranças comunitárias – em especial as dos animadores das CEBs, do presidente da associação, do sindicato, do movimento de mulheres camponesas e de outras lideranças que têm contato externo e interno bastante intenso – são referências da comunicação que envolve a produção e o uso da escrita: tais líderes recebem e distribuem correspondências, avisos e convocações.

Dália, quando a visitamos, mostrou-nos as anotações que fez ao assistir um curso sobre o "uso do sorgo na alimentação humana", ministrado pela Comissão Pastoral da Terra (CPT). No curso, utilizando o sorgo, aprendeu a fazer pipoca, cuscuz, mingau e pamonha. Ela relatou que, com a ajuda da neta, transcreveu as receitas da apostila que recebeu no curso para o seu caderno de receitas culinárias. Além disso, mostrou-nos os manuscritos de poesia e frases selecionadas, copiadas nas agendas e colecionadas por ela, e o caderno com as anotações do curso de informática do qual participa no sindicato (Diário de campo, 1 ago. 2012).

Outra prática de escrita se refere aos roteiros e às pautas de encontros de catequese, reuniões, cultos dominicais e outros eventos que habitualmente registram. Em relação ao hábito de realizar anotações, Acácia comentou:

> desde quando começamos a participar de encontros, a gente tem o costume de anotar. É bom pra não esquecer, né? Também o que tá escrito fica documentado. A gente sempre teve orientações de como planejar os encontros, isso ajuda muito a organizar o trabalho [...]. Também tenho um caderninho onde escrevo os roteiros do programa de rádio que faço todo sábado. É um programa infantil que se chama "Cantinho da Criança". Na programação do encontro, tem a hora de contar histórias, das brincadeiras, de ler as cartas que as crianças me enviam, das músicas infantis que tocam no programa. Então, tenho que me preparar [...] e, aí, o roteiro me deixa mais segura e não tira minha espontaneidade [...]. Você precisa ver, é meu caderno de paródias, é um capricho, muito cobiçado [...]. Ah, eu também tenho um diário onde escrevo as coisas mais íntimas que acontece comigo. (Acácia)

Além dos roteiros do programa de rádio e das anotações diversas, Acácia escreve poesias e paródias sobre temas discutidos nas reuniões da comunidade, nos encontros de formação, nos momentos de confraternização e celebração da vida, e em outras situações. Para ela, a escrita representa registro, documentação, organização e segurança, o que possibilita que o conteúdo registrado expanda-se temporal e espacialmente. Nesse sentido, Acácia compreende que o registro representa muito mais que uma anotação no caderno ou na agenda, um roteiro de programa de rádio ou de um encontro, pois permite pensar e refletir sobre cada decisão que foi ou será tomada, admite o aprimoramento do trabalho comunitário e sua frequente adequação às necessidades dos membros da comunidade.

Nos encontros de formação, as participantes deste estudo informaram ter interesse de ler os materiais escritos que são distribuídos. Para elas, o processo formativo desenvolveu a sensibilidade para a leitura de textos referentes às questões sociais. Segundo as líderes, ocorreu, assim, o engajamento delas na luta pelos direitos das crianças e dos adolescentes, pelos direitos humanos e pelos direitos das mulheres e dos negros. Relataram ainda que, ao final de cada encontro de formação, surgiam propostas que eram transformadas em ações concretas nos locais onde atuavam como lideranças.

Em última análise, a relação das mulheres com a cultura escrita não é algo mecânico, mas dinâmico. Como vimos, a leitura e a escrita estão presentes de tal forma nesse contexto que acabam definindo o ritual ou o evento, enfim, a vida dos participantes dessas comunidades.

Como se lê e como se escreve nas CEBs?

Sabe-se que historicamente as práticas de leitura têm mudado, assim como a materialidade dos textos escritos. Essas mudanças se refletem na formação dos leitores de cada época e lugar. Da mesma maneira que as técnicas e os procedimentos da produção dos suportes impressos, manuscritos e audiovisuais foram se modificando, o leitor também experimentou transformações ao longo do tempo. Se pensarmos em um leitor de textos eletrônicos, temos de reconhecer que a sua relação com o texto impresso é muito diferente da interação de um leitor com o texto manuscrito ou impresso antes da chegada da informática e da internet.

Jasmim aprecia os diferentes modos de ler, assim como os vários hábitos pessoais de leitura. Para ela, o leitor precisa encontrar a própria maneira de ler para apropriar-se dos livros que lhe chegam às mãos. Reconheceu que sua história como leitora foi construída graças à orientação de outros leitores, que a guiaram no aprendizado da leitura, dos significados e dos sentimentos possíveis evocados pelas palavras, como afirma no seguinte depoimento:

> [...] Aprecio quando a pessoa lê a Bíblia devagar, com calma, para nos pontos, isso deve acontecer com qualquer livro, mas a leitura da Bíblia é em primeiro lugar. [...] O modo de ler a Bíblia é diferente porque ela não é um livro de ciências nem de matemática, [...] é um livro de fé que sempre comunica uma mensagem para a gente. [...] Aprendi com meus formadores que é preciso trazer a mensagem para a nossa realidade, isso é muito difícil, nem sempre a gente consegue, mas é necessário, porque não podemos interpretar a Bíblia ao pé da letra, é preciso trazer para a nossa realidade, contextualizar como aprendi na escola de formação integral. Se não for assim, por exemplo, podemos considerar a Bíblia machista [...]. Toda leitura da Bíblia tem algo para nos comunicar, às vezes a gente demora para descobrir porque a Bíblia é como um coco de casca dura, esconde dentro uma água que mata a nossa sede. [...] Pra gente beber dessa água precisa de um facão que quebra a casca do coco e nos oferece a água que mata a nossa sede. [...] Penso que para entender a Palavra de Deus na Bíblia depende da forma como a gente lê sozinho e na comunidade, mas tem que ler com fé, perseverança, concentração. (Jasmim)

Quanto ao seu modo de ler, Jasmim enfatiza que prepara bem e com antecedência a leitura. Ela ressaltou a necessidade de familiarizar-se com o texto, pois à medida que conhece o conteúdo lido passa a compreendê-lo melhor. Afirmou também que antes de ler em voz alta se esforça para compreender o sentido do texto, captar sua estrutura, suas articulações, seus pontos mais altos, porque acredita que essa preparação prévia dá segurança ao leitor e expressividade ao ato de ler, principalmente quando o texto em questão é a Bíblia. Jasmim considera a leitura dos textos bíblicos diferente da leitura de livros de História, Geografia, Ciências e outros. Para ela, o leitor não diz sua palavra, mas a de Deus. Quando expôs que aprecia a pessoa que lê devagar, enfatizou que o ouvinte requer tempo para sentir, entender e assimilar a mensagem do texto. Indicou, portanto, que é preciso saber fazer pausas e manter um tom geral de calma: "quando leio depressa, sinto que as pessoas entendem menos [...] acredito que a leitura assim tem mais dificuldade para entrar no nosso interior".

Observamos nos encontros celebrativos que os leitores, assim como Jasmim, preparavam com antecedência a leitura. Preparar uma leitura expressiva, para eles, é saber que entonação se deve dar a cada frase, quais são as frases que devem ser ressaltadas, onde estão os pontos e as vírgulas, e qual a pontuação do texto, conforme podemos notar na Figura 1.

Figura 1 – Marcas de pontuação feitas por Dália no seu livro Liturgia Diária[4]

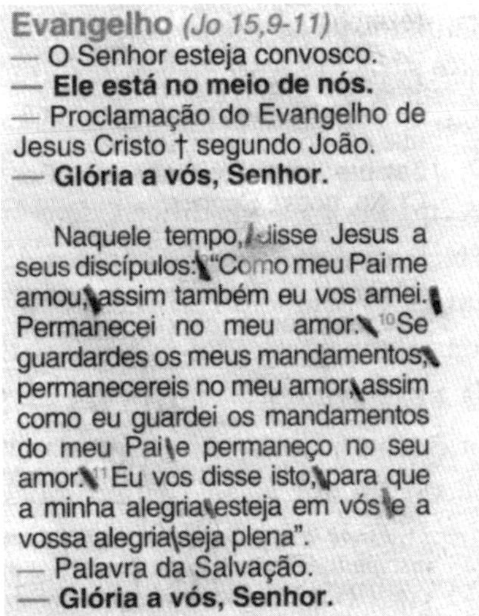
Evangelho *(Jo 15,9-11)*
— O Senhor esteja convosco.
— **Ele está no meio de nós.**
— Proclamação do Evangelho de
Jesus Cristo † segundo João.
— **Glória a vós, Senhor.**

Naquele tempo, disse Jesus a
seus discípulos: "Como meu Pai me
amou, assim também eu vos amei.
Permanecei no meu amor. 10 Se
guardardes os meus mandamentos,
permanecereis no meu amor, assim
como eu guardei os mandamentos
do meu Pai e permaneço no seu
amor. 11 Eu vos disse isto, para que
a minha alegria esteja em vós e a
vossa alegria seja plena".
— Palavra da Salvação.
— **Glória a vós, Senhor.**

Fonte: Fotografia feita pela pesquisadora (Diário de campo, 2 de maio 2013)

Nesse caso, as marcas nos sinais de pontuação, feitas no texto lido por Dália, por exemplo, evidenciam que as pausas da oralidade nem sempre coincidem com a pontuação original. Além disso, Dália relatou-nos que se sente melhor ao ler unidades mais curtas de pontuação. Explicou que, ao fazer a leitura prévia dos textos, utiliza barras para sinalizar as pausas, pois apenas os sinais de pontuação seriam instáveis demais para usá-los na leitura oral. Desse modo, ela insere ou altera as referências existentes, estabelecendo novos modos de pontuar. Para isso, observa quais são as palavras, as expressões e/ou as frases mais importantes, isto é, as que deverá enfatizar; onde deve fazer pausa breve ou prolongada; onde precisa evitar a pausa; e qual o tom de voz, o ritmo e o movimento que empregará no texto ou nas partes.

Acácia reconhece que ler o texto em voz alta requer exercícios. Durante as visitas à sua comunidade, pudemos acompanhar seu esforço em realizar a leitura oral várias vezes antes das celebrações. Desse modo, ela identificava armadilhas fonéticas e evitava tropeçar na pronúncia de algumas palavras.

[4] O texto utilizado por Dália foi extraído da revista "Deus conosco: dia a dia" (SANTUÁRIO, 2013).

Percebemos, assim, que a tarefa do leitor nas CEBs é de exprimir, por meio do modo de ler, os sentimentos do autor e de suas personagens. Portanto, os oradores são orientados pelos agentes da pastoral litúrgica a ler o texto com antecedência e observar os seguintes pontos: quem fala nele? A quem fala? Sobre o quê? Com que finalidade? Qual o gênero? É um relato, uma exortação, um diálogo, uma oração ou uma censura? O que sentem as personagens que nele aparecem? Há palavras difíceis de compreender? Que significam? O texto é divisível em partes? Onde começa e acaba cada seção? Tais tópicos devem ser assimilados pelo leitor, pois este, por meio de seu modo de ler, tem a responsabilidade, conforme relatou Jasmim, de "promover o encontro entre Deus que fala e os ouvintes".

O ofício de leitor é um dos mais importantes, pois, ao proclamar a Palavra de Deus, como explicou Jasmim, ele não é um simples repetidor de palavras, mas torna-se um instrumento de Deus para comunicar-se com as pessoas que estão ali celebrando. Na compreensão de Jasmim, o leitor empresta sua boca, sua voz e todo o seu ser para que a Palavra de Deus possa chegar àquelas pessoas.

Nesse sentido, Hortênsia, enfatizou a necessidade de articular a leitura da Bíblia com a vida cotidiana:

> os membros das CEBs encontram nos textos bíblicos sua própria história: suas lutas, seus sofrimentos, suas esperanças [...]. O Evangelho deve estar iluminando e questionando a vida, os trabalhos, o sindicato, a roça [...]. Hoje, quando leio a Bíblia, procuro nela as coisas da vida, a gente nem precisa sair da comunidade para entender a Bíblia. É só a gente ler ou escutar uma ou duas vezes, pensar na realidade da vida e encaixar nela o Evangelho: todo mundo compreende, fácil, que o Evangelho está aí, no meio do nosso caminho. Há uma influência mútua da vida sobre a Bíblia e da Bíblia sobre a vida. Penso que uma sem a outra só se entende pela metade. (Hortênsia)

Esse depoimento de Hortênsia leva-nos a entender que a Bíblia é o texto, a comunidade é o contexto e a realidade é o pretexto. Para ela, o modo de ler os textos bíblicos está diretamente articulado aos saberes da experiência comunitária, em suas palavras, "o hábito de ler a realidade a partir de textos bíblicos". A linguagem e a realidade se prendem dinamicamente, uma vez que a compreensão do texto implica a percepção das relações entre o texto e o contexto.

Ler a realidade, tanto para o educador Paulo Freire (1988) quanto para os integrantes das CEBs, não inclui apenas a capacidade formal do manejo do conhecimento, mas, sobretudo, a habilidade de nela intervir como sujeito capaz de fazer a própria história. Visto isso, Fernandes (2009) destaca a influência freireana nas formulações pedagógicas e nas práticas formativas das CEBs, que, inspiradas no método "Paulo Freire" de alfabetização de adultos, executam uma metodologia que leva da conscientização à ação. Nos roteiros de celebrações e no material impresso, encontramos com frequência várias expressões relacionadas ao conceito de realidade: "estudo da realidade", "conhecimento crítico da realidade", "realidade vivida", "realidade a ser transformada", dentre outras.

Nesse sentido, Acácia nos relata que faz a leitura orante da Bíblia, o que exige dela muita concentração. Explicou ainda que não gosta de repetir mecanicamente as letras dos livros, mas de falar o que compreendeu, por isso é preciso "ruminar bem o que está escrito, pois Deus fala com a gente não só pela letra do livro, mas pela vida, pela natureza e pela atividade humana".

Mas o que acontece com Acácia quando está diante de um texto? Para responder a essa questão, devemos observar o seu depoimento:

> gosto de ler debaixo das árvores, dentro do mato. Pois a natureza me concentra, me inspira. Eu converso com as árvores como se fossem pessoas e penso com a natureza. Sentada diante do meu livro, [...] percebo não apenas as letras e as palavras que compõem o texto, mas o sentido daquilo que estou lendo e aos poucos a mensagem do texto toma conta de mim com uma emoção, sensibilidade, intuição, conhecimento, alma [...]. (Acácia)

O relato acima nos remete mais uma vez a Freire (1988), quando afirma que no ato da leitura todas as emoções do corpo se fazem presentes e confusas: a vagância, a angústia, a sensualidade. A leitura seria o lugar no qual a estrutura entra em conflito, pois ler é um ato intencional, que exige do leitor paciência, persistência e determinação para que possa superar o conflito entre ele e o texto. Esse enfrentamento nasce e se agiganta devido à necessidade que o leitor tem de concordar, discordar, confrontar valores. Enfim, tudo aquilo que o texto propõe exige do leitor o estabelecimento de relações com suas experiências de vida. Nesse processo de introspecção, aquele que lê, passa a se conhecer, se desenvolver e a sentir o prazer de conhecer, há a sensação de um mundo mais amplo (FREIRE, 1988).

Hortênsia revelou que o modo de ler na catequese contribuiu em seu processo de alfabetização. Recordou das histórias bíblicas e da forma como eram lidas na catequese, das brincadeiras e das músicas que anotava no caderno, das atividades que respondia em casa durante a semana e de outras circunstâncias que favoreceram seu envolvimento com a leitura e a escrita a partir do processo de mediação planejado e desenvolvido pela catequista na década de 1990.

Sobre sua vida escolar, Dália narra que, quando criança, estudou pouco, mas seus filhos foram seus grandes professores, pois, como tinha dificuldade para fazer anotações, levava-os para as reuniões das CEBs, do sindicato e do Movimento de Mulheres Camponesas para assessorá-la nas anotações: "além de anotar as coisas pra mim, davam muitas dicas sobre como ler, como escrever e, assim, eu fui aprendendo e evoluindo na leitura e na escrita". Portanto, sua forma de ler está também associada a sua relação familiar.

Jasmim, referindo-se aos modos e às condições de ler, apontou a apreensão de práticas de cultura escrita como uma possibilidade de "empoderamento" de indivíduos camponeses que se posicionam em relação às condições subalternas de leitura que frequentemente lhes são impostas. Ler é entendido por ela como uma prática valorizada socialmente.

Além disso, na visão delas, "os cantos das CEBs" também ajudaram-nas muito a desenvolver as competências de leitura e compreender melhor muitos textos bíblicos. Observamos, também, que o modo pelo qual o livro de canto é usado nos encontros das CEBs possibilita a fruição das palavras, desperta a criatividade e desenvolve a sensibilidade estética de seus participantes para a leitura e a escrita.

Nos comentários das mulheres, notamos, reconhecida e destacada, a relevância do canto como um recurso capaz de tornar os encontros mais envolventes, na medida em que abre espaço para o dinamismo e desperta nos participantes um maior interesse em relação ao conteúdo apresentado. Para tanto, os animadores dos grupos precisam realizar uma boa seleção do canto, a fim de manter a coerência com o conteúdo proposto e evitar perder de vista o foco, o objetivo e a finalidade do canto como auxílio na compreensão da temática discutida.

Considerações finais

De forma geral, constatamos no grupo das mulheres pesquisadas várias práticas de leitura e escrita com usos e funções diferenciadas: interação social e lazer; busca de informações; divulgação de atividades, auxílio à memória; leitura de textos religiosos, literários e didáticos; produção de textos envolvendo: organização de documentos, elaboração de regimento, estatuto e edital das entidades, ata das reuniões, registro de dados financeiros, elaboração de balancetes; entre outros.

Os modos de ler e escrever dessas mulheres foram percebidos por meio de práticas sociais de leitura e escrita, em espaços como a residência, a atuação nas CEBs, a associação de trabalhadores rurais, o Movimento de Mulheres Camponesas e outros grupos sociais a que pertencem. A análise das entrevistas revelou como certas competências, preferências, comportamentos e modos de ler produzidos em outros âmbitos sociais são "ressignificados" e entrelaçam-se às práticas de ensino da leitura, ampliando, assim, o repertório das práticas sociais de uso da escrita.

As mulheres líderes das CEBs são agentes mobilizadoras de seus saberes e experiências. Elas promovem e mediam práticas cotidianas de uso da escrita na realização das atividades visadas. Elas conhecem os meios, as limitações e as possibilidades, as fraquezas e as forças de cada um dos membros do grupo e de suas práticas locais. Conseguem, no convívio em comunidade, identificar pessoas não alfabetizadas, mas que compreendem os papéis sociais da escrita; distinguem gêneros; e reconhecem as diferenças entre a língua escrita e a oral. Além disso, convivem com pessoas alfabetizadas que, mesmo dominando o sistema da escrita, pouco vislumbram suas possibilidades de uso.

Nesse contexto, as protagonistas percebem que não há um padrão único para todos os indivíduos, para todos os tempos, pois como afirmam Barton e Hamilton (1998), as práticas de letramento são culturalmente construídas. Sob essa perspectiva, tais práticas podem ser concebidas como um fenômeno mutável e dinâmico, visto que estão inseridas na sociedade, sendo passíveis de mudança.

Nesse sentido, ao conhecer os modos de participação nas culturas do escrito desses sujeitos sociais, concluímos que as Comunidades Eclesiais de Base são espaços de evento de letramento, circulação de textos e práticas de leitura e escrita. Já a família e a religião, o Movimento de Mulheres Camponesas, os sindicatos, o Movimento de Educação de Base e os programas de alfabetização de adultos são considerados como instâncias formativas; e a escola e a Igreja, como instâncias de difusão de textos e práticas de leitura e de escrita.

Com relação ao caráter coletivo de participação nas CEBs, os jovens – principalmente os catequizandos, filhos ou netos das mulheres investigadas – são colocados sempre como aprendizes, independente do nível de escolarização. Muitos deles atuam como escribas (KALMAN, 2003), fazendo anotações em reuniões e transcrição de textos, confeccionando cartazes e digitalizando material impresso.

Em síntese, constatamos que as mulheres entrevistadas realizaram, pela via da religião e da participação cidadã, um movimento ascendente em relação aos modos de participação nas culturas do escrito de sua família de origem, indicado pela maneira de atuação nas CEBs e em outras instâncias que influenciaram suas práticas de leitura e escrita. Se, por um lado, podemos afirmar que houve mobilidade intergeracional ascendente das entrevistadas em relação a suas famílias de origem, por outro, podemos assegurar certa tendência a uma mobilidade intergeracional entre as líderes das CEBs e seus filhos. Enquanto as mulheres cursaram apenas os primeiros anos do Ensino Fundamental, a maioria de seus filhos estuda ou já concluiu o Ensino Médio e, além de realizar trabalho comunitário, atua em cargos como o de professor de escolas públicas da rede municipal ou de técnico agrícola na região oeste da Bahia.

A cultura escrita, entendida como o lugar material e simbólico que o escrito ocupa em um grupo social (GALVÃO, 2010, p. 218), e sua utilização pelos sujeitos nas situações ligadas às práticas religiosas ou cidadãs, que não se resume ao ato de ler e escrever, são elementos constitutivos da experiência das mulheres líderes das CEBs com o associativismo, com o sindicato, com o Movimento de Mulheres Camponesas e com os projetos sociais.

Enfim, ao analisarmos as condições e as instâncias formativas por meio das quais as líderes das CEBs que pouco frequentaram a escola construíram sua participação nas culturas do escrito, concluímos que, em ambos os casos, o contexto de produção, circulação e recepção de materiais escritos, os processos de aproximação e usos da leitura e da escrita e os encontros interacionais que envolviam o ato de ler e escrever, eram advindos principalmente das instâncias religiosas populares (no caso, as CEBs) e da participação cidadã (sindicato, associações, Movimento de Mulheres Camponesas).

Esperamos que as contribuições empíricas que nos possibilitaram conhecer os processos de formação dessas mulheres possam ser *traduzidas* para práticas pedagógicas com a finalidade de formular políticas de Educação de

Jovens e Adultos que incorporem, de um modo mais estruturante, experiências que esses sujeitos já construíram ao longo de suas trajetórias de vida em torno da leitura e da escrita. Isso porque, ao reconhecermos as práticas de letramento locais, poderíamos ter melhores respostas às necessidades e às preocupações de uma determinada comunidade e, assim, garantir que essas práticas sejam *preservadas*[5] "tanto pelos valores culturais que elas representam, como por seu papel de sustentação de identidades de seus usuários" (KLEIMAN, 2006, p. 269).

Referências

ANJOS, Gabriela dos. Liderança de mulheres em pastorais e comunidades católicas e suas retribuições. *Cadernos Pagu*, Campinas, n. 31, p. 509-534, jul.-dez. 2008.

BARTON, David; HAMILTON, Mary. *Local literacies*: reading and writing in one community. London: Routledge, 1998.

BETTO, Frei. *O que é Comunidade Eclesial de Base*. São Paulo: Abril Cultural; Brasiliense, 1981. (Coleção Primeiros Passos, 46).

FERNANDES, Silvia Regina Alves. *Novas formas de crer*: católicos, evangélicos e sem-religião nas cidades. São Paulo: Promocat, 2009. v. 1.

FREIRE, Paulo. *A importância do ato de ler*: em três artigos que se completam. 22. ed. São Paulo: Cortez Editora, 1988. (Coleção Polêmicas do Nosso Tempo).

GALVÃO, Ana Maria de Oliveira. História das culturas do escrito: tendência e possibilidades de pesquisa. In: MARINHO, Marildes; CARVALHO, Gilcinei Teodoro (Orgs.). *Cultura escrita e letramento*. Belo Horizonte: Ed. UFMG, 2010. p. 218-278.

GIDDENS, Anthony. *A transformação da Intimidade*: sexualidade, amor e erotismo na sociedade moderna. São Paulo: UNESP, 1993.

GREEN, Judith L.; DIXON, Carol N.; ZAHARLICK, Amy. A etnografia como uma lógica de investigação. *Educação em Revista*, Belo Horizonte, n. 42, p. 13-79, dez. 2005.

HAMILTON, Mary. Expanding the new literacy studies: using photographs to explore literacy as social practice. In: BARTON, David; HAMILTON, Mary; IVA-

[5] A concepção de práticas preservadas não está orientada aqui para uma noção de fixidez de cultura, mas sim para o objetivo de valorização e legitimação dessas práticas de grupos marginalizados e/ou minoritários diante de outras práticas de letramento hegemônicas.

NIC, Roz (Orgs.). *Situated literacies*. London: Routledge, 2000. p. 16-33.

HEATH, Shirley Brice. *Ways with words*: language, life, and work in communities and classrooms. New York: Cambridge University Press, 1983.

INSTITUTO BRASILEIRO DE GEOGRAFIA E ESTATÍSTICA (IBGE). *Censo Demográfico 2010*. Rio de Janeiro: IBGE, 2011. Disponível em: <http://www.ibge.gov.br/home/estatistica/populacao/censo2010/caracteristicas_da_populacao/resultados_do_universo.pdf>. Acesso em: mar. 2013.

KALMAN, Judith. El acceso a la cultura escrita: la participación social y la apropiación de conocimientos en eventos cotidianos de lectura y escritura. *Revista Mexicana de Investigación Educativa*, Cidade do México, v. VIII, n. 17, p. 37-66, enero-abr. 2003.

KLEIMAN, Ângela B. Processos identitários na formação profissional. O professor como agente de letramento. In: CORRÊA, Manoel L. J.; BOCH, Françoise (Orgs.). *Ensino de Língua*: representação e letramento. Campinas: Mercado de Letras, 2006. p. 75-91.

OLIVEIRA, Marta Kohl. *Cultura e psicologia*: questões sobre o desenvolvimento do adulto. São Paulo: Hucitec, 2009.

REIS, Sônia Maria Alves de Oliveira. *Mulheres Camponesas e Culturas do Escrito: trajetórias de lideranças comunitárias construídas nas CEBs*. 2014. Tese (Doutorado em Educação) – Faculdade de Educação, Universidade Federal de Minas Gerais, Belo Horizonte, 2014.

SANTUÁRIO. Liturgia diária. Deus conosco: dia a dia, Aparecida, SP, ano 12, n. 137, p. 21-23, maio de 2013.

STREET, Brian. *Abordagens alternativas ao letramento e desenvolvimento*. In: TELECONFERÊNCIA UNESCO BRASIL, LETRAMENTO E DIVERSIDADE, 2003.

Escola para jovens e adultos nas primeiras décadas do Brasil República: higiene, leitura e trabalho[1]

Fernanda Rodrigues Silva
Leôncio Soares

Início de conversa...

Os estudos na área da educação acumulam significativa compreensão acerca do processo educativo brasileiro a partir de diferentes análises e temáticas. Ao mesmo tempo um leque de questões não foi ainda suficientemente abordado. Esse pode ser o caso dos antecedentes da educação de jovens e adultos, pouco letrados, pensados em *termos de* tempos, indivíduos, saberes, materiais utilizados, práticas ou formação do educador. Um pouco de atenção ao passado pode devolver ao presente compreensões e evidências acerca da escolarização desses públicos e oxigenar reflexões atuais.

A literatura converge *com relação ao fato de que é complexo para* o pesquisador reunir informações de iniciativas educacionais direcionadas a jovens e adultos desde o passado: "um primeiro problema diz respeito à localização das origens desse processo educativo [educação de adultos] na história das ideias e das instituições do país" (BEISIEGEL, 2004, p. 71). Por exemplo: se a busca tender para os livros de história da educação, encontramos as seguintes advertências: "a história da educação de jovens e adultos não faz parte dos manuais

[1] Este texto foi escrito a partir da tese de doutoramento defendida por Fernanda Rodrigues Silva com orientação de Leôncio Soares, no Programa de Pós-Graduação da Faculdade de Educação da UFMG, em 18 de fevereiro de 2013.

de história da educação brasileira e, de igual maneira, a história da educação de adultos não consta dos livros de nossa história" (FÁVERO, 2009, p. 56). Pode-se tomar a direção dos dados estatísticos da educação em geral. Mas, nesta área, o pesquisador se depara com "a incompletude e a má qualidade das informações coletadas sobre a instrução pública" (FERRARO, 2009); ou com o fato de que "a história da educação brasileira anterior à segunda década do século XX não apresenta grande uniformidade. Alguns traços poderiam ser a extrema precariedade (quantitativa e qualitativa) do sistema de ensino elementar" (PAIVA, 2003, p. 63). Não raras vezes, a educação de jovens e adultos tem sido tratada como sinônimo de alfabetização (CANÁRIO, 1999), no entanto, "os cursos noturnos de alfabetização [no passado] refletem, em sua ineficiência e reduzida extensão, a pouca atenção que lhes é dispensada" (LEMME, 2004, p. 51). Uma rápida busca na história recente da alfabetização, e nos deparamos com as afirmativas de que "são poucos e ainda incipientes os estudos que tomam como objeto a alfabetização de jovens e adultos no país" (GALVÃO; SOARES, 2005, p. 28). O foco poderia ser a educação popular. Ainda assim, somos informados de que a educação popular está "ausente em absoluto de alguns livros e de artigos muito sérios e competentes sobre a educação e a história recente da educação no Brasil" (BRANDÃO, 2002). Por fim, uma busca nas pesquisas dos cursos de Pós-graduação em História da Educação poderia apresentar maiores resultados. Em seu estudo, contudo, Nogueira (2009, p. 25-6) percebeu inexpressivo volume na produção e que, portanto, "o tema não conseguiu, ainda, atrair os pesquisadores da história da educação". Com isso, Nunes (2007) aviva a questão apostando em novos olhares sobre aquilo que não foi reconhecido, ou que fora desqualificado ou silenciado pela memória ou pelas políticas educacionais, visto que, se tomado como objeto da história da educação, pode abrir sendas importantes.

Essas afirmações, com efeito, ajudam a entender o grau de sistematização histórica da escolarização de jovens e adultos no país. Ao mesmo tempo, instigam a verificar na literatura como foram se cruzando, em diferentes tempos, as ideias, os discursos e pronunciamentos, os ordenamentos legais delineadores da EJA e da formação do educador, as práticas e concepções educacionais e as denominações dos cursos para esses segmentos da população. Impossibilitados de apresentar um inventário histórico pormenorizado acerca das propostas de educação para os públicos jovens e adultos, focalizamos os anos de 1930. Há neste período questões interessantes para análise, como a coexistência dos termos *instruir* e *educar*, a indeterminação dos usos das terminologias *educação de adultos* e de *adultos e adolescentes*, a orientação pedagógica ora *elementar* ora *ampliada*, dando mostras de que as ideias na área estavam em movimento. Pode-se dizer que o ápice dessas questões aparece nas iniciativas dirigidas por Paschoal Lemme quando esteve com a pasta da educação de adultos na Diretoria de Instrução Pública do Distrito Federal (no Rio de Janeiro) durante a direção de Anísio Teixeira. Esse caldo de ideias leva o período a se apresentar imbuído do conceito de instrução que, num breve intervalo, acabou se alargando para educação popular.

1. A educação de jovens e adultos entre o educar e o instruir: sentidos normativos republicanos

Incursões nas produções acadêmicas com ênfase no campo da história da educação localizaram a presença dos jovens e adultos em ações de ensino e de aprendizagem desde a catequese jesuítica. Significa que está longe de ser uma aparição recente no debate político-epistemológico nos âmbitos confessional, público ou privado. Também encontraram atuações de particulares e de governos ora balizadas pela concepção de *instrução*, ora pela de *educação*. Levando em conta que ambos os conceitos expressam construções histórias, entender melhor esses termos é um ponto-chave. Cunha (2007) ancora a origem de *instrução* no verbo *instruir*, que, por sua vez, significa "transmitir conhecimento a, lecionar, informar". Seu registro é do século XVI e deriva do latim *instruere*. A palavra latina *instrução* vem do latim *instructio*, plural *instructionis*, tem como sinônimo *instruição* e figura no léxico europeu também desde o século XVI. Com relação à palavra *educação* o autor a define como "processo de desenvolvimento da capacidade física, intelectual e moral da criança"; "polidez" e marca sua introdução ao léxico no século XVII, com origem do latim *educatio*, plural *educationis*. É do mesmo século a palavra *educar*, com raiz no latim *educare*. Seguindo a derivação das palavras, *educador*, vem do latim *educator* e seu termo próximo *educando* tem o registro no ano de 1813. De posse do nascedouro das palavras é possível perceber certos usos, algumas implicações no campo educacional e, pontualmente, na organização da educação de jovens e adultos.

Do final do século XVIII, mais precisamente entre 1786/87, as *Lições de Pedagogia* de Kant (2004) são suficientes para Fontanella (*apud* KANT,

2004) afirmar, mais recentemente, que educação para o filósofo alemão é a "formação unificada e total do ser humano" em um determinado tempo, o tempo de educar sob duas vertentes: *disciplina* e *instrução*. O sinônimo de *disciplina* seria *educação* e de *instrução, cultura*. A instrução "é a parte positiva[2] da educação". Em outra passagem, Kant (2004, p. 32) leciona que a falta de *disciplina* (no caso *educação*) é pior que a falta da *instrução*, pois esta se pode adquirir mais tarde, remediadamente, enquanto os danos da falta daquela, são irreparáveis. Em seguida, o autor conclui sobre o tempo e o sentido de educação: "por educação entende-se o cuidado de sua infância (a conservação, o trato), a disciplina e a instrução com a formação. Consequentemente, o homem é infante, educando e discípulo." Com relação ao tempo de educar, a ideia kantiana advoga pela aproximação até "a idade de dezesseis anos. Passada essa idade, poder-se-á recorrer a expedientes culturais e especializá-lo, submetê-lo a uma disciplina especial, mas não se trata mais de uma educação regular" (KANT, 2004, p. 2), ou seja, o pensamento kantiano reforça a matriz educativa moderna referente à educação circunscrita a determinado período da vida. De certo modo, é um pressuposto que prevê terminalidade. Tal concepção acabou por modelar ritmos de práticas escolares que pouco se alteraram com o passar do tempo, sobretudo em se tratando da educação de jovens e adultos.

Entendimentos coincidentes com a ideia kantiana circularam entre os desejosos da formação do povo no Império brasileiro. Os estudos de Rizzini (2004, p. 114) encontraram no Relatório da Diretoria Geral da Instrução Pública da Província do Amazonas, de 1872, a concepção da época exposta pelas palavras do diretor Ramos Ferreira, "a **instrução**[3] tem por objeto e fim principal o desenvolvimento da inteligência e a aquisição de cópia de ideias que sirvam para alcançar novos conhecimentos no decurso da vida." E, para a *educação*, que ela tem como objeto e princípio, "os costumes, a repressão dos maus instintos e o desenvolvimento das qualidades nobres do coração, que, habituando o homem à incessante abstenção do mal e à prática constante do bem, o habilitam para ser útil, no decurso da vida."[4]

---

[2] Entendido pelo autor como "a condução na prática daquilo que foi ensinado" (KANT, 2004, p. 30).

[3] Grifo no original.

[4] Ortografia atualizada no excerto com base nas atualizações ortográficas brasileiras.

No campo da prática pedagógica, *instrução* compreenderia conhecimentos de leitura, escrita, cálculo e se complementaria pela qualidade "elementar": *instrução elementar*. Paulatinamente, outros conhecimentos e valores foram incorporados no catálogo da instrução elementar. Faria Filho (2009) corrobora a ideia de que *educação* e *instrução* guardariam distinções, pois, *educação* seria entendida como um projeto mais amplo, muito além da escola, de produção de sujeitos.

Os usos de *instruir-educar* aparecem, principalmente, em normatizações. Que influências tiveram elas na organização da educação dos jovens e adultos na recém-chegada República e como adentraram suas primeiras décadas? O panorama apresenta um momento efervescente e propício a (re) organizações, a começar pela Lei nº 23 de 30 de outubro de 1891[5] dedicada às providências dos serviços da administração federal. Os serviços educacionais públicos no novo arranjo legal ficam a cargo do Ministério da Justiça e dos Negócios Interiores que, dentre suas prerrogativas, daria continuidade à orientação descentralizada dos encargos administrativos.

O Distrito Federal, por exemplo, se adianta às novas exigências dadas pelo poder central e dispõe a Lei nº 85 de 21 de setembro de 1892. [6] No Cap. III o Art. 15 § 17 do Poder Legislativo Municipal consta a criação do conselho municipal, cuja tarefa é "estabelecer e regular a instrução primária, profissional e artística; estabelecer custear e subvencionar qualquer instituto de educação e instrução que as necessidades do município reclamem".[7] No texto de Lei aparecem os dois discursos – o educar e o instruir – e os graus de oferta (primária, profissional e artística). Pode-se inferir que o documento legal estabelece *educação* e *instrução* a públicos variados. Os adultos estariam contemplados pelo viés profissional e artístico referido na Lei?

O Parecer de Rui Barbosa (1882) já havia dado competência aos conselhos escolares de prover em cada localidade "um grupo escolar modelo, compreendendo um jardim de crianças, uma escola primária graduada pelos três cursos estabelecidos nesta lei, uma aula noturna de adultos e uma classe de

[5] Brasil. Senado Federal. Lei 23 de 30 de outubro de 1891. Reorganiza os serviços da Administração Federal.

[6] Lei 85 de 21 de setembro de 1892. Estabelece a organização municipal do Distrito Federal.

[7] Nos textos de Lei a ortografia está atualizada segundo Novo Acordo Ortográfico da Língua Portuguesa (2009) .

desenho industrial" às expensas do governo. Já no Município Neutro ficam estabelecidos os cursos de arte "destinados a fornecer gratuitamente aos adultos o curso completo de desenho elementar, desde os primeiros elementos geométricos até o desenho ornamental e de figura; tudo subordinado aos fins de aplicação industrial. Essas aulas serão noturnas".[8] Às escolas noturnas cabem ampliar o currículo elementar ao nível do trabalho, das necessidades da economia e da produção nacional.

A partir daí, é possível fazer três inferências. Primeira, o entendimento de educação elementar vai incidir diretamente na organização dos conteúdos da educação de jovens e adultos. Conteúdos que tendem a se mesclarem: ora "elementares" ora "acrescidos". Segunda, o uso de *instrução*, significando "transmissão de conhecimento a" das primeiras letras é superado quando aparecem conhecimentos práticos no currículo. Daí resulta uma terceira inferência, consequência das anteriores: a ampliação dos conteúdos, cada vez mais, acaba por estabelecer currículos consoantes ao mundo do trabalho. Tal aproximação da educação de jovens e adultos com o mundo do trabalho fortalece uma tipologia de currículo para jovens e adultos e estabelece relação diferenciada com o binômio *educar/instruir* já nos primeiros anos republicanos.

2. Escolas de jovens e adultos e seus conteúdos: alguns ensaios

No afã de cumprir normativas, alguns grupos escolares abriram aula para adultos. Soares (1995), lembra que, no primeiro momento, os programas destinados a esse coletivo foram conjuntamente elaborados e aprovados para as escolas singulares infantis e nada tinham de específico para a finalidade. Além do mais, essas escolas do início dos anos Novecentos se destinavam ao sexo masculino e eram instaladas desde que pudessem contar com a frequência mínima de 30 alunos.

Os conteúdos de ensino geralmente compreendiam: Leitura, Língua Pátria, Aritmética, Geografia, Geometria, Desenho e Lições das Coisas, distribuídos em três horas diárias, à noite, exceto aos domingos. A "era moderna" no Distrito Federal começa, "sem dúvida" (CHAVES, 1950), a partir de

[8] Parecer de Rui Barbosa (1882) sobre a Reforma Leôncio de Carvalho de abril de 1879. In: Primitivo Moacyr. *Instrução e o Império...* Tomo II, pp. 275 e 266, respectivamente.

1911, no governo do Marechal Hermes, com a municipalidade aos cuidados do General Bento Ribeiro Carneiro Monteiro e, na Diretoria de Instrução Pública Dr. Álvaro Batista. O Decreto nº 838 de 20 de outubro de 1911 no Art. 12 (SOUZA, 2008, p. 92-3) organiza o ensino noturno e trata dos conteúdos:

a) "leitura, escrita, linguagem e redação;

b) aritmética prática: as quatro operações sobre números inteiros, frações decimais e ordinárias, sistema antigo de pesos e medidas (parte em uso); morfologia geométrica; sistema métrico decimal; câmbio, letras promissórias, juros, descontos; sistemas monetários: brasileiro, inglês, norte-americano, francês, italiano, alemão, argentino, uruguaio;

c) noção de cosmografia e de geografia; elementos de geografia e de história do Brasil;

d) desenho a mão livre;

e) direitos do homem, seus deveres políticos e sociais; direitos e deveres da mulher, deveres dos funcionários públicos;

f) rudimentos de higiene individual".

O currículo aprovado no Distrito Federal apresenta tendências do positivismo pedagógico.[9] Sendo designado por Kulesza (2006) como "ornamental", não seria um misto entre instrução e educação? Enquanto o debate tratava do currículo, parece que pouco avançou em relação ao professor de jovens e de adultos. Chaves (1950, p. 92), quando analisou currículos como o do Distrito Federal, concluiu que o ensino noturno esteve entregue ao magistério diurno durante os primeiros vinte e dois anos de República, ou seja, "o 'dirigente' do magistério diurno é o 'Professor de escola noturna' auxiliado pelos Coadjuvantes de ensino" em função de sua abrangência e proximidade com os currículos do ensino diurno. O aproveitamento de conteúdos do ensino diurno nas turmas de ensino noturno é mais um elemento a compor uma tipologia de organização da educação de jovens e de adultos.

O mesmo Decreto que estruturou a escola noturna no Distrito Federal criou os "Cursos de Adaptação Profissional" oferecidos à noite aos operários e aos alunos das escolas técnico-profissionais em períodos de dois anos. Cons-

[9] O positivismo pedagógico será aqui entendido no sentido da instrução enciclopédica. (Cf. SOUZA, 2008).

tam do currículo, conhecimentos preparatórios ao curso técnico-profissional, como matemática elementar, geometria plana e álgebra até equações do 1º grau, de física experimental, de mecânica elementar (máquinas e motores); noções de química geral e industrial; desenho de ornatos (linear, sombras e perspectivas); desenho industrial, desenho de máquinas e de detalhes. E acrescenta-se "música escrita e canto".

Os cursos técnico-profissionais tentam dar uma resposta às necessidades da vida urbana industrial embrionária nas cidades; urbanização resultante de correntes migratórias oriundas do campo. Uma tendência parece clara: ao trabalhador da indústria não basta ler, escrever e contar. É preciso adicionar ao ensino noturno os fazeres das profissões. Para tanto, são incrementados os cursos de ensino técnico-profissional na expectativa de que, qualificando o trabalhador urbano, o problema das agitações sociais nas cidades poderia ser controlado. Apostar na instrução para tal fim, significa não levar em conta os determinantes do fenômeno (SOARES, 1995). Um desses determinantes, diz respeito ao fato de o país ser de grande predominância rural. Os trabalhadores rurais viviam em condições precárias, pouco melhor do que escravos, e o analfabetismo, aliás, era um dos aspectos mais terríveis da herança escravocrata, afirma Carvalho (2003). A situação da instrução do povo, segundo Gilberto Amado (*apud* CARVALHO, 2003, p. 99), para o ano de 1920, em uma população total de 30.635.605 de brasileiros, era de 7.493.357 de pessoas alfabetizadas, das quais 1.000.000 são adultos e 4.470.068 do sexo masculino. O que fazer, então, em relação a tais índices?

Propostas de instrução e/ou profissionalização de jovens e de adultos são respondidas por cada região e por cada estado de acordo com o interesse político e a possibilidade econômica. No Distrito Federal, por exemplo, a Reforma Fernando de Azevedo (Decreto n. 3.281 de 23 de janeiro de 1925) mudou os cursos elementares noturnos para "Cursos Populares Noturnos Agrícolas, Comerciais e Industriais", os quais, não sendo implantados em dois anos, acabaram obstados pela mudança violenta de governo (CHAVES, 1950).

Ainda assim, faz sentido (re)visitar essa oferta a fim de apreender as características presentes no projeto, pois, afinal, esboçou-se uma organização para ministrar educação elementar de dois anos aos analfabetos acima dos treze anos e para o ensino técnico elementar. O ensino técnico teria três anos assim distribuídos: os dois primeiros seriam de ensino elementar e o terceiro de ensino técnico. Todos com três horas de aulas diárias. O desenho curricular divide os conteúdos em uma parte *prática* e outra *teórica*: "Instrução prática de economia doméstica (para mulheres); instrução elementar, comercial, industrial ou agrícola conforme a zona (para homens); Cultura geral, sobretudo higiênica, profilática, higiene alimentar e puericultura, por meio de projeções, demonstrações práticas e palestras populares." (CHAVES, 1950, p. 96).

A Reforma Fernando de Azevedo previa também a instalação de cursos técnicos em centros onde a população proletária fosse densa (SOARES, 1995). Nesse sentido, Paiva (2003) assinala o crescimento do ensino elementar, no início da República, concentrando-se no eixo Centro-Sul do país, principalmente em função da economia ali nascente, portanto, os representantes dos grupos industriais seriam grandes defensores da difusão imediata do ensino. Soares (1995) reforça a afirmação, pois, nas primeiras décadas da República, entraram no Brasil cerca de 2 milhões de imigrantes como assalariados para trabalharem nas indústrias e nas fazendas de café localizadas no eixo Centro-Sul. Assim, o lema "escolarização, o motor da história" (NAGLE, 2009) resume parte das disposições intelectuais da época e defende novos padrões culturais esperados da realização escolar.

Ações direcionadas a encarar a educação de jovens e adultos como problema da nação se tornariam possíveis a partir de medidas oficiais como a criação do Ministério da Educação e Saúde Pública (1930); o plano nacional de educação mencionado na Constituição de 1934; a criação do Instituto Nacional de Estudos Pedagógicos no Ministério de Educação e Saúde (1938); a observância dos resultados do Censo Geral (1940);[10] a instituição do Fundo Nacional de Ensino Primário (1942, regulamentado em 1945); a organização do Serviço de Educação de Adultos no Ministério da Educação e Saúde (1947); e a aprovação neste mesmo ano de um plano nacional de educação supletiva para adolescentes e adultos analfabetos.[11] A este rol, Soares (1995) acrescenta o estabelecimento do convênio interadministrativo das estatísticas educacionais e conexas, o qual desvincula a educação de adultos da educação elementar comum e cria a categoria ensino supletivo. A nova categoria entra no regulamento de vários estados como "educação

[10] O recenseamento de 1940 revelou a taxa de 55% de analfabetos na população acima de 18 anos. Metade da população produtiva do país estava impossibilitada de participar do mercado formal de trabalho e da vida cívica. Cf. Soares (1995, p. 52).

[11] Celso de Rui Beisiegel (2004, p. 79 e ss.) faz uma análise do período na perspectiva sociopolítica demonstrando marcos significativos da inclusão da educação de adolescentes e adultos nos objetivos de atuação do Estado.

elementar supletiva para adultos" e, posteriormente, o uso constante resume o título a "ensino supletivo".

3. Cursos noturnos profissionais: o trabalho de Paschoal Lemme

Anísio Teixeira, quando à frente da administração do Distrito Federal (1932-35) entregou a pasta do ensino de adultos a Paschoal Lemme. Este, por sua vez, realizou seu trabalho amparado no Decreto n. 4.299 de 25 de julho de 1933 que, dentre outras disposições, estabelecia os Cursos de Continuação e Aperfeiçoamento (C.C.A.) e guiava a organização do ensino de adultos. Com relação ao currículo e ao horário, o Decreto, no seu Art. 1º regulamenta que "o ensino elementar para adultos, constando de leitura, escrita e aritmética, será ministrado nas escolas primárias, em secções noturnas, que funcionarão das 19 às 22 horas." O Art. 3º diz respeito aos cursos "de continuação, aperfeiçoamento ou oportunidade destinados a estender, melhorar ou completar a cultura de qualquer pessoa, compreenderão todas as matérias de ensino comumente ministradas num nível primário e secundário geral ou profissional." O Artigo prevê ainda outras especialidades ou matérias "que venham a ser requeridas por um grupo de 20 alunos, no mínimo, desde que seja possível obter o professor e as instalações permitam." A matrícula é tratada no Art. 4º como "livre, não havendo seriação obrigatória, nem dependência forçada entre os mesmos." Além da oferta de cursos, nota-se também uma preocupação com a regularização e a continuidade dos estudos afirmadas em Parágrafo único: "Havendo conveniência, poderão também ser organizados cursos seriados secundários, gerais ou profissionais, para os que quiserem continuar a sua educação regular e sistemática." (LEMME, 2004, p. 50-1).

Os Cursos acabaram (re)modelando o ensino elementar para adultos e fornecendo pistas para que ele começasse a ser percebido de forma independente da Educação Infantil (LEMME, 2004), pelos seguintes aspectos: horário noturno, matrícula livre, duração variável, sem seriação e dependência nos cursos de continuação. Para Soares (1995), essa flexibilidade na organização dos Cursos se justifica, em certa medida, pelo fato de serem coordenados por um órgão próprio: a Superintendência de Educação Secundária, Geral e Técnica e do Ensino de Extensão. As concepções de educação de adultos da Superintendência, chefiada por Paschoal Lemme, parecem levar em conta as necessidades daqueles que possam se interessar pelos Cursos. Constam dos fins e objetivos dessa Superintendência: oferecer ensino de extensão e "instrumentos essenciais a adolescentes e a adultos que não tiveram nenhuma oportunidade escolar no tempo próprio ou a tiveram incompleta."; diversificar o atendimento profissional por meio de "variados cursos práticos de artes e ofícios a quantos desejem neles ingressar. Organizar cursos de aperfeiçoamento para os que já abraçaram determinadas profissões e desejam progredir nas mesmas, pela sua eficiência", incluindo os chamados cursos de oportunidade "segundo os interesses de grupos de alunos e as oportunidades de empregos e atividades existentes no momento."

Aliada à oferta de cursos, vêm as previsões de organização – idade e horário: "cursos, de preferência noturnos, sem limite de idade, sem formalidades especiais de matrícula, sem seriação especial de matérias. Cursos de duração variável, segundo as condições dos alunos. Cursos criados segundo as solicitações e os interesses dos candidatos."

Na "Experiência do Distrito Federal",[12] como ficou conhecida, há indícios do entendimento de uma oferta de educação ao público de trabalhadores/adultos já levando em conta algumas características desses estudantes. Permanece o horário noturno, como nos tempos passados, mas apresenta um dado novo em relação aos projetos de até então, trata-se de abrir para a solicitação e o interesse dos sujeitos. Tudo indica que atendê-los significava verificar o interesse individual. Oliveira (2009) reconhece em grupos populares a tomada de decisões e a organização da vida presente, tendo em vista algum plano para o

[12] Foi durante a administração de Anísio Teixeira que Paschoal Lemme teve a oportunidade de desenvolver a primeira experiência de educação de adultos no setor público. Esses Cursos de Educação de Adultos seriam o pretexto para a sua prisão política, em fevereiro de 1936. "Tratava-se de um ensino eminentemente popular, sem exigências burocráticas, visando diretamente os interessados, desde os mais humildes; e isso constituía para mim uma espécie de resgate de uma dívida que contraíra com meu povo, tão desassistido e com tão poucas oportunidades para se elevar cultural e profissionalmente [...]" (LEMME, 2004, v. 2, p. 155). A ideia era proporcionar àqueles que não tiveram as oportunidades escolares no tempo devido, o ensino de que necessitavam para terem melhores oportunidades de emprego; visava ainda o aperfeiçoamento dos que estivessem no mercado de trabalho e oferecia cursos práticos de artes e ofícios para os que quisessem aprender um novo ofício e trabalhar por conta própria; para o melhor atendimento da clientela adulta, Paschoal Lemme procurou sondar as necessidades dos alunos potenciais desses cursos. Para isso, valeu-se da experiência de trabalho no ensino técnico-profissional (ZAIA BRANDÃO, 2002).

futuro dentro de um tempo relativamente curto. Portanto, o processo de escolarização se insere em um movimento mais amplo e aglutinador das práticas do trabalho, da resolução dos problemas cotidianos, da organização da vida.

Nesse sentido, concordamos com Oliveira (2009) acerca de a escola ser *um* aspecto a atuar no desenvolvimento da cultura individual e, por conseguinte, na vida social dos sujeitos. Para a autora, a escolarização não é uma variável independente, mas um elemento da complexa configuração de fatores constituintes do sujeito na sua singularidade.

A proposta de Paschoal Lemme supõe-se imbuída de dois fatores encontrados por Oliveira: a condição e a vida social do estudante adulto popular. Tal acepção emerge na medida em que os Cursos de Continuação e Aperfeiçoamento incorporaram a esfera do interesse, do mercado, da vida social e o fizeram conservando o viés de gênero, ainda bem demarcado no período.[13] O ensino para a mulher e seus conhecimentos se aproximavam dos afazeres domésticos, mas já começavam a emergir indícios de alguma interação nos espaços públicos, como se percebe tanto nos conteúdos oferecidos quanto nos tipos dos Cursos: o misto e o feminino. O Curso misto parece dar conta de eleger conhecimentos direcionados aos dois públicos, feminino e masculino, simultaneamente, e, com isso, aposta na absorção da mulher em setores amplos do mercado de trabalho. Já os cursos femininos tendem a aliar competências úteis ao mercado – "comerciais" – e aos fazeres privados – "domésticos" – não de forma excludente mas, sim, complementar.

[13] A questão da veiculação da noção social de gênero está bem colocada por Fernanda de Araújo Rocha e Adla Betsaida Martins Teixeira (2008) em trabalho sobre os materiais didáticos nas décadas de 20 a 50 do século passado.

Quadro 01: Disciplinas dos Cursos de Continuação e Aperfeiçoamento

Escola/ Tipo	Disciplinas					
"Amaro Cavalcanti"/ **Mista**	Matem.	Port.	Francês Inglês	Contabili-dade	Datilografia	Estenografia (taquigrafia)
"Souza Aguiar"/ **Masculina**	Matem.	Port.	Francês Inglês	Ciências	Desenho	Mecânica e Eletricidade
"João Alfredo"/ **Masculina**	Matem.	Port.	Francês Inglês	Ciências Geografia	Desenho	Mecânica e Eletricidade
"Visconde de Cairu"/ **Masculina**	Matem.	Port.	Francês	Ciências Geografia	Desenho História	Tecnologia (madeira)
"Orsina da Fonseca"/ **Feminina**	Matem. Port.	Francês Inglês	Costura Flores	Puericultura Malharia	Desenho Chapéus	Estenografia Bordados

Fonte: Paschoal Lemme, 2004, p. 54-55.

Claro está que tais ações coordenadas pela pasta da educação de adultos expressam um quadro nacional de transformações e são retrato de circunstâncias culturais, sociais e políticas, às quais podem se ligar a instrução via três proposições: o entendimento sobre o papel da escolarização; a importância do processo escolar receber tratamento de "técnicos em escolarização"; e a necessidade de maiores esforços para chegar às populações alvo do ensino. Sobre a necessidade de atingir os grupos de possíveis interessados, Lemme (2004, p. 53-4) lembra que, em se tratando de adultos populares, seria prudente tentar superar com "o emprego de uma propaganda hábil e sugestiva" capaz de "vencer neles a natural desconfiança em relação a tais iniciativas" e acrescenta algumas das características observadas nos alunos, como "o esgotamento quase total em que vivem em consequência das próprias atividades a que se dedicam, as preocupações provenientes dos encargos de família que não lhes permite dar uma atenção continuada ao aperfeiçoamento pessoal deliberado, aquele acanhamento resultante do temor do ridículo."

Lemme observa uma outra questão própria desses alunos: "um interesse real de indivíduos adultos em lograr progresso rápido nas suas condições culturais ou técnicas, no sentido de obter geralmente uma melhoria imediata de ordem econômica, e para isso sacrificam, quase sempre, suas já reduzidas horas de repouso, ou recreação." Começam a ser delineadas algumas maneiras de ver quem são os estudantes. Para além de conferir atributos, trata-se de atribuir pertencimento ou lugar social a um grupo específico: adultos submetidos a processos de escolarização. Se acatamos a possibilidade de estabelecer pertença, isso pode levar a implicações concretas na organização das experiências. Para a surpresa de Lemme, os cursos não foram preenchidos por populares. Tal contradição, na análise do autor, pode ter se dado pelo fato de as escolas estarem distantes dos bairros operários, vindo a dificultar o acesso desse público. A partir daí, buscou-se aproximar os cursos dos grupos de potencial interesse aproveitando as sedes das associações de classe onde já estavam assegurada uma certa frequência e, ainda, a instalação de cursos nos próprios locais de trabalho (LEMME, 2004). Uma vez tendo resolvido as questões sobre a localização das escolas, Paschoal Lemme voltou-se para a organização das turmas, do aproveitamento dos cursos e da difusão cultural. Para tanto, estabeleceu-se a matrícula, a verificação dos conhecimentos dos alunos a fim de conduzi-los aos cursos básico, de informação ou especializados, e a sessão de filmes.[14] Não obstante, as críticas ao programa moviam-se na senda da necessidade de instrumentos de controle, conforme análise de Chaves (1950).

Antes da reestruturação dos Cursos, as mudanças políticas desencadeadas no ano de 1934 levariam à interrupção da Experiência. Ao comentar a iniciativa, Soares (1995) aponta a Experiência do Distrito Federal como um provável marco inicial dos programas voltados para a educação de adultos. Pela primeira vez foram levantadas questões inerentes à educação dos adultos e realizados esforços no sentido de aprofundá-las. Para Paiva (2003), a experiência do Distrito Federal foi decisiva no plano educativo, pois, pela primeira vez se fazia intervenção no sistema educativo por motivos ideológicos.

[14] Para esse fim, criou-se, ainda na administração de Anísio Teixeira, a Diretoria de Educação de Adultos e Difusão Cultural (Decreto nº 7, de 2 de setembro de 1935), compreendendo a Superintendência dos Cursos de Continuação e Aperfeiçoamento e de Ensino Elementar para Adultos, e as Divisões de Biblioteca, Museus, Cinemas, Teatros e Radiodifusão.

4. Educação de adultos em experiências pós-1934

A educação de adultos no Distrito Federal tomaria novos rumos a partir do reajustamento dado pelo Decreto 1.944 de 30 de dezembro de 1939, que mantém o "Serviço de Educação de Adultos", porém, altera, nos Cursos de Continuação e nos Cursos Técnicos, a admissão – no Curso Primário para Adulto, por exemplo, duas entradas fixas; a matrícula – no Curso Técnico para Adultos –, agora mediante certificado de conclusão do primário ou prova de capacidade nas matérias do curso; a orientação e a fiscalização pelos Chefes de Grupos de Distritos. O novo plano de educação de adultos foi configurado em Cursos Primários para Adultos (C.P.A.) dados em 4 anos sob a forma de ensino primário (3 anos) e Complementar (mais 1 ano) e o prosseguimento em Cursos de Continuação e Aperfeiçoamento (C.C.A.). Para se matricular no C.C.A. era necessário apresentar o certificado de conclusão de curso primário ou fazer prova de capacidade nas matérias desse curso.

Essa experiência vigorou por três anos. Segundo Chaves (1950, p. 98-9), o Curso Primário para Adultos no nível Complementar se estruturava por gênero. Aos homens, ofertavam-se sapataria e alfaiataria e, às mulheres, costura e trabalhos de agulha e ornatos. O autor acrescenta que os Cursos de sapataria e alfaiataria não foram efetivados por falta de oficina nas escolas primárias diurnas. Em outras palavras, a escola primária diurna é destinada e organizada para fins de atendimento ao público infantil e, portanto, não seria eficiente aos adultos.

Além dos Cursos de Continuação e Aperfeiçoamento, do tipo livres, estabelecidos pelo Decreto 4.299, foram criados os Seriados: Fundamental e Comercial, ambos em 3 anos, e Cursos de Artes e Ofícios em 2 anos. A base dos três Cursos seria Linguagem, Matemática, História da Civilização e do Brasil, Geografia Geral e do Brasil, Francês, Inglês e Higiene. No Comercial acrescentavam-se Contabilidade, Caligrafia, Direito Constitucional e Comercial, Datilografia; e aos Cursos de Artes e Ofícios, somavam-se Corte e Costura, Trabalhos de Agulha, Chapéus, Economia Doméstica, Encadernação, Cerâmica. Foram propostos também Cursos de Mecânica, Motores e Eletricidade que não funcionaram por falta de oficina e laboratório. Esse programa de Cursos se prolongou por três anos experimentais.

Em 1943 veio a reforma pelo Decreto nº 7.507 de 17 de maio. A primeira mudança se dá no nível da nomenclatura: o C.P.A. passa a ser Cursos

Elementares para Adultos (C.E.A.) e os Cursos de Continuação e Aperfeiçoamento tornam-se Cursos Técnicos para Adultos (C.T.A.). Os C.E.A. ministram a educação supletiva em dois ciclos: o básico em 3 anos e o complementar em 1 ano, não alterando o modelo anterior. O Ciclo Básico compreende os estudos de Linguagem, Matemática, Conhecimentos Gerais (História e Geografia do Brasil, Educação Moral e Cívica, Higiene, Ciências Naturais). Desenho e Trabalhos Manuais são desenvolvidos no ciclo Complementar. A mudança de "Continuação e Aperfeiçoamento" para "Técnico" sugere o interesse em formar uma categoria de trabalho. Se na nomenclatura anterior aparece a ideia de continuidade da ocupação, agora, nota-se presente uma intencionalidade, o empenho em "formar" um profissional.

Os Cursos Técnicos se dividiam em: Aperfeiçoamento Fundamental (2 anos), Especialização em Auxiliar de Escritório (1 ano) e Artes Femininas (2 anos), os quais, apesar de serem sob o regime de aulas mistas, acabam dividindo a Especialização por gênero. O Fundamental seria semelhante ao Ginasial (Art. 19º do Decreto nº 7.507 de 17 de maio de 1943) seguido de noções elementares de Direito. A Especialização em Auxiliar de Escritório previa Português, Matemática Comercial, Inglês, Noções de Contabilidade Geral, Estenografia, Datilografia, Noções de Direito Comercial e Legislação Trabalhista e Fiscal; e, em Artes Femininas, estudos de Linguagem, Matemática, Desenho, Corte e Costura, Trabalhos de Agulha, Chapéus, Economia Doméstica e Ornatos (CHAVES, 1950, p. 100).

Os Cursos continuavam sendo desenvolvidos nas escolas primárias para crianças. Na avaliação de Chaves (1950), inadequadamente. Talvez por isso tenham feito alterações nas propostas deixando de eleger aqueles que necessitassem de oficinas e laboratórios. Chaves ainda, ao seguir sua análise, considera os resultados da educação de adolescentes e adultos mais consistentes a partir de 1940 e os atribui ao controle dos certificados de conclusão distribuídos, dos resultados da aprendizagem, da frequência, da matrícula, do aumento de escolas e, acrescenta, a *devoção* e *cultura* do corpo docente, pequeno em número, mas *quase todo* admitido em seleção de títulos e concurso de provas.[15]

[15] A reforma dada pelo Decreto n. 7.507 previa a frequência em cursos de orientação didática no Instituto de Pesquisas Educacionais. Cf. Chaves, 1950, p. 101.

Desde 1933 reinava na educação de adultos certo "entusiasmo",[16] termo que está presente nos pronunciamentos e documentos do período. Nagle (2009) interpreta as primeiras décadas do século XX como permeadas por aquilo que chamou de *entusiasmo pela escolarização* complementado pelo *otimismo pedagógico*. O que significa perceber as ideias, os discursos, os pronunciamentos imbuídos na crença de que, pela escolarização, seria possível levar amplas camadas da população rumo ao progresso nacional e, que determinadas propostas pedagógicas se apresentavam como mais promissoras ao intento.

Entretanto, o movimento brasileiro em torno da promoção da educação de adolescentes e adultos ganharia outro perfil quando passa a ser influenciado pela UNESCO[17] no pós-1945. A organização internacional propunha romper com a tradição de educação de adolescentes e adultos – pautada nas técnicas do ler, escrever, contar –, e aderir a um novo conceito de educação fundamental e de educação de base.[18] A concepção de educação de base incide, também, diretamente nos conteúdos educativos. Sobre os programas, Fávero (2006, p. 3) explica que "naquela época, a educação de base era entendida como o mínimo fundamental de conhecimentos teórico-práticos, imprescindíveis às populações pobres das regiões atrasadas para que as mesmas pudessem caminhar em direção do desenvolvimento."

---

[16] Chaves, *op. cit.*, 1950, p. 101. Provavelmente, esta avaliação já dava mostras do impacto do Manifesto dos Pioneiros de 1932.

[17] Organização das Nações Unidas para a Educação, Ciência e Cultura. Desde 1949 a organização realiza conferências internacionais sobre educação de adultos. Sobre as Conferências, cf. Soares; Silva (2008).

[18] Encontramos em Beisiegel (2004, p. 91) dez itens orientadores da educação fundamental presentes no documento *Fundamental Education, Commom Ground for all people*, UNESCO, Nova York, Macmillan Company, 1947. São eles: 1) desenvolvimento do pensamento e dos meios de relacionamento; 2) desenvolvimento profissional; 3) desenvolvimento de habilidades domésticas; 4) desenvolvimento dos meios de expressão da própria personalidade em artes e ofícios; 5) desenvolvimento sanitário por meio da higiene pessoal e coletiva; 6) conhecimento e compreensão do ambiente físico e dos processos naturais; 7) conhecimento e compreensão do ambiente humano; 8) conhecimento das outras partes do mundo e dos povos que nelas habitam; 9) desenvolvimento das qualidades que capacitam o homem a viver no mundo moderno, como o ponto de vista pessoal e a iniciativa, o triunfo sobre o medo e a superstição, a simpatia e a compreensão para com as opiniões diferentes; 10) desenvolvimento moral e espiritual.

Os conteúdos tornaram-se mínimos e abrangentes, levando a pensar se não estaríamos diante da transposição conceitual de *educação* para *instrução*, negando o que o próprio nome sugere em "educação de base". Não obstante o Brasil ter absorvido a noção de educação de base, a influência da UNESCO tende a levar o movimento nacional de escolarização de adolescentes e adultos na variante da "alfabetização em massa", ou seja, se as determinações do Estado, que vinham em andamento, poderiam estender aos adultos as providências destinadas à Educação Infantil convencional, a inspiração e o incentivo da UNESCO propunham ênfase na alfabetização. Como ficariam os Cursos Técnicos, os de Aperfeiçoamento e de Continuidade, uma vez que aqueles de Oportunidade haviam sido extintos? E as ações com ênfase na difusão cultural?

Sobre iniciativas culturais, Paiva (2003) lembra a mobilização de municípios mais prósperos ampliando seus programas aos adultos por meio da abertura de bibliotecas, museus regionais, praças e, no Distrito Federal, os espetáculos públicos nos bairros da cidade pela iniciativa do Serviço de Recreação e Cultura Popular. Os Comitês Democráticos recomendavam aulas aos adultos à tarde, à noite, inclusive aos domingos, devendo funcionar como "verdadeiros centros de cultura" nas sedes dos sindicatos, das associações, dos clubes esportivos e das empresas. As ações deveriam ser amplas, envolvendo bibliotecas nos bairros, teatro, agremiações para favorecer os debates em torno de temas de interesse popular. A atuação dos Comitês foi possível durante a vigência do Partido Comunista, portanto, encerrou-se por volta de 1947, para dar lugar à Campanha de Educação de Adolescentes e Adultos (CEAA). O período seguinte desenvolveu práticas de educação de jovens e adultos sob influência de outras concepções que pouco ou nada levaram em conta as experiências das décadas anteriores.

Por fim...

Ainda que a história da educação de jovens e adultos pareça subsumida na história da educação brasileira, algumas experiências dão mostras da vitalidade das ideias na área em determinados períodos. Conhecer a história e localizar as experiências significa reconhecer nelas as ambiguidades, as dualidades, as mudanças e as permanências ao longo da história. Por exemplo: a) os entendimentos e usos das expressões educação e instrução. Isso atravessa as propostas de educação de adultos na história. Dependendo de qual conceito se abraça, a associação com a preparação para o trabalho fica mais evidenciada; b) como se refere aos níveis de escolarização em se tratando de educação para adultos: elementar, primária, fundamental e de base; c) o vai e vem de ora ser educação de adultos ora ser para adolescentes e adultos; d) a flexibilidade curricular presente na proposta de Lemme ao abrir para a solicitação e o interesse dos sujeitos. Isso foi de fato uma inovação; e) iniciativas públicas (oficiais) e demais iniciativas da sociedade civil como (empresas) particulares, partidos, associações (de classe), igrejas, etc.; f) a recorrência da oferta para adultos no turno da noite.

As experiências do período apresentam elementos potenciais para a construção de uma educação de jovens e adultos centrada nos sujeitos, caso fosse uma prática recorrente considerar ou buscar as lições da história.

Referências

BEISIEGEL, Celso de Rui. *Estado e educação popular*. 2. ed. Brasília: Líber Livros, 2004.

BRANDÃO, Carlos Rodrigues. *A educação popular na escola cidadã*. Petrópolis: Vozes, 2002.

BRANDÃO, Zaia. Paschoal Lemme. In: FÁVERO, Maria de Lourdes de Albuquerque; BRITTO, Jader de Medeiros (Orgs.). *Dicionário de Educadores no Brasil*: da colônia aos dias atuais. 2ed.Rio de Janeiro: Editora UFRJ, 2002, p. 879-887.

CANÁRIO, Rui. *Educação de adultos*. Porto: Porto editora, 1999.

CHAVES, Olímpio de Oliveira. Realizações do ensino supletivo no Distrito Federal. In: CONGRESSO NACIONAL DE EDUCAÇÃO DE ADULTOS, 1., 1950, Rio de Janeiro. *Anais...* Rio de Janeiro: Secretaria Geral de Educação e Cultura (DF); Editorial Sul Americana S.A., 1950. p. 81-105.

CARVALHO, José Murilo de. Os três povos da República. *Revista USP*, São Paulo, n. 59, p. 96-115, set.-nov. 2003.

CUNHA, Antônio Geraldo da. *Dicionário etimológico da língua portuguesa*. 3. ed. Rio de Janeiro: Lexikon Editora Digital, 2007.

ESTADOS UNIDOS DO BRASIL. *Diario Official*. Lei 23 de 30 de outubro de 1892.

FARIA FILHO, Luciano Mendes. Os projetos de Brasis e a questão da instrução no nascimento do Império. In: VAGO, Tarcísio Mauro. *et al.* (Orgs.). *Intelectuais e escola pública no Brasil*: séculos XIX e XX. Belo Horizonte: Mazza, 2009. p. 19-45.

FÁVERO, Osmar. Educação de Jovens e Adultos: passado de histórias; presente de promessas. In: UNESCO. *Educação de Jovens e Adultos na América Latina*: direito e desafio de todos. Brasília: UNESCO; São Paulo: Moderna, 2009. p. 55-92.

_____. *Uma pedagogia da participação popular*: análise da prática educativa do MEB – Movimento de Educação de Base (1961/1965). Campinas: Autores Associados, 2006.

FERRARO, Alceu Ravanello. *História inacabada do analfabetismo no Brasil*. São Paulo: Cortez, 2009.

GALVÃO, Ana Maria de Oliveira; SOARES, Leôncio José Gomes. História da alfabetização de adultos no Brasil. In: ALBUQUERQUE, Eliana Borges Correia de; LEAL, Telma Ferraz (Orgs.). *Alfabetização de Jovens e Adultos*: em uma perspectiva do letramento. Belo Horizonte: Autêntica, 2005. p. 27-58.

KANT, Immanuel. *Sobre a Pedagogia*. Tradução de Francisco Cock Fontanella. 4. ed. Piracicaba: UNIMEP, 2004.

KULESZA, Wojciech Andrzej. Herbert Spencer e o atual ensino de ciências. In: CONGRESSO BRASILEIRO DE HISTÓRIA DA EDUCAÇÃO, IV, 2006, Goiânia. *Anais*... Goiânia: Ed. da UCG, 2006. v. 1., p. 1-10.

LEMME, Paschoal. Educação Supletiva/Educação de adultos. In: ______. *Memórias de um educador*. v. 5. 2. ed. Brasília: INEP, 2004.

NAGLE, Jorge. *Educação e sociedade na primeira república*. 3. ed. São Paulo: Editora da Universidade de São Paulo, 2009.

NOGUEIRA, Vera Lúcia. *A escola primária noturna na política educacional mineira 1891-1924*. 2009. 454 fl. Tese (Doutorado em Educação) – Faculdade de Educação, Universidade Federal de Minas Gerais, Belo Horizonte, 2009.

NUNES, Zilda Clarice Rosa Martins. Caminhos da historiografia da educação: algumas reflexões. In: ENCONTRO DE HISTÓRIA DA EDUCAÇÃO DO ESTADO DO RIO DE JANEIRO (IEHEd-RJ), I, 2007, *Anais*... Rio de Janeiro, 2007.

OLIVEIRA, Marta Kohl de. *Cultura e psicologia*: questões sobre o desenvolvimento do adulto. v. 1. São Paulo: Hucitec, 2009.

PAIVA, Vanilda. *História da Educação Popular no Brasil* – Educação Popular e Educação de Adultos. 6. ed. São Paulo: Loyola, 2003.

RIZZINI, Irma. *O cidadão polido e o selvagem bruto*: a educação dos meninos desvalidos na Amazônia Imperial. 2004. 430 fl. Tese (Doutorado em História) – Instituto de Ciências Sociais, Universidade Federal do Rio de Janeiro, Rio de Janeiro, 2004.

SOARES, Leôncio José Gomes; SILVA, Fernanda Aparecida Oliveira Rodrigues. Preparando a VI CONFINTEA e pensando o Brasil. *Revista REVEJ@*, v. 2, n.1, p.7-20, abril 2008.

SOARES, Leôncio José Gomes. *A educação de jovens e adultos em Minas Gerais*: continuidades e rupturas. 1995. 282 fl. Tese. (Doutorado em Educação) – Faculdade de Educação, Universidade de São Paulo, São Paulo, 1995.

ROCHA, Fernanda; TEIXEIRA, Adla Betsaida Martins . Livros didáticos das décadas de 20 e 50 em Minas Gerais: construções de gênero. In: XXXIa Reunião Anual da Anped, 2008, Caxambu. *Anais Anped*. Caxambu, 2008.

SOUZA, Rosa Fátima . *História da Organização do Trabalho Escolar e do Currículo no Século XX*. v.1. 1. ed. São Paulo: Cortez Editora, 2008. v. 01. 318p .

Poder e Educação: laicismo e religião nas relações escolares

Lúcio Aparecido Moreira
Luiz Alberto Oliveira Gonçalves

O presente texto nasce de um estudo de caso sobre o medo em uma escola no interior de Minas Gerais, nos idos de 1948, que fora construída em um terreno que abrigara, no passado, um cemitério (MOREIRA, 2012). Tratava-se, a nosso ver, de um caso insólito. Foi o terceiro Grupo Escolar público criado nessa pequena cidade. Construído próximo à zona boêmia, registra-se que uma parte do alunado que ali frequentava era formado por filhos de prostitutas, o que contribuía para aumentar ainda mais os maus indícios de uma escola construída sobre um cemitério, cujo primeiro cadáver a ser enterrado fora de um homem negro escravizado, morto após tanto sofrer, que no imaginário popular, virara uma alma que vagava sem descanso, amedrontando todos que por ali passavam. E como se não bastasse, registrava-se, também, ali, a história de um professor que se suicidou dentro do cemitério, aumentando mais ainda o estigma de um lugar com uma sepultura maldita de um indivíduo que profanou um importante dogma da igreja católica (MOREIRA, 2012).

Mergulhados nesse cenário de histórias misteriosas, deparamo-nos com vários outros temas instigantes sobre o qual tivemos de nos debruçar, pois era praticamente impossível não correlacioná-los ao tema do medo. Paulatinamente, em meio à investigação, encontramos documentos do período de implantação da escola que revelavam informações importantes sobre as relações que se estabeleciam naquele contexto fantástico que, bem ou mal, testemunhavam relações de poder. Junto aos relatos sobre os quais falaremos mais à frente, a presença efetiva da igreja católica nos rituais pedagógicos daquela escola pública do interior de Minas Gerais é evidente, inequívoca. Tudo isso estava registrado em documentos ainda guardados na escola, que doravante será chamada também de Grupo Escolar ou simplesmente de Grupo. São preciosos livros de Atas, escritas com uma precisão invejável, com pequenos detalhes miúdos que revelavam informações importantes e mostravam que parte significativa das orientações dadas aos alunos, na formação de seus comportamentos éticos e morais, era formulada diretamente pela hierarquia da igreja católica, encaminhadas posteriormente pela diretora.

Visto isso, passamos para a apresentação dos dados que contribuíram para revelar aspectos da dinâmica interna do Grupo Escolar na perspectiva institucional, ou mais precisamente estrutural. Ressaltamos que, embora tenhamos realizado entrevistas com ex-docentes e ex-alunos que viveram as experiências na referida instituição, no início da sua constituição, o presente artigo versará, exclusivamente, sobre dados institucionais contidos no Primeiro Livro de Atas de Reuniões Pedagógicas do Grupo Escolar, em que estão registradas as reuniões realizadas no período de março de 1949 (data de início das atividades da Escola) a janeiro de 1952. Fragmentos dos textos serão transcritos literalmente, mantendo-se as normas ortográficas da época e os problemas de concordância, de regência e de pontuação identificados.

De antemão, concordamos com especialistas da análise de discurso quando dizem que analisar textos escritos não é tarefa fácil, carece de prudência e coerência por parte de quem o faz. Sobre esse aspecto, Mikhail Bakhtin, na obra *Marxismo e filosofia da linguagem* (1979), afirma que o ato da fala impresso constitui um elemento da comunicação verbal. Ele é objeto de discussões ativas sob a forma de diálogo e, além disso, é feito para ser apreendido de maneira ativa, para ser estudado a fundo, comentado e criticado no quadro do discurso interior.

Temos consciência de que o Livro de Atas utilizado em nossa pesquisa tinha como função principal, no momento em que foi elaborado, registrar e documentar as reuniões da equipe pedagógica com a direção escolar. Ao tomá-lo como fonte de coleta de dados, atribuímos a ele um sentido mais abrangente. Por meio dele foi possível captar conteúdos concernentes à gestão escolar que poderia ter tido impacto na sala aula. Revelou-nos elementos das crenças que orientam práticas escolares que, por vezes ficam silenciosas e, por isso "invisíveis", mas que nem por isso deixaram de interferir no cotidiano escolar.

No gênero textual das Atas de Reuniões do Grupo Escolar, percebemos a presença interdiscursiva da comunicação oral e da verbal sob o prisma de um relator que alterna entre os membros do grupo de professoras. O gênero textual "ata" apresenta algumas especificidades que merecem ser destacadas aqui. Por exemplo, o sujeito que registra por escrito os vários discursos dos participantes da reunião faz parte dessa reunião. Ele é, ao mesmo tempo, ouvinte e escrevente. Interpreta ao ouvir o relato dos outros membros e torna a interpretar ao escrever o que entendeu de tudo aquilo que narraram. Entretanto, é ele quem determina a conotação textual a partir de sua própria leitura do que é narrado durante a reunião. Lembrando o que dizem especialistas da análise do discurso, cada ouvinte, cada leitor e cada intérprete compreende a narrativa a partir de seu conhecimento de mundo, de suas concepções ideológicas, políticas e sociais, bem como de seus desejos e anseios. Mas, apesar de o redator escrever a partir de sua interpretação, ao final da reunião todos os demais participantes assinam e endossam documentalmente aquela leitura (do redator) que é registrada, transformando-a em leitura de um discurso coletivo, um discurso verdadeiro, registrado por escrito e assinado por todos.

Assim, sem perder de vista que uma reunião pedagógica escolar tem um papel muito bem definido quanto aos objetivos a que pretende chegar, em geral com uma pauta que elenca questões ou pendências a serem decididas, pensamos em explorar o material encontrado visando identificar elementos da dinâmica escolar que nem sempre tem visibilidade para o conjunto da escola. Muitas coisas que são decididas e realizadas às vezes não têm visibilidade.

Eliane Peres, historiadora da educação, ressaltou que uma das dificuldades do pesquisador é estabelecer uma relação direta entre o "interior" da escola e o seu "exterior". Isso acontece, segundo a historiadora, porque "o interior das escolas, o universo da sala de aula, está repleto de silêncios" (PERES, 2000, p. 23).

Nossa expectativa ao iniciar este estudo era de que as atas, por sua função de garantir o registro das decisões tomadas acompanhadas de uma descrição de como os sujeitos se posicionam, poderiam ser um instrumento que permite explicitar esses silêncios internos.

As atas eram produzidas em reuniões estruturadas, das quais participavam não apenas os agentes escolares, mas, como se pôde constatar nos escritos, poderiam fazer parte também tanto o vigário paroquial quanto outros representantes dos poderes constituídos e constituintes presentes na sociedade em apreço daquela época.

Além disso, o ato de fala sob a forma de Livro de Atas de Reuniões era sempre orientado em função das intervenções anteriores da formação moral, religiosa e psicológica do grupo. Buscamos, assim, na sua leitura elementos que possibilitassem entender certas fontes do "medo" a partir desses registros de reuniões. O objetivo era verificar se todo o arsenal imaginário que circulava na época sobre os desígnios de uma escola construída sobre um cemitério teria alguma evidência nos registros da escola. Será que essas imagens apareceriam nas reuniões pedagógicas? Ou será que, ao contrário, esse seria um falso problema ou fruto da imaginação dos alunos da escola? Foi nesse sentido que analisamos as atas.

Medo e Preceitos Morais nas Atas de Reunião

Buscando identificar as fontes do medo no Grupo construído sobre um cemitério, não encontramos imediatamente nenhuma referência sobre esse fenômeno com essa especificidade. Imagens de cadáveres, ossos pelo terreno e portas e janelas rangendo não faziam parte do repertório. Em compensação, um assunto que não imaginávamos presente nas reuniões pedagógicas, assumia uma dimensão inimaginável: conteúdos religiosos focando a dimensão da formação moral dos estudantes. Lendo atentamente cada documento, pode-se notar que o objetivo, naquele momento, era construir, na relação gestão e docentes, orientações comportamentais que estabelecessem limites ao comportamento dos alunos, tendo como suporte teórico ensinamentos da ética católica.

Essas considerações aparecem na Ata da Primeira Reunião Pedagógica, realizada em março de 1949. Nela, encontra-se uma grande preocupação da gestão do Grupo Escolar com a formação dos alunos. A direção mostrava-se preocupada com a entronização dos discentes no modelo de sociedade aceito como civilizado:

> Passando a falar sobre **a disciplina** a sua diretora declarou que a mesma, **relativamente está boa**. Há, **porém, algumas medidas a serem tomadas**, como sejam: **regência de entrada, recreio e saída**. [...] Deverão ainda as professoras trabalharem no pedido de **os alunos adquirirem copos e guardanapos individuais, ficando proibidos de irem as privadas pêlo menos à hora do recreio, os alunos que não tiverem os seus copos e guardanapos individuais.**

(ATA DA PRIMEIRA REUNIÃO PEDAGÓGICA, 20/03/1949, p. 01 – os grifos são nossos)

Fazendo uma análise do discurso da diretora na citação acima, verificam-se termos modalizadores. A transformação do adjetivo "relativo" em advérbio "relativamente" designando o comportamento dos alunos indica uma forma delicada de dizer que sua disciplina comportamental ainda não está totalmente boa, mas está se chegando lá. Para que isso aconteça é necessário que se tomem medidas que afetam diretamente a entrada e a saída dos alunos e também interfiram no recreio, aliás, um momento em que os alunos têm algum grau de autonomia, podendo escapar do olhar totalizador da escola.

O controle no horário do lanche é de outra natureza. Passa pela determinação de criar hábitos individualizantes no que tange a questões de higiene dos alunos: copos e guardanapos passavam a ser o critério que determinavam se o aluno ia ter recreio ou se poderia ir ao banheiro.

Outro curioso achado na análise das atas refere-se à participação direta de agentes da igreja católica nas reuniões, dando diretivas de como formar moralmente os alunos. A descrição feita pela secretária da escola nas atas indica orientações que a diretora dava a seus participantes, a partir do acordo que ela estabelecia com o pároco. Incluindo o calendário litúrgico da Igreja católica:

> Terminando a parte administrativa passou Sra. Diretora a falar sôbre as aulas de religião que deverão ser dadas semanalmente, iniciando-se desde já o preparo com a Páscoa, pois já se entendeu com o Revmo. Vigário sôbre a data da realização da mesma. (ATA DA PRIMEIRA REUNIÃO PEDAGÓGICA, 20/03/1949, p. 02)

"Reverendíssimo (Revmo.) Vigário" e "Sra. Diretora" são tratamentos usados seguidos de substantivos indicadores do cargo ocupado por cada um deles, iniciados em letras maiúsculas, denotando o reconhecimento da relatora da Ata do poder das autoridades ali citadas. Nesse sentido, podemos entender ainda que esta apresenta-se como uma fiel servidora, apta a colher os frutos dessa sua ação de reverências no futuro. Ressaltemos, ainda, que o uso do pronome de tratamento "reverendíssimo", segundo o dicionário Houaiss (2001), designa personalidades religiosas de alta graduação honorífica: "é tratamento dispensado a bispos, arcebispos, monsenhores, cônegos e padres mitrados". Tudo indica que o vigário de tempo em tempo participava pessoalmente das reuniões pedagógicas do referido Grupo e gozava de alta graduação honorífica, ou seja, um dignitário da Igreja.

Cabia ao Grupo Escolar, tal como se pôde ver nos registros, iniciar as crianças na aprendizagem da fé e dos bons costumes, principalmente. O Livro de Atas permite-nos perceber o quanto a disciplina e a religião católica eram importantes para a vida escolar naquele momento. Algumas atas de reuniões confirmavam, como dito acima, a presença de um sacerdote, denominado "orientador espiritual da escola":

> Novamente todas reunidas, ouvimos o Revmo. Pe, que veio nos trazer sua palavra cristã, lembrando que, as professoras são auxiliares na formação religiosa da criança. Não podendo ser mais assíduo aos estabelecimentos escolares, devido às suas várias ocupações, prometeu fazer as visitas que puder para solucionar casos difíceis e orientar quanto ao ensino do catecismo. Várias professoras disseram das dificuldades para o ensino de religião e foram discutidos pontos inerentes ao mesmo. (ATA DE REUNIÕES PEDAGÓGICAS, 04/03/1950, p. 17)

Podemos verificar que no trecho "veio nos trazer sua palavra cristã" o determinante possessivo "sua" personaliza a palavra, e o modalizador "cristã" dignifica o falante, conferindo-lhe poder. Observamos ainda que o segundo período do texto, "Não podendo ser mais assíduo [...]", inicia-se com a negação que, segundo Maingueneau (1997), apresenta duas proposições: a primeira refere-se à necessidade de que o vigário seja mais assíduo, e outra que nega essa assiduidade necessária. Apesar de o vigário não poder "ser mais assíduo aos estabelecimentos escolares, devido às suas várias ocupações", ele se coloca à disposição para ajudar a "solucionar casos difíceis e orientar quanto ao ensino do catecismo". Portanto, o padre, por meio de seu discurso registrado nas atas, denota poder de solucionar problemas e orientar o trabalho catequético.

Já na citação abaixo, verificamos o poder do padre de transmitir sensações e "satisfazer a curiosidade de todos em relação a sua peregrinação a Roma". É esse padre, ali presente, que consegue impressionar e fazer o grupo de educadoras viajar ao primeiro mundo, imaginariamente, visto que materialmente isso era um acontecimento raro naquela época, já que não era qualquer pessoa que podia ir à Europa. Assim podiam, pelo menos em imaginação, conhecer o "berço da civilização ocidental cristã" do qual o padre era seu legítimo representante.

[...] Às 9 horas foi encerrada a leitura, nessa ocasião tivemos a visita do Revmo. Pe., vigário da cidade X, que se prontificou a satisfazer a curiosidade de todas em relação a sua peregrinação a Roma. Contou-nos da sua viagem fatos pitorescos e impressionantes, relatando-nos o que vira e sentira em visita a velha Europa. E esta agradável palestra foi se esgotando o tempo sem que ninguém percebesse. (ATA DE REUNIÕES PEDAGÓGICAS, 02/09/1950, p. 25)

A relatora usa a palavra "palestra" para enaltecer o discurso proferido pelo padre, talvez, reconhecendo a capacidade do locutor para prender a atenção de seus ouvintes. Inclusive, emprega o modalizador "agradável" antes, reforçando a imagem de algo prazeroso provocado pelo relato que fez as professoras ouvintes perderem a noção do tempo, que, segundo o registro, "foi se esgotando sem que ninguém percebesse".

A presença do clero no contexto era ainda mais contundente quando se examina as recomendações dadas à iniciação do ensino religioso pela Sra. Diretora às docentes para que estas:

[...] nas aulas de catecismo durante a próxima semana, visassem somente a confissão e a comunhão. Falou sobre o 6º mandamento, recomendando que o mesmo deve ser dado. **Ensinar às crianças como se confessa. Procurar dar-lhes uma boa formação, ensinando-lhes que devemos procurar sempre viver em estado de graça**. (ATA DE REUNIÕES PEDAGÓGICAS, 04/06/1949, p. 07 – os grifos são nossos)

Percebe-se, no trecho acima, que a diretora atua como legítima porta-voz do padre. Seu discurso é registrado pela relatora repetindo-se o verbo "recomendar", intensificado pelo modalizador "deve ser", o que denota uma imposição quanto ao conteúdo do catecismo e à sua importância na escola. Além disso, na última frase do texto, "ensinando-lhes que devemos procurar sempre viver em estado de graça", a diretora reforça o importante papel salvífico que as professoras têm para com os alunos, já que são mediadoras entre as coisas terrenas e o divino; o divino representado pela condição de "graça" e que só será alcançado por meio do fiel seguimento dos mandamentos, por exemplo, o "6º mandamento", e dos sacramentos, "confissão e comunhão".

Verificamos a participação intensa do Grupo Escolar como instrumento catequético a serviço da Igreja, conforme relatado abaixo:

Prosseguindo, a diretora falou sobre a primeira comunhão dos alunos do Grupo, ficando encarregada a professora M para preparar os alunos do 2º turno.

No 3º turno a Diretora se encarregou de prestar os ensinamentos às duas horas. As professoras de classe ficaram incumbidas de aproveitar diariamente, 20 minutos para este ensino. Que as professoras tenham boa vontade e trabalhem para ser proporcionada à criança uma cerimônia bonita e solene, que mais tarde será a lembrança mais querida de sua infância: a sagrada 1º comunhão. (ATA DE REUNIÕES PEDAGÓGICAS, 06/05/1950, p. 20)

É importante salientar que a diretora além de delegar funções catequéticas às professoras inclui-se, pessoalmente, nesse jubiloso trabalho e solicita "que as professoras tenham boa vontade", dando o exemplo. Reforça, ainda, a importância do sacramento, "a sagrada 1ª comunhão", lembrando que as professoras devem se esforçar para oferecer "à criança uma cerimônia bonita e solene, que será a lembrança mais querida de sua infância". Notemos que a expressão "lembrança mais querida" – em que o substantivo "lembrança" é seguido pelo advérbio "mais", que intensifica o qualificador "querida" – denota a importância que o evento religioso deveria ter para moldar a mente de um ser formado pelo Grupo, devendo ser guardado em memória pelos estudantes como sendo o mais grandioso dessa fase de suas vidas.

Historicamente, desde a instalação do Grupo Escolar até a década de 1970, há uma participação intensa dos alunos nos principais eventos religiosos, principalmente naqueles que ocorriam dentro da própria Escola, como atividades constantes do calendário escolar, registradas no horário regular, conforme verificamos no pedido feito pela diretora a seus professores – "duas aulas de catecismo por semana":

Deu ainda explicação sobre aulas de linguagem e aritmética. Falando sobre religião, a Diretora pediu para serem dadas duas aulas de catecismo por semana. Havendo no estabelecimento, livros para o ensino desta matéria, em todas as séries, ficam os mesmos a disposição das professoras. (ATA DE REUNIÕES PEDAGÓGICAS, 11/02/1950, p. 16)

Além dos horários estabelecidos regularmente, verificam-se ainda outras atividades catequéticas durante o dia letivo, relacionadas ao ritual da Primeira Comunhão Coletiva dos alunos do Grupo Escolar, ao relatar que "o Canto" preparatório para tal celebração tomaria parte do horário de aula:

No mês de maio deverá haver a primeira comunhão coletiva dos alunos do Grupo.

Ficou determinado o Canto no 1º e 2º turnos, pelo menos, antes da entrada para as salas. (ATA DE REUNIÕES PEDAGÓGICAS, 15/04/1950, p. 19)

Tal orientação lembra passagens de ensinamentos religiosos que exaltam o canto da conversão na liturgia recomendado pelo Concílio Vaticano II, que declarava: "Sem expressão musical não pode acontecer verdadeira liturgia, pois esta contém elementos intrinsecamente musicais" (ANTUNES, 1996).

Ainda sobre o uso do tempo na gestão do Grupo Escolar, a diretora determina a preferência pelo segundo horário para serem ministradas as aulas de religião. Pretendia evitar, com essa medida, que algum aluno perdesse parte de aula, considerada por ela tão importante. Tal decisão foi tomada, observando-se os atrasos de alguns alunos no primeiro horário. Com essa medida, resguardava-se o valor da aula de religião conectando o aluno a um importante legado para sua formação cristã e humana. Parece que a escolha de "duas vezes por semana, segunda e sexta-feira", denota uma preocupação da diretora da Escola em receber, na segunda-feira, os alunos livrando-os dos "males e impurezas" adquiridos no final de semana; e, na sexta-feira, com o propósito de prepará-los para "enfrentar um mundo cheio de pecados", do qual fazem parte aquelas crianças, principalmente, os filhos das prostitutas. O texto registrado em ata informa claramente as intenções:

> As aulas de religião devem ser dadas duas vezes por semana, segunda e sexta-feira, de preferência no segundo horário. O aluno tem liberdade de assistir ou não a estas aulas. Precisamos ensinar as crianças a respeitar a religião dos outros. (ATA DE REUNIÕES PEDAGÓGICAS, 07/05/1949, p. 05).

Um aspecto a ser ressaltado refere-se à aparente contradição entre as bem estruturadas orientações relativas à carga curricular da disciplina acima citada e a declarada adesão da diretora à "liberdade religiosa". Registrou-se na ata que a escola reconhecia que "o aluno tem liberdade de assistir ou não às aulas de catecismo". A justificativa para garantir essa livre decisão é sustentada pelo ideal pedagógico de que "precisamos ensinar as crianças a respeitar a religião dos outros". Considerando-se que tal declaração tenha sido registrada em ata de reunião escolar produzida no final da segunda metade do século XX, em uma cidade do interior de Minas Gerais com forte tradição católica, não há como não compreendê-la como um indício de abertura da escola para as questões da diversidade cultural tão em voga no contexto contemporâneo, ainda que haja poucos registros desse tipo de laicismo naquela época. Em função disso, procuramos por registros, nos arquivos do Grupo, relacionados a outras atividades que poderiam ter sido oferecidas paralelamente pelo Grupo Escolar àqueles alunos que se negavam a frequentar as aulas de religião por professarem outra crença. Entretanto, nenhum registro foi encontrado que demonstrasse alguma abertura desse tipo, embora, na verificação no Livro de Matrícula de 1954, página 113, tenha se identificado a existência de um aluno "protestante". Diante desse dado numérico, poder-se-ia argumentar que a ausência de outras atividades se devia pela existência de um único registro, ou seja, um só aluno protestante não justificava a escola realizar outro tipo de atividade religiosa.

Decidimos não aceitar a simplicidade desse argumento, porque, como se sabe, esse tipo de identificação não era uma exigência regimental, menos ainda um hábito de registro das escolas brasileiras, certamente, em função da legislação maior do país que definia e continua definindo as escolas públicas, no Brasil, como laicas. Basta lembrar que até 1890, "o catolicismo era a religião oficial do Estado". O Estado laico foi implementado no Brasil com a Proclamação da República. "Essa separação foi efetivada em 7 de janeiro de 1890 pelo Decreto n. 119-A, que proibia a intervenção de autoridade federal e dos Estados em matéria religiosa, consagrando plena liberdade de cultos" (PEREIRA; DANIEL, 2009).

Diante dessas informações, nos interrogávamos se, de fato, no Grupo Escolar não existiriam estudantes cujas famílias pertencessem a outras religiões tivessem outros pertencimentos religiosos mas que não foram identificados por não ser essa uma exigência regimental e nem mesmo uma preocupação gerencial. Ou será que haveria outras práticas institucionais que acabavam silenciando outro tipo de pertencimento religioso?

Assim, encontramos outros registros nas atas das reuniões pedagógicas que esclareciam práticas escolares que se distanciavam integralmente do laicismo das instituições públicas brasileiras.

No caso estudado, isso ficou claro quando se analisou o que fora relatado em uma das reuniões, na ata de 15/09/1951, acerca do uso do tempo escolar para as atividades religiosas. Este uso estava tão fortemente marcado na prática educacional, como mostra o registro abaixo:

> [...] O padre pediu uma das salas do Grupo para as horas de estudos, durante a semana e que seriam realisadas às 7 horas e, organisadas pela Ação Católica. Falou na preparação das crianças para a missa solene a realizar-se dia 18 às 18 horas dia de aniversário ordenação sacerdotal do Vigário da Parochia. O padre mostrou os livros de missa das crianças, pedindo as professoras, principalmente 3º e 4º ano para fazerem exercício desta leitura em aula explicando e

orientando-os sobre as pausas próprias do missal, para isto aproveitarão as aulas de leitura. (ATA DE REUNIÕES PEDAGÓGICAS, 15/09/1951, p. 45)

Como se pode ver, a intervenção da Igreja na escola não se restringia apenas a ter parceiros para difundir o trabalho catequético. A instituição católica reivindicava um espaço no território escolar, como, por exemplo, uma sala de aula para estudos a ser utilizada pela Ação Católica.[1] Ali os alunos seriam preparados para uma missa solene, consagrando uma ordenação sacerdotal. Ou seja, não havia separação nenhuma entre Estado e Igreja. Propôs-se o uso direto das professoras para a prática do catecismo, servindo-se de livros de missa como material de leitura escolar. O objetivo pedagógico era exercitar os alunos tanto no desenvolvimento da leitura oral e escrita quanto na leitura cênica do missal bíblico.

A importância e a presença do padre nas diretrizes e na condução dos trabalhos escolares eram tão marcantes que era ele quem determinava os conteúdos e a forma como deveriam ser tratados.

Felizmente, uma das partes dos planos é a do ensino religioso, que vem sendo cuidadosamente realizado por todas. E enquanto a Sra. Diretora aguarda a orientação do vigário, o catecismo continuará a ser dado na forma do costume. (ATA DE REUNIÕES PEDAGÓGICAS, 03/03/1951, p. 35)

Nada se fazia sem suas orientações e aprovações, conforme se verifica na passagem, acima. O advérbio "felizmente" demonstra a pronta aceitação do Grupo Escolar e seu contentamento em tratar de assunto que, no imaginário popular da época, era considerado tão importante e nobre quanto o planejamento cuidadoso do ensino religioso. Fica claro que nada que se referia ao ensino religioso escapava das orientações da Igreja.

Em atas anteriores a esta, há registros informando que a diretora gerenciava todo o trabalho dos conteúdos e das matérias, inclusive o de educação religiosa, cujo programa e atividades eram determinados e coordenados pelo padre, que sempre dava assistência e esclarecimentos sobre os mesmos aos

[1] Ação Católica brasileira, movimento controlado pela hierarquia da igreja católica, criada em 1935, com o objetivo de formar leigos para contribuir com a missão da igreja de "salvar as almas pela cristianização dos indivíduos, da família e da sociedade". Sobre, Cf. MAGALHÃES, G. F. Ação Católica, Ação Política: as influências do grupo católico durante os Estado Novo, *ANPUH – XXIII SIMPÓSIO NACIONAL DE HISTÓRIA* – Londrina, 2005.

professores. Havia, também, uma solicitação de que o planejamento da aula de religião deveria ser registrado no caderno de atividades feito pelos professores.

Foi na Ata de 17/03/1951 que encontramos registros que mostram o quanto o controle do vigário tornou-se mais efetivo:

> Em prosseguimento foram dadas instruções sobre o ensino religioso, ficando esclarecido, que sejam os planos desta matéria feitos em cadernos separados e vistos pelo vigário uma vez por mês. Os testes para a nota do mês de março serão aplicados após a Semana Santa. (ATA DE REUNIÕES PEDAGÓGICAS, 17/03/1951, p. 36)

Não se trata de um pedido, mas de um imperativo, ou seja, é uma ordem: cumpra-se! A supervisão da matéria e dos conteúdos estava nas mãos do vigário em uma relação direta com os professores. Sem qualquer questionamento, o tempo para o agendamento de uma atividade escolar e o período das provas eram determinados pelo pároco, tendo por vezes, como se pode ver no trecho acima, o calendário cristão como parâmetro. Tudo foi mediado pela diretora da escola com pulso forte e firme orientação como se pode ver na ata de 17/04/1951, um mês depois do anúncio dos novos procedimentos a serem seguidos:

> [...] a **Senhora diretora tratou especialmente do ensino religioso**. Foram distribuídos os programas para todas as séries. **Novamente foi avisado para que, os planos de catecismo sejam feitos em cadernos especiais, a pedido do Padre.** a Diretora. I **pediu a boa vontade do professorado para este ensino, que não pode absolutamente ser esquecido. As professoras deverão organisar o material catequético de acordo com as aulas a serem dadas.** Ficaram encarregadas da orientação e preparo à primeira comunhão: no 1º turno a professora A, no 2º turno a professora B e no 3º a própria a Diretora. se prontificou a administrar os ensinamentos [...] encerrou-se a sessão. (ATA DE REUNIÕES PEDAGÓGICAS, 07/04/1951, p. 37 – os grifos são nossos)

Com esse registro, fica claro o quanto o laicismo estava distante das práticas do Grupo Escolar no início dos anos de 1950. Não se pode perder de vista que esses documentos, ora analisados, foram escritos num período em que, em nível de educação nacional, católicos e escolanovistas disputavam a hegemonia do campo educacional para saber que orientação deveria ser tomada na formação de crianças e de jovens brasileiros. Os primeiros, ligados a princípios cristãos, na vertente dos catolicismos, não dissociavam de forma alguma a difusão da ética cristã nos aparelhos escolares (CURY, 1978; MAGALHÃES, 2005). Já os segundos, protetores do laicismo defendiam o ensino com foco na ciência e a retirada de qualquer símbolo religioso do espaço escolar público. Como se pode ver no registro acima, o Grupo Escolar mergulhava integralmente no modelo cristão, sem nenhum constrangimento.

Mas é preciso ressaltar que essa intervenção religiosa nas práticas escolares se estende a rituais pedagógicos, ou seja, não apenas em sala de aula. As festas foram usadas também como um espaço difusor da fé cristã. E, ainda, por serem abertas à participação dos pais criava-se um clima de unidade com forte teor mítico, envolvendo, sobretudo, as crianças. Essa estratégia começou a ser usada no ano de fundação do Grupo, 1949, como se pode ver no registro a seguir:

> a Sra. Diretora comunicou as professoras que neste ano vamos organizar a Festa das mães, no dia 15 de agosto. É uma recomendação do Departamento e também devemos despertar nas crianças a gratidão (a) os pais. Para obter opinião das crianças houve uma reunião nas classes de 3º ano e ficou resolvido que seria feito um ramalhete espiritual assim organizado: Missas – comunhões sacramentais e espirituais – terços – jaculatórias – Visitas ao SS.SS. (Santíssimo Sacramento). No dia 14 de agosto todo mundo fará comunhão geral, sendo esta festa uma preparação para a semana da criança. (ATA DE REUNIÕES PEDAGÓGICAS, 27/07/1949, p. 08)

No registro aparece mais um efeito modalizador com o uso de uma expressão que dá ao conjunto conotação suavemente religiosa e ao mesmo tempo afetiva: "ramalhete espiritual". Em geral, o termo ramalhete em si significa um pequeno molho de flores, mas em seu sentido figurado representa um "conjunto de coisas bem escolhidas". Parece-nos questionável o termo resultante dessa consulta – "ramalhete espiritual" –, bem como o conteúdo desse ramalhete, visto que os alunos, provavelmente, não davam esse tipo de presente às suas mães e nem utilizavam essa terminologia que é tão próxima das nomenclaturas presentes na liturgia cristã católica.

Em todo caso, a forma como os preparativos dos rituais pedagógicos no Grupo Escolar em questão era aplicada, mostra que havia claramente estratégias de ação para envolver efetivamente as mentes dos alunos nos projetos de interesse religioso. Os rituais seriam aplicados no Dia das Mães, seriam introduzidos nas reuniões de preparação do Dia das Crianças e envolveriam de comunhões sacramentais a jaculatórias. Imagine, por exemplo, as crianças formulando pequenas invocações do tipo "Oh Senhor rogai por nós", "Tende piedade de nós", "Guiai-nos", "Iluminai-nos".

Nas atas, há registros de momentos de uma dada reunião em que as professoras apresentavam e discutiam textos que descreviam imagens daquilo que um docente do ensino "primário e ginasial" precisaria ter para ser considerado alguém adequado para tal função. Parece-nos que eram momentos previamente combinados e preparados com antecedência. No relato abaixo, há uma indicação de que uma professora fez uma apresentação formal:

> Inicialmente ouvimos a professora A com a leitura: Qualidade do professor primário, onde o autor focaliza 1º as qualidades físicas: saude, valor da voz e do olhar, influência do vestuário e correção nas atitudes; 2º as qualidades intelectuais: inteligência ágil, flexível e bem cultivada, aliada a uma preparação pedagógica através; 3º as qualidades morais: bondade não degenerada em tolerância, alegria e otimismo, pureza moral e conduta exemplar. (ATA DE REUNIÕES PEDAGÓGICAS, 20/05/1950, p. 21)

A combinação dos três valores apresentados (qualidades físicas, intelectuais e morais) mostra o perfil que se esperava de um/a docente naquele momento e, especialmente, naquele Grupo Escolar. O comedimento, sobretudo corporal, é um requisito que passa inclusive pelo "cuidado da voz". O equilíbrio exigido na qualidade moral integra claramente os valores que se espera de um bom cristão. Bondade sim, mas com limites. Nada de tolerâncias. Pureza moral e conduta exemplar obrigatória. Este último necessário principalmente pelo perfil do alunado que recebiam: os pobres e os de múltiplas carências socioeconômicas; ou ainda, muitos vinham de famílias que moravam próximos da zona boêmia.

O registro abaixo mostra que a reação da diretora em relação à apresentação feita pela professora correspondeu às suas expectativas e, ao que parece, aos dos valores sustentados pelo Grupo Escolar:

> Comentando sôbre a leitura, a Sra. Diretora elogiou o trecho escolhido, ressaltando a parte alusiva a bondade e energia do professor. Em seguida, pediu às professoras (que) tenham mais **interesse com os alunos retardados, aos quais devem ser aplicado um ensino apropriado**, de acordo com as suas dificuldades. (ATA DE REUNIÕES PEDAGÓGICAS, 20/05/1950, p. 21 – os grifos são nossos)

Bondade e energia são de fato valores que, possivelmente, naquele momento correspondiam às expectativas das autoridades educacionais do momento, dada as condições em que a escola foi construída e o perfil de aluno que ali chegava. Mas além das observações socioeconômicas, a diretora traz outro componente da diversidade social de seus alunos: a presença de crianças portadoras de necessidades especiais, registrado na ata como "retardados". Termo vindo de um vocabulário que na década de 1950 era amplamente usado, apesar de sentido pejorativo, e caracterizava "outros" alunos do Grupo conforme se pôde verificar no Livro de Atas, bem como no Livro de Matrícula. Uma espécie de identificador do perfil do aluno que é inadequado para os dias atuais, pois politicamente incorreto.

Outro registro a ser analisado refere-se a reuniões em que as/os docentes discutiam um espécie de ação filantrópica na qual tinham um papel ativo. Entretanto, embora uma ação civil, ela tinha uma forte conotação religiosa. Parecia uma ação missionária:

> A finalidade primordial desta reunião é tratar de um assunto de suma importancia para o progresso de nosso estabelecimento de ensino. Trata-se da fundação da Caixa Escolar que deverá trazer socorro aos nossos alunos, na maioria muito pobres [...] Teremos que nos defrontar com muitas dificuldades, mas estou certa que guiadas pêlo reto cumprimento de dever, em breve teremos recursos financeiros com o que possamos minorar o desconfôrto dos nossos pequenos escolares. (ATA DE REUNIÕES PEDAGÓGICAS, 20/03/1949, p. 01)

A missão dos professores no Grupo Escolar ia para além dos seus muros: eram os responsáveis pelo ensino e, também, pela "salvação das almas das crianças" e de "suas próprias almas". Para tanto, era registrada, nas atas pedagógicas, a importância do professor contribuir constantemente com a Caixa Escolar, como forma de remissão de seus pecados.

A Caixa Escolar foi tema obrigatório de quase todas as atas de reuniões pedagógicas, pois era uma forma de assistir os alunos mais pobres. A filantropia cristã estava intrinsecamente ligada à prática docente. O professor tinha como uma de suas principais atribuições a manutenção e o sucesso da Caixa Escolar. Esta era responsável pelo fornecimento de merenda, uniformes e livros para os alunos pobres e carentes.

Várias eram as formas de o professor contribuir para a Caixa Escolar: lista de "sócios contribuintes", donativos retirados de sua própria renda e até promoção de eventos e festas. Segundo o pensamento vigente no Grupo Escolar – representado abaixo nas falas de sua diretora –, quanto mais sócios e "donativos" para a Caixa Escolar a professora conseguisse, maior o seu destaque e reconhecimento por parte da direção.

> Falando sobre a Caixa Escolar, a Diretora fez um apelo a todas (as professoras): em seguida verificou quantos sócios contribuintes cada professora tem, fazendo ressaltar o trabalho da professora L que, nesse sentido é que tem apresentado maiores contribuições. (ATA DE REUNIÕES PEDAGÓGICAS, 15/04/1950, p. 19)

Defendia-se que teriam também o reconhecimento por parte de "Deus", conforme verificamos em outra ata:

> Caixa Escolar – a Diretora. organizou um modelo de ficha para os sócios da Caixa Escolar – Cada professora deverá ter pelo menos 5 sócios de Cr$5,00 (cinco cruzeiros) mensais. Vamos fazer um pouco de sacrifício, e assim teremos as bênçãos de Deus. Quando uma professora estiver licenciada, sua substituta ficará responsável pelos seus sócios. (ATA DE REUNIÕES PEDAGÓGICAS, 21/05/1949, p. 06)

A essa assistência estava atrelado o sucesso das professoras, pois o "fracasso" como provedoras da Caixa Escolar resultaria também no seu fracasso como professoras. Lembramos o importante papel exercido pela Escola e pelos professores ao perceberem a necessidade de prover os alunos de alimento, já que, segundo a diretora, "Uma criança mal alimentada e sem material escolar nada produzirá":

> Solicito também às professoras que providenciem com urgência a aquisição de ao menos 5 sócios por mês e que façam uma propaganda em pró da nossa Caixa Escolar. Tôdas nós sabemos que da Caixa Escolar depende em grande parte o êxito dos nossos trabalhos. Uma criança mal alimentada e sem material escolar nada produzirá. Em conseqüência, fracasso também para as professoras. Teremos que providenciar com urgência a partilha de uniformes e merenda aos alunos pobres. (ATA DE REUNIÕES PEDAGÓGICAS, de 20/03/1949, p. 01)

A fala reflete um período de muito pouca democracia e de condições de educação bastante precária. Havia pouco debate acerca das condições de permanência dos alunos na escola. Ou seja, nesse período, o grande desafio era aumentar o número de vagas para aumentar o contingente de alunos, o que implicava em investimento não apenas em construção de escola, mas também em contratação de professores, funcionários, enfim, de infraestrutura. O papel do Estado, ainda controverso, há pouco saído da ditadura Vargas e naquele momento governado por Gaspar Dutra (1946-1951), estava muito longe de produzir políticas que englobasse, além das questões da infraestrutura, questões da qualidade e da permanência dos alunos na escola. O registro mostra que naquele momento eram os próprios agentes escolares que saíam em busca de uma solução para o problema da permanência do aluno, que dependia de uniforme, merenda escolar, passe para chegar à escola.

Há inicialmente reuniões em que se discutem soluções para cada um dos problemas que foi identificado como sendo aqueles que dificultam a permanência do aluno na escola. Um deles, alimentação. Era preciso pensar como garanti-la. A cantina do Grupo Escolar foi criada no ano de 1950. Até então, a Caixa Escolar oferecia sopa para os alunos mais necessitados na sala de aula. Com a criação da cantina, ficou decidido que, para solucionar o problema da escassez de recursos, o professor além de fazer a merenda também seria responsável por recolhimentos de donativos em lugares públicos, conforme relato abaixo:

> A Diretora. falou sôbre a despesa da cantina que tem sido muito grande. Houve a idéia de colocar cofres em lugares mais freqüentados, para conseguirmos algum donativo. Aprovada a idéia, ficaram encarregadas desse trabalho as professoras: O., M., L. e H. . (ATA DE REUNIÕES PEDAGÓGICAS, 10/06/1950, p. 22)

Além disso, em reunião anterior, fizeram "uma lista onde por espontânea vontade fossem registradas as importâncias que se quisessem dar" para a cantina do Grupo Escolar. Percebemos que, já naquele período, a escola tinha função assistencialista, tendo como missão básica alimentar "os pobrezinhos" para, posteriormente, ensiná-los. Assim, vejamos:

> Entrou em discussão o donativo que as professoras dariam para a cantina, ficando resolvido, se fizesse uma lista onde por espontânea vontade fossem registradas as importâncias que se quisessem dar [que.] a Diretora. passou a falar da inauguração da cantina, instituição esta de grande valor no nosso Grupo onde as crianças pertencem em maioria, a um nível social que não permite uma alimentação perfeita. Com a inauguração da cantina pode ser minorado êste problema, pois, os pobrezinhos terão a sopa escolar. (ATA DE REUNIÕES PEDAGÓGICAS, 18/03/1950, p. 18)

A saída, como se vê, foi a filantropia com forte conexão com o cristianismo católico. Vem daí os valores que buscam incutir nos alunos, conforme se pode observar no registro abaixo:

> [...] Precisamos fazer um trabalho de educação moral com as crianças, levando-as a se convencerem de que precisam trabalhar. É preciso que elas sintam a noção da responsabilidade [...]. As professoras precisam fazer uma fiscalização muito grande com os alunos. Devem sempre dar aulas de moral, ensinando-lhes que devem ser bons e puros. Serem sinceros e agirem sozinhos. (ATA DE REUNIÕES PEDAGÓGICAS, 07/05/1949, p. 05)

Verificamos, ainda, registros que demonstram uma grande preocupação com a preparação espiritual do corpo docente, através de retiro espiritual, como se constata neste trecho:

> A Diretora I falou sôbre a realização de um retiro espiritual para as professoras, nos últimos dias de férias. As professoras apoiaram a idéia e declararam participar do mesmo. (ATA DE REUNIÕES PEDAGÓGICAS, 28/06/1951, p. 41)

O cuidado com a dimensão espiritual também é buscado através das atividades praticadas cotidianamente como "boa e atuante paroquiana" que uma educadora deve ser. Vejamos abaixo:

> Foram encarregadas as professoras M., T., G e N. para arranjarem flores para ornamentação do altar onde será celebrada a missa em homenagem ao Prefeito Municipal; cuidarão da ornamentação: a professora A, a professora B e a Diretora (ATA DE REUNIÕES PEDAGÓGICAS, 18/08/1951, p. 43)

As professoras ficaram também responsáveis pela compra (com seu próprio dinheiro) dos crucifixos, que eram solenemente colocados nas salas de aula, simbolizando a própria presença de Cristo naquele espaço. Tudo isso foi decidido em reunião, conforme pode se ver no registro abaixo:

> No dia 15 de agosto haverá a primeira comunhão dos alunos do Grupo, quando haverá também a entronização dos crucifixos nas salas. Para isso, as treis (*sic*) professoras de cada sala combinem a aquisição da imagem. (ATA DE REUNIÕES PEDAGÓGICAS, 22/07/1950, p. 24)

A entronização dos crucifixos nas salas foi definida para representar um marco na vida dos alunos, quando da sua primeira comunhão. Tudo fora planejado para que nada desse errado.

Havia a preocupação com a possível deturpação e "más influências" de revistas e filmes impróprios, veiculados naquele período histórico, que colaborariam para "danificar" o comportamento das crianças, tornando-as diferentes das outras e indisciplinadas no Grupo Escolar e, principalmente, nos eventos religiosos, sendo assim relatado:

> Inicialmente, a Diretora comentando a morte de um aluno da professora A, passou a dar avisos importantes recomendando às professoras que tivessem o máximo cuidado e atenção com essas crianças diferentes das outras, tais como: viciadas, nervosas, caladas, etc., das quais somos educadoras. Devemos pois, dedicar-lhes tôda a atenção e carinho para educá-las e instruí-las; dando-lhes uma boa formação afim de que possamos formar homens, capases de vencer as peripécias da vida. A vida precisa de amparo. Devido a grande freqüência de crianças a filmes impróprios e a manusiação de revistas más como: Guri, Gibi, X9, etc. pediu-nos a Sra. Diretora, que falássemos aos alunos sôbre as suas más influências, principalmente nos corações infantis, que se deixam levar por tudo aquilo que lhes agradam. Encarregou a Sra. Diretora a professora A, de fazer um ofício ao promotor X, pedindo-lhe a sua colaboração, para alcançarmos bom êxito em nossa campanha. (ATA DE REUNIÕES PEDAGÓGICAS, 19/05/1951, p. 39)

A partir da citação abaixo, verificamos que, já naquela época, havia por parte do Grupo Escolar uma preocupação com a disciplina, visto que muitas famílias não estavam mais conseguindo exercer seu papel, deixando as crianças sem limites, inclusive agindo indisciplinadamente nas missas. Tal fato mereceu um "pedido do Revmo. Padre J.F.N" à diretora para que as professoras auxiliassem as catequistas nas missas. Mais uma vez, as professoras são convocadas a exercerem a "missão" de "educadoras" para além dos muros do Grupo Escolar. Para reforçar essa "missão' de "educadoras", a relatora toma a enunciação do discurso, usando um discurso pronto e justificado socialmente e que é evidenciado pelo uso das aspas como uma frase de efeito: "Não somos educadoras somente no grupo".

> A seguir, a Sra. Diretora falou-nos a respeito da disciplina das crianças no dia da Páscoa. Esta, porém não foi suficiente. A pedido do Revmo, a Diretora. fez um apêlo às professoras no sentido de auxiliarmos as catequistas na disciplina das crianças, aos domingos na assistência da Santa Missa. Somos educadoras, portanto, cumpramos a nossa nobre missão com carinho e amor, tanto no grupo, como em qualquer lugar que estivermos. "Não somos edu-

cadoras somente no grupo" [...]. (ATA DE REUNIÕES PEDAGÓGICAS, 19/05/1951, p. 39)

Notamos uma grande preocupação do Grupo Escolar também na orientação das mães, oferecendo-lhes uma boa formação cristã através de "um tríduo de palestras".

> A mãe de um aluno diz que poderíamos pedir aos alunos Cr$0,10 (dez centavos de cruzeiros) para mandarmos imprimir uma lembrancinha para oferecer as mães.
>
> Vamos fazer também disse a Diretora um tríduo de palestras para as mães, sexta, sábado e domingo. (ATA DE REUNIÕES PEDAGÓGICAS, 27/07/1949, p. 09)

Diante de todas as referências e explanações realizadas sobre o Grupo Escolar aqui pesquisado, valemo-nos da análise foucaultiana que postula que a sociedade é embebida de relações sociais de poder e resistência. Para Foucault (2004), as formas sociais evoluem a partir do desenvolvimento de estratégias de poder e, nesse sentido, é importante ressaltar que o poder não é entendido pelo autor como um bem, uma riqueza, que se possa adquirir, mas é algo que funciona por si mesmo, que está em toda parte, que adestra quase invisivelmente os indivíduos.

Através da análise dos vários discursos presentes no Livro de Atas das Reuniões do Grupo Escolar, percebemos que é pelo poder que uma sociedade regula os seus. O poder aparece nas extremidades, nas pontas, no exercício do controle social, na domesticação dos indivíduos. Estes, por sua vez, estão imersos em regras e regulamentos, vigiados, corrigidos, controlados, organizados no espaço e no tempo. O controle é utilizado cada vez que uma norma é burlada ou que um lugar é ultrapassado ou ainda que um determinado momento do tempo é extrapolado. Cada um deve ocupar o seu lugar, deve seguir uma divisão do tempo, nos espaços demarcados e horários definidos, conforme verificamos na prática do Grupo Escolar.

A cultura como poder, expressada por Foucault (2004), diz respeito, assim, a um processo de longa duração, no qual a sociedade vai se construindo a partir das relações e transformações sociais e da fabricação, ou melhor, da domesticação dos indivíduos diante de um poder múltiplo, anônimo, automático, funcional – onipresente, onisciente, onipotente como um Deus punitivo que sempre está atento.

Os ex-alunos e ex-professores que estudaram ou trabalharam no Grupo Escolar, no início da década de 1950, apontam-nos indícios da existência de diferentes fontes do medo lá vivenciado.

Considerações finais

Como vimos nos diferentes registros, o poder no Grupo Escolar estudado era exercido sob a batuta da igreja católica: embora se tratasse de uma escola pública que deveria cumprir a tradição laica, uma parte significativa da educação, sobretudo no que se refere à dimensão da sociabilidade, era integralmente orientada pela igreja que tinha assento e voz nas reuniões pedagógicas da escola.

As situações analisadas se passaram em um período de transição política, com fortes resquícios da ditadura Vargas, em que o plano de orientação da educação no país era disputado pelo pensamento cristão e pelo pensamento escolanovista.

Sabemos da importância da reconstrução da história como uma possível "chave" que abre o futuro. Esperamos, nesta breve análise sobre o Grupo Escolar pesquisado, entender as persistências e as mudanças nas escolas e na sociedade brasileira no início da segunda metade do século XX, ainda continuam persistindo no mundo contemporâneo e impactando na vida das pessoas. Percebemos que a educação para o espaço público, na maioria das vezes, tem na escola e nas igrejas sua sustentação.

Por fim, salientamos que o próprio educador deve dar sentido àquilo que faz para criar a representação social que se exprime no modo como os outros entendem e reconhecem a sua ação. Assim, o estudo do discurso dos envolvidos no processo de formação dos alunos e o conhecimento dos acontecimentos do passado do Grupo Escolar, devidamente registrado no seu Livro de Atas, auxiliaram nossa reflexão sobre os fatos, possibilitando-nos verificar a projeção de um futuro que poderá ser pensado de modo diferente.

Referências

ANTUNES, R. T. *O gestor escolar*. Maringá: Universidade Estadual de Maringá, 2008.

BAKHTIN, Mikhail. *Marxismo e filosofia da linguagem*. São Paulo: Hucitec, 1979.

CURY, Carlos Roberto Jamil. *Ideologia e educação brasileira* - católicos e liberais São Paulo: que Cortez e Moraes, 1978.

FOUCAULT, Michel. *A ordem do discurso*. 10. ed. Tradução Laura Fraga de Almeida Sampaio. São Paulo: Loyola, 2004.

HOUAISS, Antônio - Dicionário Eletrônico Houaiss da Língua Portuguesa. Instituto Antônio Houaiss. São Paulo: Objetiva, 2001.

LIVRO DE ATAS. Grupo Escolar (...). Período: março de 1949 a janeiro de 1952. Itaúna, Minas Gerais.

MAINGUENEAU, Dominique. *Novas tendências em análise do discurso*. 3. ed. Tradução de Freda Indursky. Campinas: Unicamp; São Paulo: Pontes, 1997.

MAGALHÃES, Gilcéia Freitas. Ação Católica, ação política: as influências do grupo católico durante o Estado Novo. In: ANPUH – SIMPÓSIO NACIONAL DE HISTÓRIA, XXIII, 2005, Londrina. *Anais...* 2005.

MOREIRA, Lúcio A. *As fontes do medo na educação*: estudo de caso de uma escola onde existiu um cemitério. 2013. Tese (Doutorado em Educação) – Programa de Pós-Graduação em Educação da Faculdade de Educação, Universidade Federal de Minas Gerais, Belo Horizonte, 2013.

PEREIRA, Rodrigo; DANIEL, Teofilo Tostes. *República e Estado laico*. São Paulo: Procuradoria Regional da República, 2009. Disponível em: <http://www.prr3.mpf.mp.br/component/content/275?task=view>. Aceso em: set. 2014.

PERES, Eliane T. *Aprendendo formas de pensar, de sentir e de agir*. A escola como oficina da vida: discursos pedagógicos e práticas escolares da escola pública gaúcha. 2000. Tese (Doutorado em Educação) – Programa de Pós-Graduação em Educação da Faculdade de Educação, Universidade Federal de Minas Gerais, Belo Horizonte, 2000.

Aspectos históricos do protagonismo docente em Minas Gerais: da UTE ao Sind-UTE

Wellington de Oliveira
Rogério Cunha Campos

A sociedade se move...

Pretendemos aqui apresentar aspectos do protagonismo do movimento social docente em Minas Gerais, que reúne professores da Educação Básica, vinculados ao setor público. Tal movimento se constitui e se projeta historicamente no cenário sociopolítico brasileiro, o que nos leva a abordá-lo a partir de um recorte cronológico que vai do final dos anos 1970 até o início do século XXI. Para efeitos analíticos, nos deteremos em dois marcos significativos:

1) o momento da transformação do movimento social em associação profissional, com o estabelecimento da UTE (União dos Trabalhadores do Ensino) em 1979, até sua transformação em sindicato por força legal – Sindicato Único dos Trabalhadores em Educação (Sind-UTE) –, em 1990;

2) a atuação sindical, de 1990 ao início dos anos 2000.

Procedemos, assim, inicialmente, a uma análise do momento de constituição desse movimento, quando ainda se apresenta em construção, em que foi possível identificar a transição de um movimento reivindicatório a partir das bases, que se mobilizam intensamente, mas ainda não se organizam institucionalmente.

No processo de instituição, a UTE traz consigo uma rede de alianças bastante significativa no campo da sociedade civil, levando-se em conta o momento histórico, caracterizado pelos movimentos de trabalhadores que enfrentam a Ditadura Militar, ou seja, final dos anos 1970 e início dos anos 1980. Nesse contexto, o ano de 1978 terá um significado especial para a sociedade brasileira, pois condensa a articulação de uma série de movimentos de diferentes naturezas e originados de diferentes sujeitos (SADER, 1988), que vão produzir mudanças políticas e culturais significativas no Brasil, contribuindo de modo decisivo para o enfraquecimento e posterior derrota do regime militar que pretendia legar e tornar permanentes, revestidos do caráter de instituições democráticas, os instrumentos político-jurídicos ditatoriais, alguns inclusive de corte fascista, forjados ao longo dos anos de chumbo, em que os cidadãos estavam impedidos de participar dos destinos da sociedade.

Já o movimento constitutivo da UTE, em finais da década de 1970, conta com o apoio do movimento estudantil, do movimento de pais dos estudantes e, no espectro político, terá um amplo apoio de movimentos de oposição à Ditadura Militar, como os sindicatos de trabalhadores, especialmente as correntes articuladas em torno do "sindicalismo autêntico" ou "novo sindicalismo",[1] os movimentos de associações de moradores, movimento da carestia, movimentos que se articulavam pela anistia política, e movimentos no interior das igrejas, como as Comissões Eclesiais de Base, da Igreja Católica.

Agregado a essa relação no campo da sociedade civil e por essa relação com a mesma, algumas das lideranças fundadoras da UTE passam a se engajar em um processo mais amplo que visava a formação de um novo partido representativo dos trabalhadores. Nesse processo, as lideranças se colocavam em uma perspectiva crítica aos tradicionais partidos de esquerda, que atuavam à época clandestinamente no movimento sindical, como o Partido Comunista Brasileiro (PCB) e Partido Comunista do Brasil (PC do B), entre outras organizações de esquerda. As ações políticas, nesse sentido, evidenciam a perspectiva das referidas lideranças de fazer valer os interesses dos trabalhadores na sociedade, por intermédio da conquista do Estado, no âmbito da institucionalidade democrática, ou seja, empenhavam-se na construção de um partido legal, com perspectivas de participar de eleições e registrar-se no âmbito jurí-

[1] Novo Sindicalismo: denominação do movimento sindical que procura romper com a tradição varguista, ou seja, apresenta uma proposta de autonomia em face do Estado e partidos políticos. Movimento consolidado no final dos anos 1970 com a movimentação dos trabalhadores metalúrgicos do ABC paulista.

dico, no campo de uma institucionalidade que estaria além dos limites estreitos do controle político da ditadura militar. Nesse sentido, tanto os movimentos sociais de então, quanto as articulações políticas que visavam construir um partido dos trabalhadores, cruzavam a todo momento a fronteira dos limites impostos militarmente pelo regime. Essa era uma nova realidade, resultado das próprias ações coletivas naquela conjuntura, incluídas as ações coletivas das categorias de professores em Minas Gerais, especialmente os vinculados ao setor público, mas também entre os professores da rede particular, que constituíam, no mesmo momento, oposição sindical dentro do sindicato dos professores, vindo a substituir a diretoria pelega. O dos professores, fora apenas um dentre uma grande quantidade de sindicatos que sofreram intervenção e tiveram seus diretores anteriormente eleitos substituídos forçosamente por interventores indicados pelos militares, desde 1964.

Para a compreensão daquela conjuntura, em certo sentido tão distante e tão diversa da de hoje, é importante reter que as alianças políticas procuradas e afirmadas historicamente pelas principais lideranças da UTE se consolidam no campo da luta pelas liberdades democráticas.

No intuito de sintetizar o cosmo político reinante naquele período, apresentamos um documento enviado pelo movimento docente paulista de apoio ao movimento mineiro. O referido documento foi encaminhado pela diretoria da APEOESP (então, Associação dos Professores do Ensino Oficial do Estado de São Paulo),[1] entidade que também havia se reconstituído após um movimento grevista, com apoio da assembleia de professores paulistas, e nos moldes do pensamento político do Novo Sindicalismo. Esse documento foi enviado no dia 21/07/1979, quando do congresso de criação da UTE:

> Em todos os locais do Brasil, hoje, os trabalhadores se deparam nas suas lutas, com entidades pelegas e atreladas [...]. A isto respondem com a criação de organismos livres, independentes e democráticos. A experiência da organização de comissões por escola, regionais e sua centralização por um comando geral de greve, vivenciada pelos professores de São Paulo, na greve de 1978, é hoje incorporada por todos os trabalhadores. Vivenciada por Minas, que expulsou de suas assembleias os pelegos e rompe com as entidades atreladas, esta experiência culmina com a realização de um congresso estadual [...]. Na criação de uma entidade de todos os trabalhadores do ensino de Minas Gerais,

---

[1] A partir de 1990, a APEOESP alterou sua razão social para Sindicato dos Professores do Ensino Oficial do Estado de São Paulo.

consolidam-se essas formas de organização [...]. Os professores de Minas Gerais, dessa maneira, tornam-se ponta de lança do movimento de trabalhadores brasileiros, na luta pela derrubada do regime militar, que tem na estrutura sindical vigente um de seus mais fortes pilares de sustentação. (I Congresso da UTE, *apud* FURTADO, 1993, p. 74)

Ao nos determos nesse documento, que é uma moção de apoio ao movimento dos docentes de Minas Gerais, em sua fase de constituição, pode-se verificar a intenção de estabelecer uma rede de solidariedade interestadual entre os trabalhadores da educação. Além dessa aproximação entre os movimentos docentes, o documento sinaliza e conclama, também, para uma identificação com o movimento do conjunto da classe trabalhadora, e, além disso, o movimento de Minas Gerais é citado como vanguarda na luta contra a Ditadura Militar.

Assim como a UTE, a APEOESP surge após um movimento de greve em 1978 que durara 24 dias, depois de muitos anos de ausência e silêncio, dado o controle militar promovido pela ditadura. O eixo principal daquele movimento foi a reivindicação de 20% de reajuste salarial, num contexto de uma política de Estado de rígido controle dos salários, conhecido na época como o "arrocho salarial", essencial à política econômica do regime que, mesmo no período de expansão econômica, entre 1970 e 1973, teve como um dos pilares da política de crescimento o rígido controle dos salários dos trabalhadores, que conseguiam mais renda submetendo-se à extensão da jornada de trabalho, por meio das horas extras. Nesse período, as jornadas de 10, 12 ou mesmo mais horas diárias de trabalho, se tornaram habituais e era uma das poucas maneiras de os trabalhadores melhorarem um pouco suas rendas. Como justificavam o arrocho as autoridades de então? – era "necessário primeiro fazer o bolo crescer, para mais tarde poder distribuí-lo".

A reivindicação de 20%, apesar de fugir aos parâmetros da política de arrocho, foi atendida pelo então governador Paulo Egídio Martins, o que indicava uma importante fratura no cânone econômico do regime. Interessante ressaltar que a diretoria da APEOESP[2] da época não deu apoio ao movimento, ao contrário de um movimento organizado pela oposição àquela diretoria

[2] Interessante ressaltar que o movimento renovador na instituição paulista se deu com a eleição da oposição, enquanto em Minas Gerais, a renovação se deu com a criação de uma nova instituição que, no caso, foi a UTE.

que conseguiu aglutinar forças dentre os docentes. Esse grupo de oposição organizou uma chapa denominada CPEU (Comissão Pró-Entidade Única) que fora vencedora das eleições, mas para tomar posse teve que recorrer à justiça.[3]

Esse breve relato nos permite observar que, ao final dos anos 1970, no que diz respeito ao movimento trabalhista, duas dimensões estão presentes e contextualizam o movimento docente, assim como os de outras categorias que viviam processos semelhantes de reestruturação no que poderíamos considerar o período final dos longos anos de chumbo:

- A luta da sociedade civil contra a Ditadura Militar, hegemonizada pelas bandeiras das "liberdades democráticas", aí incluídas as liberdades políticas e de organização sindical;
- O fortalecimento das correntes sindicais autônomas e combativas, que criticavam a ação do sindicalismo atrelado ao Ministério do Trabalho.

Dessa maneira, estabelece-se a possibilidade de se gerar uma rede de solidariedade, além das ações locais, mesmo porque as organizações políticas que militam nos movimentos, especificamente a UTE e APEOESP, intercambiavam informações.

Uma problemática, contudo, se coloca para reflexão: existia, portanto, um relacionamento entre os movimentos de trabalhadores da educação?

A respeito dessa indagação, o professor Fernando Cabral, um dos fundadores da UTE, afirma o seguinte: "Não vou negar que existiam grupos organizados que militavam no movimento de Minas, militavam na APEOESP, militavam em outras entidades. Mas o vínculo aí não era do movimento, era de organizações que participavam dos movimentos".

Sendo assim, pode-se concluir que o movimento não se articulava enquanto trabalhista e emancipatório apenas, mas em uma perspectiva política. Já a Professora Daysi Cunha, em sua entrevista, acentua as dificuldades do diálogo com posições políticas formuladas previamente às manifestações públicas do movimento docente, estas últimas em assembléias e outras instâncias que expressaram a formulação de proposições coletivas na esfera pública ou, para usar um termo comum que expressaria a mais densa expressão da democracia de base, à época, "de baixo para cima". Nesse contexto, não refletiam exclusivamente as posições das bases da categoria no que se poderia chamar de "consciência coletiva":

---

[3] Cf. www.apeoesp.org.br/o-sindicato/historia. Acessado em 30 set. 2014.

Você dialoga, mas você tem uma posição dura, na verdade não é exatamente um diálogo é uma ação de convencimento, concorda comigo? Você quer ganhar o sujeito para sua posição (ganhar posição, você não está nem ouvindo o que o outro está falando).

A referida professora esteve à frente do Sind-UTE nos anos de 1989 a 1991, e vale ressaltar que, em agosto de 1990, a União dos Trabalhadores do Ensino passou a ser sindicato em função da Constituição de 1988 que concedeu o direito de sindicalização aos servidores públicos.[4] No caso específico, então, da UTE, transforma-se em Sind-UTE devido ao processo de unificação das entidades que atuavam no magistério mineiro.

Após essa reflexão, tomando como base tanto a UTE como a APEOESP, conclui-se, provisoriamente, que o movimento dos docentes, tanto em Minas Gerais quanto em São Paulo, tomando os dois estados da federação como parâmetro, no final dos anos 1970 nos possibilita compreender que a mobilização permitia uma ligação identitária entre os dirigentes e as bases sociais. Esse momento histórico, denominamos aqui de "constituinte", em função de que aqueles trabalhadores que não tinham vinculações ideológicas e/ou partidárias participavam das mobilizações. Por outro lado, como se pôde verificar pela afirmação do professor Fernando Cabral, ainda no momento constituinte as organizações de esquerda procuravam tornar-se hegemônicas, inclusive com intercâmbios interestaduais.

A fala da professora Daysi, já em outro momento histórico, ou seja, após a desarticulação da ditadura militar no Brasil, nos permite concluir que esse processo se torna mais claro, principalmente, à medida que essas organizações de esquerda passam a se integrar na formação do Partido dos Trabalhadores (PT). No caso de Minas Gerais, isso se torna muito claro, mesmo porque se materializa nas eleições de 1982, quando a principal liderança da UTE, o professor Luiz Dulci, se elege como o único deputado federal pelo recém-criado partido.

Verifica-se, então, que a UTE, através da sua consolidação nos anos de 1979 e 1980, alcança um relacionamento nacional no sentido da construção

---

[4] Deve-se esclarecer que a UTE surgiu após um movimento grevista de 41 dias em 1979 como associação de classe e não como sindicato em função de sua base ser de professores da Rede Pública de Minas Gerais, e pelos estatutos legais daquela época, os servidores públicos proibiam a sindicalização dos mesmos.

de um movimento sindical de "outro tipo" no contexto do professorado. No entanto, esse esforço de ampliar seu espectro de atuação faz com que a UTE se coloque em dois movimentos, digamos assim, de diferentes velocidades e é possível que tenha estado mais próxima dessa ação ético-política do que da consolidação de suas bases sociais, neste primeiro momento que tratamos como "constituinte", indo além, inclusive, do movimento de docentes e se relacionando com outras entidades e movimentos sociais nascentes ou em reestruturação, como era comum naquela conjuntura. Corroborando essa afirmativa, vejamos a consideração seguinte, do professor João Pinto Furtado:

> No contexto em questão, a concepção de solidariedade foi um dos principais instrumentos de coesão e definição dos "parceiros". No primeiro momento de articulação da UTE, nos anos de 79 e 80, chama a atenção o fato de que, em função das limitações legais e de infraestrutura citadas, foi fundamental para o sucesso da mobilização o concurso de outras organizações seja a partir de contribuições financeiras, seja a partir de apoio político, seja a partir de cessão de instalações e telefones. Assim destacaríamos, por exemplo, o fato de que, neste primeiro momento, em uma boa parte dos documentos levantados, os telefones e endereços de contato são os da UMES[5] e casa dos Jornalistas. (FURTADO, 1993, p. 83)

Nesse sentido, é necessário salientar que a rede de conexões estabelecida pela UTE tende a se expandir no mundo sindical à medida que recebe apoio concreto de outras entidades. Esse apoio ultrapassa o ato político simbólico, ou seja, não se resumia em uma moção tirada em uma assembleia e/ou uma menção na imprensa sindical. Ia além, inclusive com doações em dinheiro e espaços para produção de materiais de divulgação do movimento. Interessante citar o depoimento do professor Carceroni, que reforça a magnitude desse envolvimento da sociedade civil com o movimento docente de Minas Gerais: "Os professores da UFMG doaram um dia de seu salário para o movimento. Isso inclusive permitiu que a UTE adquirisse uma linha telefônica e maquinário que possibilitou estabelecer um pequeno parque gráfico".

Para ilustrar ainda essa ação solidária nos primeiros momentos da UTE e durante as greves, torna-se interessante citar, a partir de um documento do arquivo Sind-UTE, intitulado "Entidades que apoiaram o movimento dos professores (1980)", o grupo de entidades que se solidarizam com o movimento docente de Minas Gerais:

---

[5] Umes – União Municipal dos Estudantes Secundaristas.

> Sindicatos: trabalhadores em indústrias de fumo, professores, médicos, bancários, gráficos, destilarias, fiação e tecelagem, rodoviários, metalúrgicos-BH, metalúrgicos-Ipatinga, vendedores, assistentes sociais, jornalistas e sociólogos. Associações e entidades: APUBH, UNE, UEE, DCEs PUC e UFMG, UMES, Movimento Contra a Carestia, Centro Mineiro de Cultura Popular, Associação Bairro Riacho, Associação 1º de maio, Executiva Regional do PT, Departamentos Jovem e Feminino do PMDB. Jornais: Convergência Socialista, O Trabalho, Tribuna Operária. E Igreja: Nota dos Bispos, Pessoal da Igreja São José, Pastoral dos Direitos Humanos (*apud* FURTADO, 1993, p. 85).

Nota-se que, a UTE, em seu momento instituinte, abre uma possibilidade histórica de se estabelecer uma rede de alianças que sugeriria pensar uma ruptura com a ditadura militar em uma perspectiva mais democrática e popular, pois o leque de apoio e interatividade no campo da sociedade civil apontava nesse sentido. Inclusive, setores como de pais de alunos e alunos se posicionavam como aliados e reconhecedores da justeza das reivindicações e ações do movimento docente. O grau de filiação por parte dos trabalhadores à UTE foi bastante significativo na época, pois já em meados dos anos 1980 ultrapassava 25.000 associados.[6] Esse era o cenário que se apresentava, em 1987, durante um movimento grevista, quando Newton Cardoso (PMDB) era o governador do Estado de Minas. Segundo depoimento oral do deputado estadual Rogério Correia, que despontou para a política institucional a partir da militância sindical, a entidade realizou uma assembleia na Praça Sete (região central de Belo Horizonte/MG) com a presença de 100.000 pessoas, incluindo trabalhadores da educação da Prefeitura de Belo Horizonte.

De instituinte a instituído

Torna-se importante aqui demarcar cronologicamente o processo histórico de desenvolvimento do movimento docente de Minas Gerais, ou seja, um movimento que surge no contexto de contestação à Ditadura Militar e se torna uma das entidades mais importantes na sociedade civil. Além disso, as perspectivas assumidas pela diretoria da entidade expressava a proposta de ruptura com o modelo político imposto em 1964 e, no campo sindical, uma

[6] Dados obtidos no trabalho já citado do professor João Pinto furtado.

postura crítica ao velho sindicalismo, considerado pelego e atrelado ao Estado. Em suma, nesse âmbito, propunha-se nada menos do que a ruptura com o modelo varguista.

Assim, as mobilizações dos finais dos anos 1970, assinaladas pelas lutas sindicais dos metalúrgicos do ABC paulista marcadamente engajados no novo sindicalismo e, no caso de Minas Gerais, o movimento docente dos professores da rede pública, apresentam características significativas de movimentos instituintes, tais como, aproximação entre grupo de lideranças com as bases, autonomia ante movimentos políticos partidários e identificação das referidas lideranças enquanto companheiros de trabalho.

> A razão desse desabrochar da sociedade civil com maior intensidade no final dos anos 1970 tem como elemento catalisador a crise econômica deslanchada no início da década, é a chamada "*crise do milagre brasileiro*", assim denominado em função dos altos índices de crescimento econômico apresentado no hiato de tempo que foi de 1968 a 1973. (MATTOS,1998, p.56)
>
> Porém, só o fator econômico não explicaria esse deslanchamento (*sic*) do movimento dos trabalhadores como se pode verificar nos parágrafos anteriores, existe uma organização embrionária na sociedade brasileira para que ela se movesse e forçasse abertura de canais para negociações e participação políticas de setores que viviam no "*exílio das fábricas*". (FARIA, 1986, p. 124)
>
> [...] porque esses canais não existiam [...]. (OLIVEIRA, 2006, p. 29)

É esse momento histórico que caracterizamos como instituinte, mas em processo de institucionalização, uma vez que, como vimos, o grupo dirigente vai se aproximando de uma postura mais próxima da organização partidária e/ou de grupos externos ao movimento de base e, assim, o movimento passa de instituinte a instituído. No caso do movimento docente de Minas Gerais, em sua trajetória histórica, isso se torna mais evidente: caracterizado entre os finais dos anos 1970, com a formação da UTE, e início dos anos 1990, com a criação do Sind-UTE. Mesmo porque o engajamento político partidário se acirra no seio do movimento sindical brasileiro.

> A nossa greve teve um apoio muito grande. Eu acredito que um apoio popular maior que a maioria dos movimentos de professores no país inteiro. E isso se deve a alguns fatores políticos e alguns desses fatores de psicologia de massas. O fato de, por exemplo, 80% dos professores grevistas serem do sexo feminino pode ter influído na simpatia imediata que a greve despertou, porque as nossas

formas iniciais de lutar eram de uma certa ingenuidade, simplicidade, formas um tanto quanto prosaica que geraram uma simpatia imediata. Mas é claro que isso não foi o fator determinante. O determinante para o apoio popular foi a distribuição bastante equitativa do magistério por todas as cidades do Estado e por todos os Bairros da Capital. Em toda comunidade que nós possamos caracterizar, seja grande ou pequena existe um número razoável de escolas que geralmente têm uma grande vinculação com a população como um todo. Tudo isso contribuiu para que a população desde o primeiro momento visse o movimento como algo que partiu da população mesmo e não como um movimento, em princípio político, de conteúdo ideológico definido. Por outro lado, a situação gravíssima da deterioração do salário do professor, de conhecimento público, motivou a solidariedade para o movimento. (DULCI, *apud* Jornal dos Bairros, 21/06/1979)

E mais, segundo o professor Rogério Correia:

A população via aquela greve como uma possibilidade de liberdade, era um grito de liberdade contra a ditadura. Mesmo que os professores tivessem reivindicações econômicas, grande parte dos professores até se arrepiavam em gritar nas passeatas: "Abaixo a Ditadura". O que se via também, eram outras palavras de ordens como "Mandando o governo ir para o Piauí, Francelino Pereira", palavras mais nesse sentido, menos politizadas, palavras mais focadas no governador e também na questão salarial. Mas é evidente que a grande massa do nosso povo de Minas Gerais e no Brasil inteiro torcia pelas greves, a dos metalúrgicos, as nossas, qualquer uma, porque aquilo enfraquecia o regime militar, então o respaldo era quase que geral. Era secundário, de certa forma, se os meninos estavam ou não perdendo aulas. Aquela não era a grande questão posta na época, se aquilo atrapalha ou não a educação dos meninos. Bem, porque era a primeira, não se tinha consciência de que aquilo prejudicaria os alunos, não estava posto, não estava na pauta essa preocupação.

Os trechos acima demonstram como o movimento docente Minas Gerais tem em sua gênese uma identificação muito forte com a base/grupo dirigente, caracterizando aquilo que chamamos de processo instituinte. Mas, em alguns exemplos históricos de movimentos populares, e no caso mineiro foi bem típico, o grupo dirigente que se engaja no movimento político partidário muda de campo, melhor dizendo, de defensores dos direitos dos trabalhadores passam a pertencer, como dirigentes, ao aparelho de Estado. O caso do professor Dulci é bem ilustrativo nesse sentido: fez carreira política, foi o primeiro deputado federal eleito pelo Partido dos Trabalhadores de Minas

Gerais, e com ascensão de Lula à presidência da República passa a ser ministro de Estado. Então, a percepção de parte das bases sociais no que diz respeito ao grupo dirigente passa a ser de desconfiança e até mesmo de oposição, como se pode notar na declaração da professora Elaine Tadeu:[7]

> Eu acho que ele (sindicato) dá importância para vários fatores, mas esse sendo como primordial ele fica para terceiro plano. Saem outras coisas, saem outras vantagens, mas o salário continua o mesmo. Volto a afirmar, acredito que os representantes do Sind-UTE estão usando o sindicato, o Sind-UTE (*sic*), como trampolim.

Essa percepção, oriunda da base social do sindicato, coloca uma questão importante: à medida que o movimento se institui e se consolida como uma organização, no mesmo processo verifica-se um afastamento e mesmo um estranhamento da diretoria com relação à base. A esse respeito, apresentaremos a seguir alguns dados obtidos em nossa pesquisa.

1) Durante o momento constituinte da UTE, os militantes que formam inicialmente o CGG (Comando Geral de Greve)[8] e, posteriormente, o primeiro núcleo dirigente da entidade recém-criada, vêm dos locais de trabalho, ou seja, das escolas. Então, nesse sentido, eram companheiros de trabalho daqueles que permaneciam na base social. No processo de institucionalização da entidade, os mesmos passam a exercer o trabalho sindical e, apesar de constar nos documentos oficiais da UTE, posteriormente Sind-UTE, a ideia de rotatividade da diretoria, a tônica foi o continuísmo. Além de tudo, a decisão sobre quem seriam os candidatos não passa pelos órgãos coletivos da entidade,[9] mas, sim, pelas diversas tendências, não institucionalizadas que atuam no interior do movimento docente. À base social cabe a função de votar, repetindo assim o ritual do processo eletivo tradicional herdado do projeto liberal, centrando no constructo da representação. Diante disso, geralmente os membros que compõem a base social, os trabalhadores da educação, não pertencem às tendências, e sempre denominam a diretoria como sindicato, como se ela (a diretoria) constituísse o sindicato por si só, algo estranho à base. É comum ouvir esse discurso nas entrevistas colhidas durante a pesquisa: "*o sindicato não*

[7] Professora que atua há mais de 20 anos em escola pública estadual.

[8] Comando Geral de Greve constituído durante a mobilização de 1979.

[9] Denominam órgãos coletivos da entidade as assembleias, congresso, subsedes e mesmo representantes de Escola.

olha para nós"; "*os diretores só querem ficar de fora da sala de aula*"; ou ainda, "*eles têm objetivos políticos*".

2) Reportando ainda ao momento constituinte, o relacionamento do movimento dos docentes em Minas Gerais com outros movimentos sociais foi profícuo, inclusive com a comunidade em que a escola estava presente. Como já dissemos, durante a greve de 1979 as lideranças comunitárias participavam solidariamente do movimento. O movimento estudantil apresentava moções de apoio aos docentes. Outros movimentos de trabalhadores, principalmente sindicais, apoiavam materialmente o movimento, inclusive com sua infraestrutura. Porém, a partir da institucionalização do movimento, isso não mais acontece, principalmente após o processo de "transição democrática" do país, pois a Ditadura Militar findara formalmente. Daí que o elo de ligação entre os movimentos sociais e o movimento de docentes em Minas Gerais torna-se bastante tênue, diferentemente da conjuntura compreendida entre os últimos anos da década de 1970 e os primeiros anos da década seguinte. Pode-se dizer, no novo contexto, que aconteceu, também, um estranhamento por parte das comunidades com relação ao movimento docente, principalmente nos momentos de greve. Esse estranhamento se torna mais claro quando, durante um movimento grevista, a Associação de Pais e Mestres requer do Ministério Público o retorno dos professores às aulas, no intuito de garantir o direito à educação para seus filhos.

3) Outra evidência que confirma esse estranhamento entre o núcleo dirigente/base social, um posicionamento que vem desde o momento inicial da organização da UTE e que coincide com a reestruturação partidária no Brasil, foi a inserção dos militantes, principalmente do núcleo, na construção do PT. Postura essa decorrente da aproximação dos militantes com as teses do chamado "*Novo Sindicalismo*". Como afirma o professor Carlão: "a UTE foi o elemento articulador da formação do PT em Minas Gerais, onde tinha (*sic*) uma professora ou professor que organizou a greve de 79, ele ou ela era contatado e se organizava um diretório do partido". A participação dos militantes na formação e organização do PT levou a que os mesmos se tornassem lideranças políticas partidárias, assumindo cargos nas esferas do Estado. Isso leva a conflitos, tais como: o dirigente que no sindicato defendia, por exemplo, aumento salarial, na administração respondia da mesma maneira que os dirigentes tradicionais, que ocupavam os mesmos cargos em administrações anteriores, ou seja, "*não temos caixa*", ou, ainda, passavam a acusar o movimento docente de "*movimento político*". Isso acabou acontecendo quando, em 1992, o PT consegue eleger, pela primeira vez, o prefeito de Belo Horizonte, Patrus Ananias, que já

em sua posse, em 1993, enfrenta uma greve do magistério e sua postura diante do movimento é a de um Estado-Patrão.

4) Outro fator que permite o entendimento desse estranhamento entre núcleo dirigente/base social diz respeito ao próprio processo de formação do trabalhador em educação e, também, à formulação de políticas públicas para o campo da educação. No que concerne à formação do trabalhador em educação, ao longo de sua história, o Sind-UTE não construiu uma proposta que fosse assumida pela categoria e servisse de referência a um projeto para a formação do trabalhador em educação que se aproximasse das necessidades da grande maioria da população brasileira, ou seja, dos trabalhadores. Desse modo, nos movimentos reivindicatórios dos docentes a "defesa da escola pública e gratuita, da sua melhoria, o mais das vezes não vai além de uma bandeira geral, que não encontra desdobramentos num possível aprofundamento da discussão acerca da problemática educacional" (CAMPOS, 1992 ,124).

A trajetória do movimento docente de Minas Gerais, como já indicamos, é percorrida num contexto de transformações significativas na política e na cultura, tanto no Brasil como no mundo, marcado pelo:

- processo de democratização interna no país e com isso a reestruturação política nacional;
- no contexto internacional, pela crise do chamado socialismo real e, mais adiante, pelos processos econômicos, sociais e políticos que conduziram à hegemonia do neoliberalismo.

Ao analisar a trajetória do movimento docente em Minas Gerais, nesse momento histórico hegemonizado pela mentalidade neoliberal,[10] algumas questões se colocam enquanto desafios. Entendemos que a possível rearticulação do movimente docente passa pela discussão daquilo que o professor Miguel Arroyo denomina de "*o ofício do mestre*", ou seja, retomar a função social do docente e da pedagogia como ferramenta de construção de um outro mundo possível. Para isso, a participação da base social é fundamental, pois o processo de institucionalização reificou-se, ironicamente, enquanto "cupulista".

[10] A hegemonia da mentalidade neoliberal se manteve até os anos 2000. Com a crise do sistema financeiro ocorrida no final de 2008, os pressupostos neoliberais estão sendo colocados em questionamento, mas a disputa permanece, vide as propostas de políticas de austeridade, contrárias às de distribuição de renda, como elemento central de desenvolvimento econômico.

Ironicamente, porque as críticas que se fazia ao sindicalismo herdado do varguismo pelo novo sindicalismo, dentre outras, diziam respeito ao fato de ser cupulista, e no caso do Sind-UTE, caudatário do novo sindicalismo, que se institucionaliza como um organismo cuja direção se afasta das bases, de modo que as virtualidades presentes na sua fundação – quando era evidente uma organização de horizontalidade, cujas lideranças e diretorias regionais e central eram expressão da densidade da categoria – se arrefecem ao longo do tempo. Evidentemente que as virtualidades podem ser recompostas, porque existem tradições e memórias que não se perdem ao longo da história, como aprendemos com Hobsbawm. Mas sua possibilidade radica nas possibilidades dos novos movimentos e na recuperação crítica da história dos movimentos e de suas instituições, de que pretende fazer parte este artigo.

Outra reflexão que se deve fazer é voltar-se para a discussão do trabalho docente, perceber que não basta a conquista da administração em diversas instâncias do Estado, como são os poderes, municipal, estadural e mesmo da União, para realizar as mudanças, pois foi nessa estratégia de ação política que os fundadores da UTE e, depois Sind-UTE, apostaram e, no entanto, quando cruzamos as entrevistas realizadas para a elaboração deste trabalho, concluímos, mesmo que parcialmente, que se produziu estranhamento em diferentes níveis de profundidade, que vai da desconfiança registrada em várias entrevistas à cerrada oposição de entre núcleo dirigente/base social.

Referências

ANTUNES, Ricardo. *O Novo Sindicalismo no Brasil.* 2. ed. São Paulo: Pontes, 1995.

____. *Adeus ao trabalho?* São Paulo: Cortez; Campinas: Editora da Unicamp, 1995.

ARROYO, Miguel G. *Ofício de mestre.* Petrópolis: Vozes, 1999.

CAMPOS, Rogério Cunha. *Cenas da educação brasileira*: lutas sociais e desgoverno nos anos 80 na Grande Belo Horizonte. 1992. Tese (Doutorado em Educação) – Faculdade de Educação da Universidade de São Paulo, São Paulo, 1992.

FARIA, Hamilton José Barreto. *A experiência operária nos anos de resistência*: a oposição Sindical Metalúrgica de São Paulo e a Dinâmica do Movimento Operário (1964-1978). 1986. Dissertação (Mestrado em Ciências Sociais) – Programa de Pós-Graduação em Ciências Sociais da PUC-SP, São Paulo, 1986.

FILGUEIRAS, Cristina Almeida Cunha. *Práticas educativas no movimento popular*: as experiências das mulheres no Bairro Industrial. 1986. Dissertação (Mestrado em Educação) – Faculdade de Educação da UFMG, Belo Horizonte, 1986.

FURTADO, João Pinto. *Da "união" ao Sin-Ute*: A experiência dos trabalhadores em educação do Estado de Minas Gerais (1979-1993).1993. Dissertação de Mestrado, UFMG, Belo Horizonte, 1993.

MATTOS, Marcelo Badaró. *Novos e velhos sindicalismos*: (1955-1985). Rio de Janeiro: Vício de Leitura, 1998.

OLIVEIRA, Wellington. *A trajetória histórica do movimento docente de Minas Gerais*: da UTE ao Sind-*UTE*. 2006. Tese (Doutorado em Educação) – Faculdade de Educação da UFMG, Belo Horizonte, 2006.

SADER, Eder. *Quando novos personagens entraram em cena*. Rio de Janeiro: Paz e Terra, 1988.

Entrevistas – [Fontes orais]

Professor Antonio Carlos Pereira, "Carlão" – concedida em 15/05/2003.

Professora Daysi Cunha – concedida em 03/06/2003.

Professora Elaine Tadeu Gonçalves – concedida em 23/05/2005.

Professor Fernando Cabral – concedida em 16/06/2003.

Professor Ludgero – concedida em 05/08/2003.

A experiência do povo indígena xakriabá com projetos sociais nas associações: o que diz a nós educadores?

Suzana Alves Escobar
Ana Maria R. Gomes

Introdução

Este artigo originou-se da tese de doutoramento, defendida em 2012, no PPGE/FAE/UFMG, intitulada *Projetos sociais do povo indígena xakriabá: entre o desenho na mente, a tinta no papel e a mão na massa*. A pesquisa realizada teve como objetivo descrever e analisar as práticas de associativismo do povo indígena xakriabá, focalizando a participação dos sujeitos na elaboração, implantação e gestão dos projetos sociais,[1] processo mediado também pelas práticas da oralidade e da linguagem escrita. A opção teórico-metodológica foi a pesquisa etnográfica, através da qual se buscou "revelar", durante a prática social, as formas de participação dos sujeitos envolvidos nos projetos sociais. O trabalho de campo foi realizado em aproximadamente 15 meses e, como procedimentos de coleta de dados, foram utilizadas a observação participante e entrevistas, com presença em diferentes momentos do processo de proposição e execução dos projetos, assim como em outros contextos da vida cotidiana nas aldeias xakriabá.

[1] A expressão "projetos sociais" é de uso local, surgida na interface com os financiadores externos; por vezes, é referida apenas por "projeto".

A Terra Indígena xakriabá (TIX) situa-se no município de São João das Missões, norte de Minas Gerais. O processo de contato com esse povo iniciou-se desde a chegada dos bandeirantes, em meados do século XVI, quando a região era densamente povoada por diferentes etnias. Em 1728, receberam uma Carta de Doação em função do fechamento da missão que havia na então São João dos Índios. A partir da segunda metade do século XVIII, verifica-se uma progressiva e veloz entrada do componente colonizador, que vai reduzir drasticamente a presença indígena na região (cf. SANTOS, 2013). No início do século XX, os xakriabá aparecem como o único povo indígena de que se tem notícia no cerrado norte-mineiro, e aí viveram, acolhendo camponeses pobres de outras regiões, até que o desenvolvimento rural em meados desse século ameaçou o convívio no território. O conflito de terras iniciou-se, impondo aos xakriabá uma história de luta sangrenta até a homologação da terra indígena em 1989. Hoje enfrentam o desafio da luta pela sobrevivência.

A população xakriabá é estimada em 8.000 indígenas, distribuídos por várias aldeias e subaldeias, em 53.074,92 hectares de área, o que, em relação ao espaço humano e geográfico, equivale a mais de 70% da área e população do município de São João das Missões. Os xakriabá experienciaram uma história de longo e complexo contato com a sociedade nacional e, por consequência, vivem em interação com ela, sem terem sido, no entanto, assimilados e/ou dissolvidos no convívio.

No contexto histórico de intenso contato é que se delineou, como objeto de nossa pesquisa, a participação nos projetos sociais dos sujeitos xakriabá, nas suas diversas formas, e através de diferentes mediações produzidas pela oralidade e pela escrita. Existiam na TIX, na ocasião dos trabalhos de campo, doze entidades jurídicas relacionadas ao associativismo: dez associações indígenas, a Organização da Educação Indígena (OEIX), e a Organização dos Grupos de Roça xakriabá da Aldeia Itapecuru (OGRXAI) que, de acordo com as primeiras informações sistematizadas em 1997 no FIEI (Formação Intercultural de Educadores Indígenas), envolveram-se com pelo menos vinte e oito projetos de segurança alimentar, cultura, saúde, gerenciando um montante aproximado de R$ 1.658.058,00, acessado de um leque de financiadores, governamentais e não governamentais, nacionais e estrangeiros, dentre os quais se destacam: Ministério do Meio Ambiente; Prefeitura Municipal de São João das Missões; Ministério da Saúde; Ministério da Cultura; Instituto Sociedade, População e Natureza (ISPN). Grande parte dos recursos dos órgãos e das entidades financiadoras dos pequenos projetos com povos indígenas tem como fonte os recursos bi ou multilaterais, administrados pelo Banco Mundial.

Durante as investigações entre as associações, foi possível verificar e analisar a experiência do povo xakriabá com o associativismo e com os projetos sociais, e chegou-se à conclusão de que tais experiências se constituem para este povo em marcas relevantes de seu momento atual. Constatou-se que a forma de participação dos sujeitos é delineada e vivenciada, dentre outros fatores, a partir das concepções engendradas nas relações de poder local, sendo que elas mesmas fazem parte do movimento provocado pelo associativismo e pela implementação dos projetos sociais.

Participação e aprendizagem

Participação e aprendizagem são dois temas recorrentes na sociedade nacional e, em especial na educação. Aprendizagem apresenta-se (ou deveria) como elemento inerente à educação escolar, mas os dados da pesquisa e o enquadramento teórico adotado revelam facetas sutis que parecem escapar nas discussões do campo da educação, cujas formulações acerca da aprendizagem ainda não incorporaram, no Brasil, uma abordagem que privilegiasse um olhar antropológico. A participação, por sua vez, que na escola assume posição demarcada, muito mais abordada como símbolo da democratização das relações, dentre os xakriabá toma uma outra forma, como será discutida a seguir.

Na tese, o tema da participação entra tanto como categoria conceitual nativa – dela se fala nas aldeias e se avalia frequentemente a sua pertinência quando o assunto em discussão são os projetos sociais –, como categoria conceitual para análise das reuniões. Tal abordagem vem da contribuição de dois autores: Jean Lave (1991) com o tema da aprendizagem situada e da participação nas práticas como dispositivo que promove a aprendizagem, assim como da mudança nas formas de participação como evidência de que algo foi aprendido; e Alessandro Duranti (1994), antropólogo linguista que propõe a participação como categoria de análise das interações verbais, provocando um deslocamento que, como ele anuncia em seu livro, vai da gramática à política.

Duranti aborda a participação em sua dimensão de interação humana, considerando-a como um conceito tomado em diversas áreas – linguística, antropologia, psicologia, etc. – sendo que, na antropologia linguística por ele proposta, a opção é pelo estudo da participação tomada como unidade de análise, a partir da linguagem utilizada em interações, tais como: trocas cerimoniais, discursos orais, narrativas, discussões, brincadeiras.

Discutir analiticamente a participação conduz também aos estudos realizados por Jean Lave e Etienne Wenger (1991), com a abordagem da "aprendizagem situada" em "comunidades de prática". O dilema desta pesquisa foi alinhar os usos e as percepções acerca da comunidade de prática nos referenciais teóricos, nas observações em campo e o conceito de *comunidade* que os próprios sujeitos xakriabá, assim como outros povos, utilizam no seu discurso e em sua vivência.

O termo *comunidade* apresenta uma série de implicações, visto que é usado habitualmente pela sociedade nacional, e havendo ainda o uso próprio pelos sujeitos desta pesquisa, os indígenas, além do proposto pelos autores Lave e Wenger (1991). Considera-se aqui o conceito de comunidade a partir da visão comum entre antropólogos e sociólogos que a colocam como possibilidade de enquadramento de estudos locais; e o alinhamento possível com a noção de comunidade de prática diz respeito à possibilidade de dar unidade às recorrências observadas em campo.

Lave e Wenger (1991), ao analisarem o que chamam aprendizagem situada, abordam os conceitos de "participação periférica legitimada" e "participação plena", ao se referirem a diferentes situações de prática social em comunidades específicas. O entrelaçamento que se observa entre o processo de aprendizagem e o "engajamento na prática" dos sujeitos envolvidos é a peça-chave de sua obra, e foi também considerado aqui na investigação com os xakriabá. Os autores analisaram pesquisas a respeito da aprendizagem feitas com parteiras yucatecas, com alfaiates Vai e Gola (da Libéria), com contramestres navais, com açougueiros e na associação dos Alcoólicos Anônimos, identificando a aprendizagem como um processo que se dá por meio da participação do que se chamou nessas situações de "comunidades de prática", cujas atividades eram desenvolvidas especialmente em locais determinados: as moradias das parturientes yucatecas, a oficina do alfaiate, o açougue, o navio e as reuniões dos Alcoólicos Anônimos.

Segundo essa abordagem, a aprendizagem como uma atividade situada ocorre de forma relacional, ou seja, "[...] a aprendizagem é um aspecto central e inseparável da prática social" (LAVE; WENGER, 1991, p. 04), e é nesse sentido que se propõe o conceito de participação periférica legitimada. Os autores esclarecem que participação periférica corresponde à localização do sujeito no mundo social e a legitimidade envolve as relações de poder. A participação periférica legitimada é um conceito dinâmico e não significa participação parcial ou irrelevância na atividade em curso.

Não há, na formulação feita no livro *Situated Learning* (LAVE; WENGER, 1991), um plano pedagógico com relação à aprendizagem, nem a comunidade de prática deve ser vista como um ente que se cria e que pode ser comparável ao discutível conceito de sociedade; trata-se de uma categoria analítica para investigar a prática social num processo complexo de aprendizagem. Para identificar uma comunidade de prática, é necessário perceber o sistema de atividades realizadas por um grupo de pessoas situadas no mundo, que compartilham compreensões sobre aquilo que fazem e sobre os significados dessas ações e que, por fim, delineiam as condições para a aprendizagem. Nesse sentido, a comunidade de prática é definida como "[...] um conjunto de relações entre pessoas, atividade e mundo, ao longo do tempo e em relação com outras comunidades de prática tangenciais e entrecruzadas"[2] (LAVE; WENGER, 1991, p. 98).

O objetivo da escolha de tal quadro teórico foi identificar o movimento da *comunidade*. Nesse sentido, a descrição da interação nas pesquisas relatadas pelos autores e a abordagem das estruturas de participação foram relevantes. Para a análise dos dados que obtivemos, foi importante considerar que fazem parte da concepção de comunidade de prática características com as quais nos deparamos nas situações de campo, quais sejam: grupo de pessoas ligadas por interesses comuns sobre trabalhos desenvolvidos ou planejados nas aldeias; grupos sociais organizados realizando atividades e compartilhando conhecimentos e práticas orientadas para a resolução de problemas decorrentes da concepção, implantação e gestão dos projetos sociais.

Utilizar o conceito de comunidade de prática deu visibilidade a questões latentes nas associações indígenas, o que tornou possível enquadrar conceitualmente aspectos da prática que poderiam ser considerados pontuais, isolados e não passíveis de discussão. Tal conceito permitiu o acesso às sutilezas do campo empírico, além de trazer a possibilidade de se contextualizar dados de campo que poderiam ficar deslocados ou utilizados aleatoriamente e de forma indevida.

---

[2] Tradução nossa do original: "a set of relations among persons, activity, and world, over time and in relation with other tangential and overlapping communities of practice."

Na comunidade de prática, tal como proposto por Lave e Wenger (1991), a "participação" se torna conceito-chave para analisar a aprendizagem situada, uma vez que a participação nas práticas sociais é assumida como pré-condição para que a aprendizagem ocorra. É importante ressaltar, ainda, que participação periférica não é considerada como oposição a uma suposta condição central de participação, mas, sim, tomada a partir da interação entre aprendizes e mestres, novatos e veteranos. A adjetivação com o termo "legitimada" busca revelar os aspectos de pertencimento e aceitação dentro da comunidade.

Com base nas discussões teóricas a respeito da participação, as referências às variadas maneiras de envolvimento dos sujeitos xakriabá nos projetos sociais das associações foram reveladoras da realidade vivenciada – as intensas mudanças sociais pelas quais estão passando, os enfrentamentos na luta política que travam interna e externamente pela garantia da vida digna, a heterogeneidade dos papéis desempenhados, as relações de poder estabelecidas entre gêneros, gerações, principiantes e veteranos que têm poderes diferentes, possibilidades diferentes, experiências diferentes, enfim, a *participação* tal como vista pelos xakriabá.

Outro ponto a ser destacado é a centralidade da aprendizagem na teoria de Lave e Wenger (1991). A pesquisa com os projetos sociais dos xakriabá não possui uma relação direta com a aprendizagem enquanto categoria analítica. Entretanto, a noção de comunidade de prática ao ser colocada pelos autores entre as pessoas e o mundo social possibilitou visualizar os aspectos de produção e continuidade da vida nas aldeias xakriabá, num admirável processo de aprendizagem que implica considerar que a pessoa, a atividade e o mundo se constituem mutuamente. A aprendizagem se apresentou neste trabalho, portanto, como um dos aspectos constitutivos do movimento interno provocado pelo desenvolvimento dos projetos e visibilizado, teoricamente, nas análises da comunidade de prática.

As associações diante dos projetos sociais com seus participantes em diferentes condições de atuação apontam para o processo de aprendizagem que ocorre no interior das comunidades que se reproduzem e se transformam no desenvolvimento das práticas dentro da terra indígena xakriabá. Com o trabalho nas associações indígenas, os índios precisam lidar com a escrita, usar a matemática comercial, estabelecer relações políticas com as agências de financiamento, dentre outros aspectos; todas essas questões aparecem indissociáveis e dentro do campo da luta política das comunidades.

A "aprendizagem", em um deslocamento conceitual, entrou nas análises pela via da "participação", conforme conceito proposto por Lave e Wenger (1991). Tratamos de considerar a própria participação das pessoas como fonte de informação e aprendizagem, em um processo de troca de umas com as outras, não somente por meio dos discursos, mas também do que elas faziam umas às outras, umas com as outras e junto com as outras.

Além da aprendizagem para lidar com a burocracia – matemática financeira, planilhas, arquivos, livros para acompanhamento administrativo, etc. – existe a preocupação com a socialização das experiências, como forma de contribuir para outros trabalhos desenvolvidos internamente. Muitas das reuniões de uma associação mais experiente foram organizadas de forma a dar acesso às outras associações aos processos vivenciados que possibilitaram êxito em projetos desenvolvidos. Não se configura, contudo, como um processo pedagogicamente organizado, como tradicionalmente tratado nas teorias da educação. Mas a aprendizagem é visível na condução da *reunião*, na interação intencional observada nas falas, no simbolismo presente, na apresentação cuidadosa e bem explicada dos assuntos.

> Os xakriabá hoje estão participando de várias atividades, né, na saúde, educação, nos projetos sociais como um todo, né, que pra reunir um grupo maior fica um pouco difícil, mas o importante é que as pessoas que estão aqui, estão hoje aqui representadas, né, ela leva isso em frente. Tudo que a gente pega em algum momento, em alguma reunião, numa participação, a gente, de certa forma é multiplicador daquilo que pega, né, o que a gente aprendeu. O importante é isso, que no momento oportuno qualquer um dos que estão aqui presentes participando desse momento, que chegue em outra aldeia, no momento oportuno e pode falar um pouco do que viu aqui, né, e isso multiplica. O importante é isso, nós somos multiplicadores do que nós aprendemos em qualquer outra área, né, que é importante pro nosso povo. (Hilário, na reunião para instalação da Casa da Semente xakriabá, em 23/01/2010, Caderno de Campo)

Uma observação importante refere-se ao resultado da participação dos sujeitos nas associações, do ponto de vista do consenso e dos conflitos gerados. A experiência de campo e a reflexão posterior sobre o material gerado a partir dela apontaram a busca pela coesão social do próprio povo indígena como aspecto relevante, que esses indígenas mais valorizam na produção e reprodução do grupo. Suas falas rituais e de intervenção incessantemente se referem à união do grupo e à busca pelo consenso, por meio da acomodação de conflitos latentes. Aquilo a que se denomina aqui como consenso, com base na busca pela união a que se referem os sujeitos, é o processo de acomodação do movimento interno das aldeias, a partir do reconhecimento da pluralidade de opiniões, na qual um extenso e paciente processo de negociação consegue resolver situações problemáticas. Tais aspectos demarcam sua continuidade enquanto povo xakriabá, através de mecanismos internos e tradicionais que podem ser considerados também como de *aprendizagem*.

Diferentemente do sistema democrático, tal como é proposto de forma paradigmática na sociedade nacional, aqui não há submissão da minoria pela maioria numa disputa que se resolve por meio do voto em situações conflitantes. O discordante, que tem de acompanhar a maioria, não o faz com atitude oposicionista, aguardando o momento de "virar o jogo a seu favor". Entre os xakriabá, as divergências internas existem, mas não são tratadas ostensivamente; todos falam e agem como se houvesse consenso, ou, pelo menos, essa forma de agir é uma das estratégias de tentar avançar, sempre, na direção do consenso. Somente o envolvimento com as questões locais torna possível perceber conflitos e as tentativas para solucioná-los. Quando o conflito é motivado por falta de informação, existe um trabalho cuidadoso de sanar as dúvidas, sendo muito comum que exista, em situações de *reunião*, uma *palestra* sobre algum assunto que tenha provocado alguma reação.

Os conflitos latentes, conforme abordado, pareciam passar por um processo de acomodação sem que para isso tivessem necessariamente de ser explicitados, principalmente em público. Somente em poucas ocasiões da pesquisa foram observados embates: uma foi na primeira *reunião* sobre a proposta de ampliação da piscicultura já analisada. Usando a expressão "tem muita cabeça e nunca que bate certo uma com a outra", um membro veterano e muito respeitado no grupo do projeto de piscicultura fez uma inconfidência ao questionar a viabilidade da ampliação do projeto, tendo em vista uma possível concorrência nos moldes capitalistas entre as aldeias e suas associações. Ciente de que havia alterado a pauta proposta para a *reunião*, quando quis saber detalhes da proposta, já que as disputas não costumam ser explicitadas, favoreceu um rico diálogo com a liderança, igualmente forte e influente, da outra aldeia que liderava a criação de novos grupos. Tratou-se de um embate forte, mas respeitoso e que chegou a um consenso.

A referida liderança e outros poucos xakriabá fazem questão de manifestar eventuais desagrados nas *reuniões*; nesses momentos, o assunto polemizado pode instigar uma espécie de palestra bem consistente com justificativas que, na maioria das vezes, silenciam a quem levantou a polêmica. Quando o assunto polêmico afeta somente alguns sujeitos ou interesses particulares, observa-se algum burburinho, mas que não interfere no andamento da reunião. Não sendo considerada relevante no contexto da discussão, a intervenção obtém, como reação, somente um silêncio de respeito à sua posição contrária.

A "leitura dos passarim" e a leitura da escola

O povo indígena xakriabá possui variada experiência com a escrita alfabética, assim como no acesso à educação escolar. Evidenciamos neste tópico a presença de sujeitos com pouco ou nenhum domínio do código alfabético que nos interrogam sobre o valor que é dado à alfabetização na nossa sociedade, bem como a forma como a educação escolar a trata. Os dados da pesquisa apontam que as lideranças, mesmo quando não sabem ler e escrever, continuam desempenhando papéis fundamentais no cotidiano das aldeias, inclusive no processo de elaboração e desenvolvimento dos projetos.

Um primeiro destaque são as práticas da cultura escrita, ou do letramento, com as características aqui apresentadas. Uma importante referência teórica considerada na análise dos dados é Street (1984; 2010). Para este autor, sob uma perspectiva etnográfica, a compreensão do letramento[3] se faz colocando duas possibilidades: o "modelo autônomo" e o "modelo ideológico". O primeiro toma a escrita como um produto completo em si mesmo e que tem regido a lógica hegemônica das políticas internacionais, as quais consideram a aquisição da leitura e escrita como um bem universal capaz de conferir poderes a povos, a sujeitos e nações que dela se apoderem. Com seu modelo ideológico, Street possibilita a compreensão do fenômeno no contexto social no qual o sujeito está inserido.

Nas associações, nas quais a participação dos sujeitos está de alguma forma e necessariamente associada à escrita, ocorre uma "apropriação

[3] Trata-se de um dos pioneiros de uma corrente de estudo de letramento na Inglaterra que se interessa pelas "práticas locais ou situadas" de letramento, que se autodenomina "Novos Estudos sobre Letramento" – New Literacy Studies (NLS). Tal abordagem vem sendo utilizada em diversos estudos no Brasil: Soares (2000, 2003, 2010), Kleiman (1995), Marinho (2008).

xakriabá", quando se observa os usos que fazem da escrita e as funções que a ela atribuem. Sob essa mesma concepção de letramento, cabe ainda lembrar uma das proposições de Barton e Hamilton (2000): "O letramento é historicamente situado".

Partindo de tal discussão, a compreensão da situação vivida pelos xakriabá procederá da relação que estabelecem interna e externamente. O debate teórico travado entre o local e o global, universalista e particularista nas pesquisas sobre o letramento evidenciam a complexidade do tema, mas a situação dos xakriabá a partir da análise dos dados será considerada na perspectiva de seus próprios sujeitos: uma mistura entre o que é de dentro e o que é considerado de fora da terra indígena xakriabá, num movimento dialético que sugere olhares de superação do embate, ou seja, que o local e o global, o particular e o universal ou o modelo autônomo e o ideológico sejam excludentes ou opostos.

Os dados da pesquisa de campo apontaram para as diferentes formas de participação dos sujeitos envolvidos nos projetos sociais que se pautam pela oralidade e pela escrita, em ocasiões durante as quais se observa a presença de escolarizados em diferentes níveis e de não escolarizados, num contexto em que a oralidade é fundamental na negociação entre os diversos sujeitos e a escrita é necessária, principalmente, nas mediações externas, porém, sem desprezar os usos internos em progressiva expansão. Sem que haja uma dicotomização entre essas duas dimensões da linguagem, a oralidade manifestou-se como uma marca forte nas relações internas, por se destacar em diferentes momentos coletivos relacionados aos projetos sociais, e a escrita revelou-se necessária para a formalização de eventos em função dos contatos externos.

Segundo Duranti (2000), a linguagem está imersa na atividade humana e é, ao mesmo tempo, instrumento dela. Pode-se afirmar que o momento histórico dos xakriabá, caracterizado pela presença das associações e dos projetos sociais, implicava numa interação entre oralidade e cultura escrita e promovia uma intensificação no uso desta última, que, anteriormente, já se fazia presente nas aldeias. Na relação com a sociedade nacional, em especial com os financiadores que fazem parte das "sociedades burocráticas modernas" e têm no sistema de escrita a pedra fundamental da sua formação, observa-se a preponderância do documento escrito e de quase nenhum mecanismo que possa captar e valorizar o processo vivido de sua produção, que ultrapassa os limites da cultura escrita.

A escrita tem um papel central nos projetos, não somente pelo que representa na burocracia da sociedade nacional da qual os financiadores procedem. Os usos que conferem essa importância à escrita não são apenas aqueles associados à decodificação e à interpretação do código linguístico/alfabético, mas também aqueles, altamente influentes e marcantes, relacionados à interação local entre os sujeitos. Os xakriabá se viram na situação de interagir com a modalidade da escrita nos moldes das características que lhe são atribuídas na sociedade nacional, mas eles o fazem, atribuindo usos e funções de acordo com as tradições locais.

Em 1997, a matrícula escolar na TIX era em torno de 1.400 alunos; em 2014 esse número chegou a 2.779.[4] A criação das escolas estaduais indígenas pelo Programa de Implantação das Escolas Indígenas de Minas Gerais (PIEI-MG), no período de 1995 a 1997, foi um fato marcante para todos os povos envolvidos. Tal programa foi fruto de uma parceria dos povos indígenas com a Secretaria de Estado da Educação, a Universidade Federal de Minas Gerais, a Fundação Nacional do Índio e o Instituto Estadual de Florestas, e teve como uma de suas ações iniciais o desenvolvimento do Curso de Formação de Professores Indígenas, reconhecido pelo CEE/MG. A partir de 1997, as escolas indígenas, antes geridas pelas prefeituras e pela própria FUNAI e muitas das quais, inclusive as que funcionavam na TIX, contavam com vários professores não indígenas, foram estadualizadas passando a ter os professores indígenas, mesmo os que ainda se encontravam em formação, como regentes de aulas e gestores.[5]

Atualmente, pode-se observar o impacto da escolarização tanto no cotidiano das aldeias, quanto nas relações sociais e políticas mais amplas no município de São João das Missões. O prefeito indígena e vários vereadores indígenas, os professores, secretários, auxiliares de serviços gerais e agentes de saúde passaram ou estão passando pelo processo de escolarização que inclui a formação em nível superior. Muitos dos sujeitos investigados, vinculados às associações e aos projetos sociais, são ou foram alunos do PROEJA indígena, projeto iniciado em 2007. Nesse sentido, Gomes observa que os

---

[4] Dados coletados no site www.educacenso.inep.gov.br , em 20 fev. de 2014.

[5] Para uma discussão sobre a educação indígena entre os xakriabá, ver, entre outros: Silva (2011), Pereira (2003), Mendonça (2007), Santos (2006).

> [...] novos atores sociais, construídos pela mediação da prática escolar e pelo domínio da linguagem escrita, se legitimam intervindo em procedimentos culturais importantes para a vida do grupo, modificando sensivelmente as práticas tradicionais realizadas pelos mais velhos, definindo os contornos do processo de letramento em curso. (GOMES, 2006, p. 1)

Segundo Gomes, tal situação local "sem dúvida alterou em modo drástico a vida das famílias, reorganizando tempos e atividades, redefinindo as formas tradicionais de convivência e de relação entre as gerações" (2006, p. 02). Entretanto, nas conversas sobre a preparação de futuras lideranças e sobre a atuação das novas gerações, é possível constatar certa inquietação dos mais velhos com a mudança que a escolarização, a leitura e a escrita têm provocado na configuração do sujeito xakriabá. Uma xakriabá idosa, por exemplo, afirma que ela mesma só tem *a leitura dos passarim.* Os mais jovens, em processo de escolarização, por sua vez, *tá riscano papel...* E acrescenta ainda que, no entanto, *riscar o papel* só vale a pena se *compreenda tudo na vida...* (ESCOBAR, 2004, p. 78). A idosa estabelece a relação entre leitura, escrita e escola, mas levanta suspeita a respeito da função que essas novas habilidades exercem no processo de configuração do sujeito xakriabá. A boa formação à qual se refere foi testemunhada por seu filho que, indagado sobre seu processo de formação, esclareceu que o pai lhe ensinou a rezar, respeitar a irmandade, o valor da amizade e os trabalhos internos das devoções. Nas suas palavras, é flagrante a ausência da escola e da relação com a leitura e escrita em seu processo formativo: Eles [os pais] informava muitas coisa... mas coisa daqui mesmo da natureza (...) A gente foi aprendendo muitas coisa boa conforme o trabalho. O trabalho forma a gente (ESCOBAR, 2004, p. 84).

Na perspectiva da comunidade de prática (LAVE; WENGER, 1991), o convívio dos mais experientes em uma ou outra atividade com aprendizes não dispensa a presença dos mais velhos como responsáveis pela manutenção das tradições xakriabá. O jovem que está ali na comunidade de prática deve aprender valores, o que é e o que não é conveniente para o povo xakriabá. Em uma oportunidade, a pesquisadora fez uma provocação deliberada a um entrevistado sobre a formação de lideranças, sugerindo a possibilidade de um escolarizado, com uma atuação destacada na sua função específica, tomar o lugar das lideranças mais antigas com menos ou sem escolarização. O diálogo foi esclarecedor e é transcrito a seguir:

Pesquisadora: A gente vê que os professores e os agentes de saúde são pessoas mais jovens. Os mais jovens têm poder de tomar o lugar dessas lideranças mais antigas?

Entrevistado: Tomar?

Pesquisadora: É.

Entrevistado: Eu não diria tomar, mas talvez naturalmente, naturalmente pode ser é... pessoas que talvez vem sendo preparada né? Porque quem prepara não é... num sou nem eu que me autopreparo; é a própria comunidade que vai olhando, vai olhando... Por exemplo, hoje o mínimo é da condição de diferença de idade do cacique anterior ele é jovem né, mas ele, com certeza, todo trabalho dele tá sendo também observado quer queira ou não... Aí as lideranças, aí os mais velhos que acompanham e aí na escola várias coisas tá de olho né? Então, quer dizer, se por ventura de uma outra pessoa, por mais que seja mais jovem que ele com certeza não é assim, ele tomou esse lugar mas sim a comunidade confiou esse lugar.

Pesquisadora: Os mais velhos estão observando os mais jovens?

Entrevistado: Com certeza.

Pesquisadora: Mesmo que esses mais jovens, por exemplo, sejam mais estudados do que os mais velhos?

Entrevistado: Mesmo que seja mais estudado porque é ...

Pesquisadora: Porque os mais velhos tiveram menos acesso às escolas...

Entrevistado: E é até muito cobrado hoje. Os mais velhos têm cobrado muito que muitas coisas, que às vezes são coisas que andava sem problema e às vezes hoje com todos os acesso às informações novas, o estudo mais evoluído nessa juventude, tem coisa que não acontecia dentro e às vezes tá na mãos das própria pessoas que já tem a... como que chama... a prática da questão da escrita, do conhecimento. Então, por isso ele é sempre um aluno, ele não deixa de ser um aluno de verdade dos mais velhos. Então é isso que é importante também. Nessas reuniões interna que muitas vezes acontecem é chamado a atenção disso aí, né, pra tá sempre com cuidado. (Entrevista em 25/07/2009, caderno de campo.)

Por outro lado, em outras situações analisadas, essas novas culturas do escrito que vêm sendo produzidas na TIX parecem contribuir para construir outros lugares para os escolarizados e os não escolarizados, para os que sabem e os que não sabem ler. Durante o trabalho de campo, percebemos que pelo menos três lideranças declaradamente "analfabetas" ficaram responsáveis pelos documentos escritos relacionados às aldeias e/ou aos projetos, mesmo que a função da leitura não fosse delas. Em uma das assembleias analisadas também observamos a distribuição, no primeiro dia de sua realização, de uma pasta contendo materiais escritos e uma caneta. Aquela pasta passou a ser uma marca dos participantes do evento – todos permaneceram carregando-a, demonstrando cuidado e respeito, mesmo aqueles que não sabiam ler e escrever. Carregar os papéis, entre os xakriabá, à moda da "Lição de Escrita" (LÉVI-STRAUSS, 1996) dos Nambiquara, parece demonstrar poder;[6] ou, ainda, denota a lida com um campo de poder que pode ser ativado independentemente da capacidade individual de conferir sentido ao sistema alfabético.

Diante desse papel complexo que ao escrito vem se atribuindo nas aldeias estudadas, os xakriabá muitas vezes elaboram táticas que mostram que, ao mesmo tempo, valorizam os saberes tradicionais, calcados predominantemente na oralidade, e reconhecem as necessidades (inexoráveis) da utilização do escrito. Nesse sentido, é interessante analisar o papel que os professores têm desempenhado nas associações e na execução dos projetos: muitas vezes eles se disponibilizam como escreventes – fazem as atas, redigem documentos, leem e interpretam os escritos. Grande parte dos professores entendeu e assumiu que a sua função em relação aos projetos sociais e às associações era a de mediador. Nesse sentido, a presença do escrito se manifesta dentro de um conjunto de articulações internas para a qual é buscada a solução possível, ou seja, contar com um escrevente para "passar para o papel" o que está "sendo desenhado" pela/na oralidade.[7]

---

[6] É interessante observar que, na história dos xakriabá, a posse e o uso político da Carta de Doação, documento de 1728, independia da habilidade da leitura e escrita das lideranças no processo histórico local. Como afirma Santos (2010, p. 33): "A documentação era percebida como a própria garantia da terra e sua lógica independia do texto que ela continha, uma vez que Gerônimo, como outros *chefes*, era analfabeto. Em vários relatos, os papéis carregados por Gerônimo aparecem como herança deixada pelos *antigos* e passada de geração em geração."

[7] Sobre a presença ou necessidade de um escriba para mediar a relação entre sujeitos com baixos níveis de letramento e a escrita, ver o instigante trabalho de Kalman (2003).

Os escreventes não são, nesse processo, os únicos sujeitos associados à autoria do projeto, que se concretiza em um trabalho colaborativo: narradores, conarradores e receptores (DURANTI, 2000). Na sistematização dos projetos sociais, entre os xakriabá, nem sempre quem escreve tem controle sobre o escrito. O processo de tornar escrita uma demanda discutida oral e coletivamente, de acordo com as exigências de um edital, é complexo e difícil: trata-se de transformar demandas identificadas nas discussões orais para uma forma inteligível – tarefa coletiva – e, depois, para o registro (formato do projeto exigido pelo edital). Um dos entrevistados afirmou que a *comunidade fala; e eles* [os professores/os escolarizados] *escrevem*. O verbo escrever e a escrita em si parecem ser duas coisas distintas. Nesse sentido, assim expressou a liderança: *Eu contei tudinho e M. escreveu*. O conteúdo é identificado à própria escrita e é de competência da liderança e da comunidade; e o registro – que serve para representar a aldeia perante os órgãos de financiamento – é de responsabilidade de alguém com maior domínio da tecnologia. Este mesmo professor, quando entrevistado, afirmou que sua função era a de *decifrar enigmas*: tanto para que o escrito fosse compreendido, reconhecido e legitimado pela comunidade, quanto para os agentes financiadores. Pode-se afirmar que a habilidade de ler e de escrever é *performada* não como um atributo restrito ao indivíduo, mas como uma habilidade disponibilizada para o coletivo, e que se conecta com outras habilidades, resultantes das diferentes posições das pessoas envolvidas na prática.

Podemos, então, diante das análises realizadas, afirmar que os usos e funções do escrito que vêm sendo produzidos cotidianamente pelos xakriabá, tanto nas mediações internas quanto nas relações com os agentes externos, se estabelecem e por vezes pressupõem diferenças entre os sujeitos envolvidos; essas diferenças, no entanto, não geram necessariamente desigualdade entre eles. O maior ou menor nível de letramento – que não pode ser considerado como uma variável independente, mas se articula com outros aspectos econômicos, sociais e culturais – observado nas diferentes associações e nas diferentes aldeias, parece provocar, por sua vez, uma situação de desigualdade no acesso aos recursos e mesmo nos resultados alcançados pelos projetos. É possível afirmar que, quanto mais a comunidade compreende e se aproxima da escrita hegemônica, mais benefícios são acessados; e quanto mais distante for a associação ou a coletividade da aldeia do contato com as lógicas da escrita burocrática, menores são os benefícios conseguidos.

À guisa de conclusão: práticas e pessoas em seu mundo

O subtítulo da tese, *o desenho na mente, a tinta no papel e a mão na massa* é a interpretação dada pelo presidente da associação para o processo que envolve a elaboração e a gestão de um projeto social: a comunidade discute sobre suas necessidades e desejos e formata o projeto que passa a existir mentalmente; no momento em que surge um edital, passam à escrita, num complexo processo de transpor o que está na mente para o formato exigido no edital e, caso seja aprovado, aí sim, vem o fazer o desenho da mente se materializar. O projeto escrito, ou a tinta no papel, é considerado pelo presidente da associação como mediação entre o que está formatado na mente e a possibilidade de sua execução; *vale pela garantia da vinda do recurso.* A expressão *mão na massa*, por sua vez, implica em relações internas que se ligam diretamente à continuidade do povo xakriabá: o conceito de "bem viver", a *reunião* como estratégia local para encaminhamento das ações, as relações de poder... Tal processo coloca em outro lugar a escrita, a participação, a aprendizagem e a escolarização. Acompanhar e registrar essa lógica nos levou a algumas reflexões possíveis de serem estendidas para o campo da educação escolar em geral, e não somente da educação escolar indígena.

Historicamente, os projetos de alfabetização de adultos – pessoas que já estariam supostamente com a *mão na massa*, o que, na sociedade nacional, significa individualmente estar fazendo parte da população economicamente ativa –, a educação escolar e as políticas educacionais não têm conseguido contribuir efetivamente para minimizar as fortes desigualdades da população identificada como analfabeta ou analfabeta funcional. Campanhas de alfabetização e aumento dos recursos educacionais, em vez de democráticos e libertadores, estão muitas vezes em função de um processo de padronização da língua, como "instrumentos para aumentar o controle do Estado sobre as faixas menos controláveis da população" (GNERRE, 1991, p. 29).

> Passar forçosamente as pessoas através do túnel da educação formal significa fornecer a elas alguns parâmetros para reconhecer as posições sociais e fornecer a elas alguns parâmetros para reconhecer as posições pessoais e fornecer um mapa da estratificação social com alguns diacríticos relevantes para o reconhecimento de quem é quem: um instrumento a mais para medir a desigualdade social. (GNERRE, 1991, p. 30)

Diferentemente da sociedade nacional, para os xakriabá em situação de elaboração e gestão dos projetos sociais, a posse da leitura da escola ou a *leitura dos passarim* demarcam especificidades na participação. Nessas situações, são respeitadas regras relevantes para os atos de linguagem: o momento certo de falar, o que se deve falar, como se fala; e o domínio da leitura da escola não se apresenta como definidor das posições e hierarquias sociais. O movimento é coletivo e se efetiva em função de uma meta estabelecida, tal seja, a promoção da vida e a sobrevivência do povo xakriabá.

As práticas e as pessoas imersos em seus próprios mundos são elementos mútuos na aprendizagem dos xakriabá – e o são também na aprendizagem escolar em contexto indígena e não indígena. *Aprender* se revela aqui como um processo complexo e coletivo, no qual todos os praticantes do cotidiano escolar são sujeitos de conhecimento e o conhecimento é o próprio processo. A experiência dos xakriabá traz à luz a possibilidade de nos confrontarmos com práticas e pessoas que nos revelam esses outros mundos possíveis, com os quais convivemos e com os quais ainda podemos muito aprender.

Referências

BARTON, David; HAMILTON, Mary. Literacy, reification and the dynamics of social interaction. In: BARTON, David; TUSTING, Karin (Eds.). *Beyond communities of practices:* language, power and social context. New York: Cambridge University Press, 2005.

______. *Local literacies*: reading and writing in one community. London: Routledge, 1998.

DURANTI, A. *From Grammar to Politics*: Linguistic anthropology in a Western Samoan Village. Berkeley: University of California Press, 1994.

______. *Antropología Lingüística.* Tradução de Pedro Tena. Madrid: Cambridge University Press, 2000.

ESCOBAR, Suzana A. *Educação Indígena xakriabá*: saberes e lutas na vida e na voz do seu povo. 2004. Dissertação (Mestrado em Educação) – Universidade Federal de Uberlândia, Uberlândia, 2004.

GNERRE, Maurizzio. *Linguagem, escrita e poder*. 3. ed. São Paulo: Martins Fontes, 1991.

GOMES, Ana Maria R.; TEIXEIRA, Isis. Letramento e relações de gênero entre os xakriabá. In: SEMINÁRIO INTERNACIONAL FAZENDO GÊNERO 7:

GÊNERO E PRECONCEITOS, VII, 2006, Florianópolis. *Anais*... Florianópolis: UFSC. Disponível em: <http://www.fazendogenero.ufsc.br/7/artigos/G/Gomes-Teixeira_23.pdf>. Acesso em: 1 set. 2014.

KALMAN, Judith. *Escribir en la Plaza*. México: Fondo de Cultura Económica, 2003.

KLEIMAN, A. Modelos de letramento e as práticas de alfabetização na escola In. ______. *Os significados do letramento:* uma nova perspectiva sobre a prática social da escrita. Campinas: Mercado de Letras, 1995. p. 15-61.

LAVE, Jean; WENGER, Etienne. *Situated Learning*. Cambridge: Cambridge University Press, 1991.

LAVE, Jean. *Apprenticeship in critical ethnographic practice*. Chicago: Chicago University Press, 2011a.

______. Situated learning in a long term perspective. In: ENCONTRO INTERNACIONAL LINGUAGEM, CULTURA E COGNIÇÃO, III, 2011, Belo Horizonte. *Conferência de abertura*. Belo Horizonte: UFMG, 2011b.

LÉVI-STRAUSS, Claude. *Tristes trópicos*. Tradução de Rosa Freire d'Aguiar. São Paulo: Companhia das Letras, 1996.

MARINHO, Marildes; CARVALHO, Gilcinei T. (Orgs.). *Cultura Escrita e letramento*. Belo Horizonte: Editora UFMG, 2010.

MENDONÇA, Augusta Aparecida Neves de. *Práticas Pedagógicas nas aulas de Matemática*: um estudo exploratório nas escolas xakriabá. 2007. Dissertação (Mestrado em Educação) - Faculdade de Educação, Universidade Federal de Minas Gerais, Belo Horizonte, 2007.

PEREIRA, Verônica Mendes. *A Cultura na escola ou Escolarização da Cultura?*

Um olhar sobre as práticas culturais dos índios xakriabá. 2003. Dissertação (Mestrado em Educação) - Faculdade de Educação, Universidade Federal de Minas Gerais, Belo Horizonte, 2003.

SANTOS, Macaé Evaristo dos. *Práticas instituintes de gestão das escolas xakriabá*. 2006. Dissertação (Mestrado em Educação) - Faculdade de Educação, Universidade Federal de Minas Gerais, Belo Horizonte, 2006.

SANTOS, Rafael B. C. *A cultura, o segredo e o índio*: diferença e cosmologia entre os xakriabá de São João das Missões/MG. 2010. Dissertação (Mestrado em Antropologia Social) – Faculdade de Filosofia e Ciências Humanas, Universidade Federal de Minas Gerais, Belo Horizonte, 2010.

SANTOS, Rodrigo Martins dos. *O gê dos gerais*: elementos de cartografia para a etno-história do planalto central: contribuição à antropogeografia do cerrado. 2013. Dissertação (Mestrado Profissional em Desenvolvimento Sustentável) – Centro de Desenvolvimento Sustentável, Universidade de Brasília, Brasília, 2013.

SILVA, Rogério Correia da. *Circulando com os meninos:* Infância, participação e aprendizagens de meninos indígenas xakriabá. Tese (Doutorado em Educação) - Universidade Federal de Minas Gerais, Belo Horizonte, 2011.

SOARES, Magda. Práticas de Letramento e implicações para a pesquisa e para políticas de alfabetização e letramento. In: MARINHO, Marildes; CARVALHO, Gilcinei T. (Orgs.). *Cultura Escrita e letramento.* Belo Horizonte: Editora UFMG, 2010.

_____. *Letramento e alfabetização: as muitas facetas.* Trabalho apresentado no GT Alfabetização, Leitura e Escrita, durante a 26ª Reunião Anual da ANPEd, realizada em Poços de Caldas, MG, 2003.

_____. *Letramento: um tema em três gêneros.* 2. ed. Belo Horizonte: Autêntica, 2000.

STREET, Brian. Os novos estudos sobre o letramento: histórico e perspectivas. In MARINHO, Marildes; CARVALHO, Gilcinei T. (Orgs.).*Cultura Escrita e letramento.* Belo Horizonte: Editora UFMG, 2010.

_____. *Literacy in theory and practice.* Cambridge: Cambridge University Press, 1984.

Sobre os autores

ADLA BETSAIDA MARTINS TEIXEIRA – PhD em Gênero e Educação pela University of London, Inglaterra. Pós-Doutorado University of Leeds, Inglaterra e Université de Lyon, França. Professora Associada da Faculdade de Educação da Universidade Federal de Minas Gerais (FAE-UFMG); coordenadora do GSS – Grupo de Estudos sobre Gênero, Sexualidade e Sexo em Educação da FAE-UFMG.

ANA AMÉLIA DE PAULA LABORNE – Doutora em Educação pela FAE/UFMG. Integrante da equipe do Programa Ações Afirmativas na UFMG, do Núcleo de Estudos e Pesquisas sobre Relações Étnico-Raciais e Ações Afirmativas (NERA) e do Observatório da Juventude da FAE/UFMG.

ANA CLÁUDIA BAMBIRRA SILVEIRA – Mestre em Educação pelo Programa de Pós-Graduação da FAE-UFMG. Professora Tutora do curso de atualização Juventude Brasileira e Ensino Médio Inovador (JUBEMI) e integrante do Observatório da Juventude da UFMG.

ANA MARIA R. GOMES – Doutora em Educação pela Universitá degli Studi di Bologna, e realizou pós-doutorado no PPGAS do Museu Nacional (UFRJ). Professora da Faculdade de Educação da UFMG e coordenadora do Grupo de Educação Indígena (GEDUC) e do Observatório da Educação Escolar Indígena (OEEI/UFMG).

CARMEM LÚCIA EITERER – Doutora em Educação pela Universidade de São Paulo (USP). Professora Associada da Faculdade de Educação e do Programa de Pós-Graduação em Educação da UFMG. Pesquisadora do Núcleo de Educação de Jovens e Adultos.

FERNANDA RODRIGUES SILVA – Mestre e doutora em Educação pela Universidade Federal de Minas Gerais. Especialista em Psicologia da Educação pela PUC-Minas. Professora na Universidade Federal de Ouro Preto.

GERALDO LEÃO – Doutor em Educação pela Universidade de São Paulo (USP). Professor Associado da Faculdade de Educação e do Programa de Pós-Graduação em Educação da UFMG. Pesquisador do Observatório da Juventude da UFMG.

ISABEL DE OLIVEIRA E SILVA – Doutora em Educação pela Universidade Federal de Minas Gerais. Professora Adjunta da Faculdade de Educação e do Programa de Pós-Graduação em Educação da UFMG. Pesquisadora do Núcleo de Estudos e Pesquisas sobre Infância e Educação Infantil (NEPEI/FAE/UFMG).

IZA RODRIGUES DA LUZ – Doutora em Educação pela Universidade Federal de Minas Gerais. Professora Adjunta da Faculdade de Educação da UFMG. Pesquisadora do Núcleo de Estudos e Pesquisas sobre Infância e Educação Infantil (NEPEI/FAE/UFMG) e do Grupo de Pesquisas Juventude e Educação na Cidade (GPJEC/FAE/UFMG).

JUAREZ TARCÍSIO DAYRELL – Doutor em Educação pela Universidade de São Paulo (USP). Pós-Doutorado no Instituto de Ciências Sociais da Universidade de Lisboa. Professor Associado da Faculdade de Educação e do Programa de Pós-Graduação em Educação da UFMG. Coordenador do Observatório da Juventude da UFMG. Pesquisador do CNPq.

KASSIANE DOS SANTOS OLIVEIRA – Mestre em Educação pela Universidade Federal de Minas Gerais. Professora da Educação Básica da rede municipal de Belo Horizonte e pesquisadora do grupo Território, Educação Integral e Cidadania (TEIA/FAE/UFMG).

LEÔNCIO SOARES – Doutor em Educação pela Universidade de São Paulo (USP). Professor Associado da Faculdade de Educação e do Programa de Pós-Graduação em Educação da UFMG. Pesquisador do CNPq.

LÚCIA HELENA ALVAREZ LEITE – Doutora em Pedagogia pela Universidad de Valencia, Espanha. Professora Associada da Faculdade de Educação e do Programa de Pós-Graduação em Educação da UFMG. Coordenadora do grupo Território, Educação Integral e Cidadania (TEIA/FAE/UFMG).

LÚCIO APARECIDO MOREIRA – Doutor em Educação pela Universidade Federal de Minas Gerais. Professor da Prefeitura Municipal de Itatiaiuçu/MG, da Faculdade de Pará de Minas e da Universidade de Itaúna/MG. Coordenador do Grupo de Pesquisas Juventude e Educação na Cidade (GPJEC/FAE/UFMG).

LUIZ ALBERTO OLIVEIRA GONÇALVES – Doutor em Sociologia pela École de Hautes Études en Sciences Sociales, França. Professor Associado da Faculdade de

Educação e do Programa de Pós-Graduação em Educação da UFMG. Coordenador do Grupo de Pesquisas Juventude e Educação na Cidade (GPJEC/FAE/UFMG).

NILMA LINO GOMES – Professora Associada da FAE/UFMG. Professora do Programa de Pós-Graduação da FAE/UFMG. Integrante da equipe do Programa Ações Afirmativas na UFMG e coordenadora do Núcleo de Estudos e Pesquisas sobre Relações Étnico-Raciais e Ações Afirmativas (NERA). Reitora pro tempore da Universidade da Integração Internacional da Lusofonia Afro-Brasileira (UNILAB).

PAULO FELIPE LOPES DE CARVALHO – Mestre em Educação pela Universidade Federal de Minas Gerais. Professor de Geografia na Educação Básica nas modalidades regular e EJA e tutor do curso de Geografia/Bacharelado a distância da UFMG. Pesquisador do grupo Território, Educação Integral e Cidadania (TEIA/ FAE/UFMG).

QUITÉRIA RODRIGUES COSTA – Mestre em Educação pela UFMG. Professora na Faculdade Pitágoras de Teixeira de Freitas (BA) e Coordenadora Pedagógica da Escola Municipal de Educação Infantil Delci Rodrigues Aguilar.

ROGÉRIO CUNHA CAMPOS – Doutor em Educação pela Universidade de São Paulo (USP). Pós-doutoramentos na Universitat de Barcelona e no King's College London. Professor Associado da Faculdade de Educação e do Programa de Pós-Graduação em Educação da UFMG.

SÔNIA MARIA ALVES DE OLIVEIRA REIS – Mestre e doutora pelo Programa de Pós-graduação em Educação da FAE-UFMG. Professora e pesquisadora do Departamento de Educação da Universidade do Estado da Bahia (UNEB), Campus XII, Guanambi.

SUZANA ALVES ESCOBAR – Doutora em Educação pela Universidade Federal de Minas Gerais. Atua como professora nos cursos de licenciatura do Instituto Federal de Educação Profissional e Tecnológica do Norte de Minas Gerais. É coordenadora das ações da instituição com o povo xakriabá.

SYMAIRA POLIANA NONATO – Licenciada em Pedagogia pela Universidade Federal de Minas Gerais e Mestre em Educação pelo Programa de Pós-Graduação da FAE-UFMG. Pesquisadora do Programa Observatório da Juventude da UFMG, integrante da Rede de Desenvolvimento de Práticas do Ensino Superior da UFMG (GIZ).

WELLINGTON DE OLIVEIRA – Mestre e doutor em Educação pelo Programa de Pós-Graduação da FAE-UFMG. Professor Adjunto da Universidade Federal dos Vales do Jequitinhonha e Mucuri.

Este livro foi composto em tipologia Adobe Garamond Pro e impresso em papel Offset 75g/m2 (miolo) e Cartão 250g/m2 (capa), no mês de dezembro de 2014.